JN075210

学びが広がる・深まる

園内研修でもっと豊かな園づくり

編著 秋田喜代美
小田豊

著 上田敏丈　門田理世　鈴木正敏　中坪史典　野口隆子
箕輪潤子　椋田善之　森暢子　淀川裕美

中央法規

まえがき

子どもたちが遊びや暮らしを通して互いに学び合い育ち合う園では、保育者もまた互いに学び合うことで環境やかかわりに創意工夫が生まれ、その園らしい活き活きとした園風土と文化が生まれている姿があります。そのダイナミズムは保育の質向上に直結しています。

本書では、保育者が学び続け育ち合う場としての園内研修と保育者の学びの質、園でのリーダーシップに焦点を当てています。園内研修については、数多くの論文や書籍がすでに刊行されています。しかし、本書には独自の３点の特徴があります。

第一に、保育者の学びのプロセスと質を多層的に捉えている点です。本書は目次をご覧いただくとわかるように、全体で４部構成となっています。保育者や園長個人の学び、園内研修の取り組み、園内研修等をリードするミドルリーダーや園長のリーダーシップ、園内を超えた場での保育者の学びを支えるシステムという４層に焦点を当てています。そこでは、研修をどのように行っているのかという方法だけではなく、専門家として保育者が学ぶ場がどのようにあるのかを学びの内実に迫り、体系的に考えようとしています。

そのため、第二に、質問紙やインタビューに基づく実証研究と、著者ら自身が研修に関与してきた園に事例等でもご協力をいただくことで、全国の数多くの園の実相に迫ろうとしています。研究者がかかわった園や知っている園の研修事例の紹介本はいろいろ刊行されています。しかし本研究は、多様な園の現実に迫るために約1600名の保育者への調査を始め、多様なアプローチを用いて、実際の取り組みに基づく学びの内実に迫ろうとしています。それによって、保育者間、園間、地域間等の多様性（diversity）を射程に入れて考えています。

第三に、本書が目ざす保育者の学びに対する考え方や方向性に一貫性があるということです。編者が特定のテーマについて各専門分野の方に執筆依頼をする分担執筆書ではありません。本書は、文部科学省科学研究費「保育者の学習過程を支える園内研修とリーダーシップの検討」（基盤（A）課題番号16H02063　2016―2021年度）の助成を受け「チーム園内科研」として調査研究等に協働して取り組み実施してきた研究のまとめの書です。

本書内では、各章や節を分担執筆していますが、研究会での対話を重ねて研究を実施し、共同で学会発表や論文執筆を行い、皆で知恵を絞り協働してきた内容になります。より広く多くの方に読んでいただけるよう、本として編纂したものとなります。科学研究費基盤研究A「保育・教育の質が幼児・児童の発達に与える影響の検討」(2011―2015年 課題番号23243079)から、足掛け10年間同一チームメンバーで議論し、発展させてきた内容です。当方が編者となっているのは、その科研の代表者であったことによります。しかし、どのメンバーもチームとして対等に寄与し、誰か一人が欠けてもつくれなかった本となっています。

本書の執筆者にはなっておられませんが、2021(令和３)年８月に逝去された小田豊先生、2021(令和３)年３月に定年退職し研究から引かれた芦田宏先生も、本共同研究の大切な一員として、多大な貢献をしてこられました。小田先生は逝去１か月前までオンラインで本科研研究会に参加し、私どもを励ましてくださいました。その意味で、直接の執筆はされていませんが、本書は小田先生最期のお仕事の一つであり、天命を受け私どもは作成してきたと思っています。

日本の園内研修にかかわるオリジナリティと学術書としても質の高い本をつくることにより、園内研修が実り豊かになる一助となることを願っております。読者の関心によって、どの部のどの章から読んでいただくことも可能です。数多くの方に読んでいただき、これからの保育者の学びと研修の姿を各園、各自治体、各研究者等が対話いただく契機になれば、幸甚です。

本書の調査に数々の園の方々にご協力いただきましたことに、厚く感謝御礼を申し上げます。本書は、小田豊先生の一周忌に捧げることを目ざしておりました。しかし、筆の遅い責任者の当方が迷惑をかけ、刊行が大幅に遅れることになりましたことをお詫び申し上げます。それにもかかわらず、企画から刊行まで丁寧な本づくりに力を尽くし支えてくださいました、中央法規出版第１編集部の平林敦史様には、心よりの感謝を申し上げます。

執筆者を代表して　　秋田喜代美

学びが広がる・深まる
園内研修でもっと豊かな園づくり

CONTENTS

第2部　園内研修の知恵と工夫

第4章　研修参加のための工夫

第5章　楽しく・おもしろくする園内研修の工夫　鈴木正敏

第 6 章　より持続可能な園内研修のために　門田理世

第 3 部　学び合う園のリーダーシップ

第 7 章　園長・ミドルリーダーのリーダーシップをめぐる事例

第 8 章　園運営と研修におけるリーダーシップ　野口隆子

第 9 章　園長がリーダーになるプロセスと事業承継

第4部　園を超えて学び合う

はじめに

：本書の問い

第1節 なぜ今、園内研修を問うのか？

1 園内研修への問いの始まり

急激に変化し続ける現代社会、子どもを取り巻く重要な環境としての園の生活も長時間保育や多様な機能が求められ、大きく変わってきています。特にコロナ禍における少子化、ICT化など変わりゆく社会の中で、目の前の子どもたちや家庭生活も変わっています。だからこそ保育者は、子どもの育つ権利を保障し、最善の利益も守り、園が子どもたちにとって安心して日々の暮らしを豊かなものにしようと努力をし続けています。保育者たちは、子どもの笑顔や健やかな育ちのために、よりよい保育をと考え、そのために多忙な中でも学び続けています。生涯にわたって専門家として学び続ける保育者の学びのためには何が必要でしょうか。

保育の質の向上とのつながりからも、園内研修はとても重要だと指摘されてきています。国際的にも、子どもたちの育ちに最も大きな影響を与え大切であることが保育者の研修であると、OECD（経済協力開発機構）の報告書や世界各国の研究者たちから実証的に示されてきています（OECD 2018, Siraj, & Melwish, 2020）。人は一人では学べません。心に学びの火がつかなければ、いくら興味深い事例が紹介されたとしても、自分事の学びにはなりえないといえます。「あの園だから、あの園長先生だからできるよね。あの保育者だからできるのであり、うちでは・私にはむずかしい」と、自分の学びと切り離す声が時に聞かれることがあります。また、それとは対極の言葉として「研修っておもしろくっていいですね。次の園内研修が待ち遠しいです。また話を聴いてください」と同僚や講師に伝えたくなり、ワクワクして工夫したくなっていく研修や、学び続けていく園や保育者の姿も数多くあります。

この違いはどこから生じているのでしょうか。それを個々人の意欲の問題に帰属させるだけでよいのでしょうか。園がチームとなって学び合う過程はどのようにすれば保証ができるのでしょうか。学ぶのは若手という時代ではなく、急激に変化する社会に対応する学び手と誰もがなるためには、園という職場が学びの環境としてどのようなエコシステムであることが必要なのでしょうか。本書の執筆者らは、実際に園内研修に関与して学ばせていただき、その中で共通してこのような実感を抱いてきました。

その時に、研修のやり方として、研修ノウハウや方法の問題を学ぶことへと帰属する議論へと急ぐ傾向があります。話し合いやワークショップ等の方法や形態から、参加型の研修が大事といわれます。それは正しい議論です。

しかし、その大事さは、どのような学びの経験がその保育者や園にあるかであり、どのような参加を各々がしているかという学びの質やプロセスにあるのではないかと考えられます。研修のノウハウややり方だけではなく、園の状況に応じて、園の内部の人も外の人も一緒にともに探究し学び合っていく持続可能な学びのマインドセットが生まれ育つためには何が大事なのでしょうか。これがこのチームで研究をしようとした時の出発点でした。■

第2節 園内研修をめぐる保育者の学びに関わる6つの問い

この出発点の問いをもう少しかみ砕いて、6つの問いとして提示してみたいと思います。「保育者が学ぶ」こと、すなわち、保育の専門家が学ぶことのイメージや学習観も時代により制度や保育の場である園組織や園風土のあり方とともに変わってきていると考えられます。それに応じて、保育者の学びに関する検討や研究の問いも変わっていく必要があると考えられます。園内研修をめぐる学びについても、探究すべき問いはいろいろありえます。

この本を読んでいただく時に、読者の皆さんにも一緒に問いをもって読んでいただけたらと考えます。研修をどうやったらよいのか、どういう研修ならば効果的なのかということを問うた本は多いと思いますし、もちろんそれは保育者や園にとって最も大事な実用的な問いです。本書でもその点については、各園の知恵と工夫として第2部の中で紹介もしています。ただし、その時にも園の文脈や学びの過程とセットで提示することを試みました。

以下、「園における学び」の内実をめぐる問いを掘り下げてみたいと思います。

1 習熟の学びと変容の学びという学びの質を問う

習熟の学び

第一には、学ぶとはどのようなことかという学びの質にかかわる問いです。「学び」として知識を習得し保育技能やスキルが熟達することはとても大事です。その中でも、たとえば養成校で学んだ保育にかかわるいろいろな領域や分野の知識を、自らが勤務する園の文脈や具体的な環境、目の前の子どもたちの実態に合わせてつなぎ関連づけ、その園で働くための知識やスキルを学ぶということが大切です。また職場を転勤や移動をすれば、2つと同じ園はないからこそ、そこでの文脈化された実践の知をその園コミュニティにおいて学び、習熟するということが必要になります（ウェンガー他 2002，松本 2019）。

さまざまな講習や研修で新たな動き等から学ぶという習得としての学びによって、保育を行っていくための必要な知識やスキルが必要なのはいうまでもありません。特に初任期においては、保育の充実にもつながります。全国どこでも同じ教科書があり、決まった教室面積が保証されている小学校以上の教育と保育は異なる点も数多くあります。

保育は、園の規模、園の環境も異なれば、その地域によって行われる遊びの活動や素材、歴史や気候、天候によっても変わります。子どもはその地域のエコシステム（生態学的環境）の中で育っています。だからこそ、幼稚園教育要領や保育所保育指針、幼保連携型認定こども園教育・保育要領も大綱化され、それぞれの地域の状況に応じることが可能な抽象性をもった書き方となっているわけです。その文脈化した知の習得のために、先輩の後ろ姿を見て学ぶ、同僚から助言をもらったり、発言を聴いて学ぶというように、実践の知の伝達継承という学びがあります。

近年では、多様な特性や文化背景をもった子どもたちが増えたり、ICT機器を始め新たなツールやドキュメンテーションなどの記録の方法も生まれたりと、社会変化に応じて学ぶ内容も出てきています（秋田他 2022，秋田・松本 2021）。また少子化に向かい、園は多機能化を求められており、保護者の子育て支援を始め、子どもたちと向き合うだけではなく、いろいろなことを学ぶというような学びがあります。それらを「習熟の学び」と呼んでみます。

変容の学び

しかし、そうした習熟の学びだけではなく、同じ園という職場の中でも、個別・具体的な実践でのかかわりや素材・教材、環境の構成などの知識やスキル等を学ぶこととあわせて、自分のもっている知識をより抽象化して実践の原理やメタ的な知識を生み出したり、あるいは自分の保育の見方や枠組みを振り返ることで、あらためて自分の見方が変わるような質の転換を伴う変容的な学びがあります。省察し、気づき、言語化しながら対象化することで、自分の見方の再枠組化をはかることを学びと捉えることになります。

研修の場では会話が盛り上がり、いろいろなメモや記録が残ります。しかし、一人ひとりの保育者の中に降り積もるように重なっていく経験、保育が見える、見えてくることは、知識だけではありません。子どものことが前よりも少しでもわかった気がするということは、習熟と同一ではありません。おそらく保育者には、実践の知が断片的ではなく自らのそれまでの経験とつながることによって、納得がいくこと、一度でわかったとはいえない、むしろわかりたいがわからないとしても、探究をしようとしていく視点を得ることが求められます。そしてその探究と振り返りの中で、変容の学びは生じます。これは、学びが深まるということです。

目の前の子どもは常に同じではありませんし、同一の子どもでもその姿は変化し、担当する子どもも時代によって多様化してきています。だからこそ、園の子どもたちの姿、子どもたちの経験のプロセスの中で、乳幼児だからこそ明確に言語化しない語らぬ声をしぐさやつぶやき、表情や姿勢等から聴き取り、目には見えない思いや願いをくみとり、それを支える対人的関係性や物や環境との関係とかかわりについて、自分たちの実践を丁寧に振り返る中で詳細に気づくことが必要になります。学ぶことは、これまで意識していなかったことが見えてくることです。

子どもが出会い、気づき、変わっていく中で生まれる出来事に保育者が気づきを得て、そこから問いや課題をもって探究し実践してみることで、新たなことが見えたり気づけたりすることが学びとなっていきます。これが変容の学びになります。子どもと子どもや保育者、もの、こととの関係や、場（空間）や時間との関係のシステムについて気づき、意識して実践をしていくプロセスであるともいえます。

近年、国際的には“LESSON STUDY”と呼ばれる授業研究の中では「観る」ことによって「見える」こと「気づく」ことの質、「気づきを深める」ことが専門家の学びの一つのカギとなって議論されています。観ることと見えることは異なります。また、気づくこととわかることも異なります（Van, Es, 2010, Schack, & Fisher, 2017, Yang, & Kaiser, 2022）。そしてさらに気づいて終わりではなく、気づくからもっと問いたくなる、工夫したくなるという探究のサイクルがあります。これは、一人のときにはなかなか生まれない学びでもあります。

園内研修においても、保育者の経験や現在抱えている課題内容によって、習熟の学びのための研修を中心に行う園もあれば、変容的学びを中心にする園もあります。大勢での園外の講義型研修の学びでは、前者の知識部分の学びが期待されるのに対して、園で事例を持ち寄る時には後者の学びが中心となることも多いでしょう。園内研修と一言でいっても、その学びの質や深さを考える必要があります。

2 保育者間の学びのスタイルの差異や多様性を問う

第二には、保育者間での学びの多様性、スタイルへの問いです。保育者は一人ひとり独自のかけがえのなさをもった存在です。ですから、その学びのスタイルもいろいろです。いわゆる呑み込みが早い、遅いや、センスの良さといわれることなども、その人らしい学びのあり方といえるでしょう。目で見て動いてみることで感じ考えて学ぶのが得意な人もいれば、言葉で言われ頭で納得してから動くことが得意な人もいれば、発言してみることで頭に入る人もいれば、じっくり聴いて学んでいく人もいます。同じ園内研修の場に出ていても、一人ひとりの学びのスタイルによっても、学びのプロセスや内容は違っています（淀川他 2020）。

しかし、園内研修に関しては、そのような学び手一人ひとりのスタイルによる差異や多様性は、必ずしも十分には問われてきていなかったようにも思います。当然、経験を経てその学びのスタイルが変化していくこともあるでしょう。

3 学ぶ組織としての園を問う

そして第三に、保育者個人の学びだけに焦点化するのではなく、園が1つのチーム、コミュニティとして実践知を学び生み出していくという学びのあり方や考え方が必要ではないかという問いです（松本2019）。

学びというと、個人の頭の中で学びが起こるという見方になりがちです。しかし、園の中で皆で語りの中から創出された知を皆で共有していく学びや、そこから実際に保育室や園庭の環境を変えたり、記録の書式を変えたり、ある道具を遊びの中に取り入れるようになったりというように、学ぶ組織としての園、園単位での学びのシステムという見方も必要になります。保育の場には常勤専任の保育者だけではなく、多様な働き方で園の保育を支えている保育者がいます。保育者だけではなく、栄養士や調理師、看護師や主事など多様な人によって園は成り立っています。それらの人は、いわゆる自治体や団体等の制度的な研修という学びの機会や場に参加することは少ない状況です。

しかし、実際の園づくりを考えると、園を1つのチームやコミュニティとしてそこでの学びのあり方や研修のことを問うことが必要になるのではないでしょうか。もちろんそこには、園によって研修の学びでの媒介になる道具や、学びの対象の違いや多様性を考えていくことも必要でしょう。

園内研修の書籍などで紹介される事例は、大学の研究者が講師として参加している園が中心であり、日本全体を見れば、実はそうした園のほうがはるかに少ないはずです。園間の多様なバリエーションや研修にかかる園の歴史や歩みによっても、その学びのあり方は変わるという視点も、園内研修を問うためには必要でしょう。

特にうまく学びができている園の事例は、いろいろな研修講師が入り紹介されます。しかし、研修していても深まらず困っている園や研修が大事だと思っているけれど、これまで実際にはほとんど研修ができていなかったり、外部の講演を研修としてきたために、どこからどのようにしたら変革できるのか、もっと深めていくことができるのかといったことの課題を抱えている園も数多くあります。そうした園が時間をかけてゆっくりじっくりと変わっていく姿も筆者らは伴走させてもらい経験しています。うまく機能している園にも多様性があります。その学ぶ組織としての変化プロセスを解明することが問いとなります。

4 園の組織内での役割やリーダーシップと学びの関係を問う

第四に、園内研修での学びにおいても、参加している人が園においてどのような立場や職にあるのかという、園の中での役割やポジションによって、同じ場でも学びの内実は違ってくると考えられます。園長や副園長、フリーの保育者と担任をしている保育者でも、担当クラスの年齢等によっても関心が違うかもしれません。その意味では、たとえば園長は何を研修に求めたり課題と感じるのかに対し、担任保育者はどうなのかというような園の中での役割による学びに相違もあります。園の中でも園長やミドルのリーダーシップという組織構造と学びの関係が問われる必要があります（秋田他 2017，秋田 2018，井庭・秋田 2019）。しかし、現在のところ、リーダーシップに目が向けられても、まだリーダーシップのあり方と学びの質や研修との関係は十分に解明されてはいません。

5 園内の学びの場や経験のつながり

第五には、研修の場だけではなく、日々の保育実践の中にこそ保育者の学びの中核があるといえます。それでは、日々の保育と園内研修という場がどのようにつながったり、どのようなリズムやサイクルをもつことが保育者の学びに対し機能するのでしょうか。日常の保育の中での学びと研修の場がどのように関連づけられると、学びが深まることになるのでしょうか。この時間や場の関係が、園としての学びを問う時には大切になります。

特に日常は多忙で、何かを自分で学んだり気づいても、目の前の保育実践を優先するからこそその学びや気づきは瞬時に流されてしまうことも多くあります。実践の保育中は、自覚的になるのが難しい無意識的で潜在的な学びとして沈潜(ちんせん)していきがちであり、情動が強く喚起された場合に学びは自覚化されます。対して、研修の場では立ち止まって考える、他者との対話を介して言語化して考えることができる、事例などの媒介となる限定された対象に注意を焦点化してみることができるからこそ、より意識的・自覚的でメタ的な学びが可能となるといえます。この日常の保育実践と研修のつながりの網の目をどのように編み込むとよいかということがカギになります。

6 園の内と外の学びのつながりと関係を問う

第六には、園内研修は園内完結で閉じている場合だけではなく、外部講師が入ったり公開保育で他園の人も一緒に語り合ったり、園外の場に園の人たちが皆で参加することで、その場が園内の保育者の学びになっている場合も数多くあります。つまり、園が誰を介してどのようにつながりあっているのかという見方も大切ではないでしょうか。

現在はネットワークの時代です。園の内と外がどのようにつながりあえば学びが豊かになるのか、という視点で保育者の学びを考えることも大事な問いになると考えられます。その地域、その園で働く者同士、その地域の園同士あるいは園と小学校がネットワークになってつながることで、子どもたちの育ちの連続性をつないでいくことにより、その子どもの可能性が認められ引き出されていくことが求められています。園がチームで園外の人とも連携し目の前の出来事を見取り、気づき、そこから学びあい、創意工夫をした実践を行っていくことが求められているともいえます。

 本書の構成

以上、はじめにでは園内研修における学びに関する６つの問いを紹介してきました。

第一、第二の問いが、本書の「第１部　園内研修における学びのプロセス」で問われています。保育者個人の学びとその多様性への問いです。

次には第三、第四、第五の園としての学びへの問いです。日常の実践と同時に園内研修やそのための事例の語り方、記録の仕方、その積み重ねが専門家としての学びを支える重要なプロセスです。そこには各園がいろいろな知恵や研修道具を案出し、それがその園の文化や専門家の学びの環境を創り出しています。それらはどのようなものであるのかという園を単位として学びの道具を考えることが、「第２部

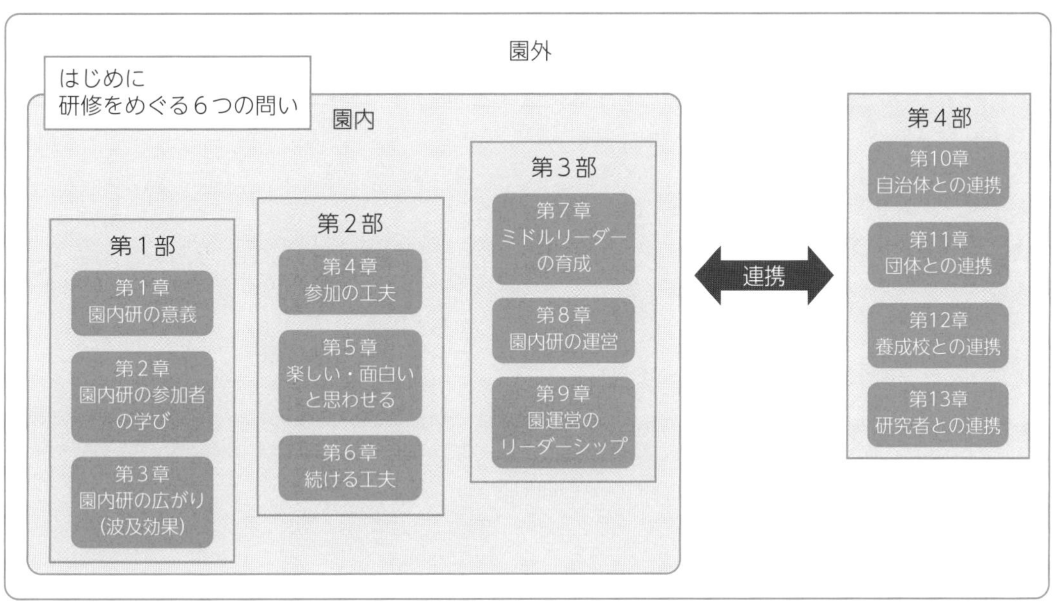

図◆本書の構成

園内研修の知恵と工夫」で紹介されています。

そして第四には、そのための園の組織はどのようにあったらよいのかという問いです。特に園長やミドルリーダーといわれる人が、園の組織のあり方を方向づけていきます。それがどの人も自分事として学ぶような組織になるにはどのようなリーダーシップが求められるのか、さらには、そもそも園のリーダーシップとは何かということが「第３部　学び合う園のリーダーシップ」で紹介されます。第２部、第３部は園を単位として園の内部での学びとしての研修の方法と学びのための組織構造が問われます。

そして「第４部　園を超えて学び合う」は、第六の問い、園を超えて園内外の学びの関係を取り上げます。ここまでは園内にかかわる問いでしたが、今は園が社会へ開かれ、地域や団体などさまざまなネットワークをつくること自体が、学びにおける大きな窓となっています。風通しや見通しを与えるのは、こうした（インターフェース）接面をいかにつくるかにかかっています。保育者の学びを考えると、自治体や団体による研修への参加、養成校との連携による学び、そして外部からの講師等との関係が問われています。

ここにあげた６つの問いは、始まりの問いであると同時に、答えは１つではなく開かれた問いになります。ぜひ本書を読みながら、その内容と同時に、各章を支える問いを一緒に探究し考えていただけたらありがたく思います。■

引用文献

- 秋田喜代美『リーダーは保育をどうつくってきたか――事例でみるリーダーシップ研究』フレーベル館，p.79，2018.
- 秋田喜代美・淀川裕美・佐川早季子・鈴木正敏「保育におけるリーダーシップ研究の展望」『東京大学大学院教育学研究科紀要』第56巻，pp.283-306，2017.
- 秋田喜代美・宮田まり子・野澤祥子編著『ICTを使って保育を豊かに――ワクワクつながる＆広がる28の実践』中央法規出版，2022.
- 秋田喜代美・松本理寿輝『保育の質を高めるドキュメンテーション――園の物語りの探究』中央法規出版，2021.
- 井庭崇・秋田喜代美編著，野澤祥子・天野美和子・宮田まり子『園づくりのことば――保育をつなぐミドルリーダーの秘訣』丸善書店，2019.
- エティエンヌ・ウェンガー，リチャード・マクダーモッド，ウィリアム・M・スナイダー，野村恭彦監修，櫻井祐子訳『コミュニティ・オブ・プラクティス――ナレッジ社会の新たな知識形態の実践』翔泳社，2002.
- Elizabeth, A., van, Es, *Mathematics Teacher Noticing. Routledge,* 2020.
- Johannes, Koniga., Rossella, Santagata. B.,Thorsten, Scheiner. c., Ann-Kristin, Adleff. d., Edna, O., Schack, & Molly, H., Fisher, *Teacher Noticing: Bridging and Broadening Perspectives, Contexts, and Frameworks.* Springer, 2017.
- 松本雄一『実践共同体の学習』白桃書房，2019.
- OECD, Engaging Young Children: Lessons from Research about Quality in Early Childhood Education and Care. Paris. OECD Publishing, 2018.
- Siraj, I., Kingston, D. & Melhuish, E., *Can Professional Development in the Early Years bring about improved outcomes for children?,* Researching Education, 1(2), 2020. https://doi.org/10.5281/zenodo.4283377
- Xinrong, Yang, e., Gabriele, Kaiser, f,. 'Teacher noticing: A systematic literature review of conceptualizations, research designs,and findings on learning to notice.' 'Educational Research Review, 36, 10045.53, 2022.
- 淀川裕美・箕輪潤子・門田理世・秋田喜代美「園内研修における保育者の学びの構造化に関する試み――心に残った・保育への理解が深まった発言に着目して」『東京大学大学院教育学研究科紀要』第59巻，pp.485-516，2020.

第1章
園内研修の工夫と課題

はじめに　本章の目的

ここでは、幼稚園・保育所・認定こども園において行われている園内研修の課題、ニーズ、改善点について、園長等管理職と担任等職員がどのように感じているかを明らかにした研究（Suzuki, et al. 2018, 鈴木ら 2019）をもとに、課題・ニーズ・工夫について詳述します。私たちの研究チームでは、全国1600名ほどの保育者・園長らにアンケートを行い、これらの内容を、KHCoderを使用した図で視覚的に分析を行いました。そこで現れた園内研修の課題点・ニーズと、それを改善するための工夫について、幼稚園・保育所・認定こども園の実態と照らし合わせながら、自由記述の抜粋から、その構造について分析していきます。■

第1節 研修の意義と保育の質の向上

1 幼稚園・認定こども園における研修の位置づけ

これまで、幼児教育・保育に携わる保育者の研修については、さまざまな試みがなされてきました。その際に課題となるのは、どのような研修をどんな方法で行うかです。わが国における幼児教育・保育施設が大まかに幼稚園・保育所ならびに認定こども園に分かれているため、それぞれの施設における課題や研修の運営方法には特徴があると考えられます。

従来より、幼稚園および認定こども園については、学校としての位置づけがなされており、幼稚園教諭および保育教諭には、研修を行う責務があります。法的には、教育基本法（昭和22年制定、平成18年改正）によって以下のように定められています。

第９条　法律に定める学校の教員は、自己の崇高な使命を深く自覚し、絶えず研究と修養に励み、その職責の遂行に努めなければならない。
２　前項の教員については、その使命と職責の重要性にかんがみ、その身分は尊重され、待遇の適正が期せられるとともに、養成と研修の充実が図られなければならない。

また、公立の教員については、教育公務員特例法（昭和24年制定、平成29年改正）によって以下のように規定されています。

第21条　教育公務員は、その職責を遂行するために、絶えず研究と修養に努めなければならない。
２　教育公務員の任命権者は、教育公務員（中略）の研修について、それに要する施設、研修を奨励するための方途その他研修に関する計画を樹立し、その実施に努めなければならない。
第22条　教育公務員には、研修を受ける機会が与えられなければならない。

このように教員、特に公立学校の教員は、研修の義務が課されているとともに、運営する自治体や法人は、職員に対して研修の機会の確保をしていかなくてはなりません。例えば公立幼稚園では、法定研修である新規採用教員研修や、10年経験者研修などが整備されており、教諭等に対する質の向上が図られています。その他、教育委員会等による指定研究などを通して、講師招聘を含めた研修の機会が保障されています。指定研究などを遂行するにあたっては、保育者が実践を見つめ直すことでより良い保育を目指し、それを冊子にまとめたり公開保育での発表につなげたりしています。実践記録や理論的な構造化など、研究を形にしていく中で、園内での活発な議論がなされています。

また、私立幼稚園については、全日本私立幼稚園連合会が中心となり、各地方の幼稚園連盟・協会を中心に研修を行っています。さらに、「公開保育を活用した幼児教育の質向上システム（ECEQ®：Early Childhood Education Quality System)」を開発し、参加型の研修を行うようになってきました（公益財団法人全日本私立幼稚園幼児教育研究機構 2017)。ECEQでは、園内での問いをまとめていく過程で保育課題の抽出を行い、コーディネーターとの対話と公開保育を中心に、その解決策を探っていきます。

このように、これまで講義や講習を受けることが主流であった研修から、保育者一人ひとりが参加し対話型で行う研修が浸透しつつあるといえます。

2 保育所における研修の位置づけ

一方で、保育所については、研修の義務が明確に規定されていないことや、保育時間が長く、子どもと接することなく研修や保育の準備・計画ができる時間（いわゆるノンコンタクトタイム）が十分に保障されていないことが研修を行うにあたっての障壁となっているといえるでしょう。それでも、各園の努力によって、活発な園内研修が行われているところも多くあります。また各保育協会や、全国組織の保育団体などで研究大会や研修会などが企画されており、積極的に参加しているところもあります。

Taguma ら（2012）のまとめた「Quality Matters in Early Childhood Education and Care：Japan 2012」では、労働条件の改善とともに、「保育所の保育士が研修を行えるよう、インセンティブを改善すること」が日本の保育改善にとって必要なことの１つとしてあげられています。その流れの１つとして、処遇改善に伴って、キャリアアップ研修が施策として実施されるようになりました。そのおかげで、多くの保育者が外部の研修を受けられるようになり、制度の中で自身の資質の向上と研鑽を積むことができるようになっています。

これまで保育所の研修を各園や自治体の自助努力に頼っていたことは、日本の幼児教育・保育の制度がもたらす空白点であり、今後さらなる保育の質の向上を目指すにあたって考慮すべき点であったといえます。これからもさまざまな保育ニーズに応え、量の拡大を図るに際し、経験の少ない保育者等、多様な労働力が流入する中で、質の担保をしなくてはならない状況になると考えられます。その時に、研修のもつ役割は大きいといえます。■

第2節 園内研修の必要性とその方法

1 研修のあり方としかけ

保育士や保育教諭、幼稚園教諭が研修を行う際に、自治体や団体レベルなどの広範囲に行うものは、講師などを招いて講義形式でするものが一般的です。しかし、実際に保育の質を上げようとするなら、目の前の事例をもとに、参加型で研修を行う園内研修のほうが効果は上がるといわれています。岡（2013）は、「『教えられた』ではなく、『自分で学んだ』という実感が得られる園内研修を導入する必要性」があると述べています。またその際に、「伝達型会議」ではなく全員参加の「創発型会議」を取り入れることがポイントであるとも指摘しています。研修をする際に、参加者そのものが主体的にかかわっていくことが重要なのだと考えられます。つまり、「何かを学んだ」という実感が得られるような研修が求められているといえます。

研修のあり方にはさまざまありますが、まず組織そのものが話し合えるような雰囲気であることが重要です。また、保育者自身の見方や考え方を広げ、その意見を交流し、園として１つの方向性に向かっていくことが大切です。ですからその目的は、ベテランや若手が一体となるような組織づくりであったり、子どもの見方を広げ理解を深めることであったり、そうすることで保育の改善を図ることであったりします。そして、付箋などのツールを生かして、若手が意見を言いたくなるようなしかけが必要なのです（岡 2013）。このようなポイントは、徐々に保育現場に浸透しつつあるように思われます。

2 保育者と管理職の認識の差

しかし、このような園内研修について、保育者と管理職の間で認識の差があるのではないかともいわれています。中坪ら（2014）は、保育カンファレンスの型について、「相互共有型」と「自己完結型」の２つがあると指摘しています。

相互共有型の園では、同僚間の発言に関連性があり、「雰囲気・関係性」が良好で、「カンファレンスの流れ」が良い状態で進み、「やり取りの質」や「話し合いの質」が高いことが特徴であるといいます。一方で、自己完結型の園では、個別の発言様式と内容が充実していることが求められ、「発言の質」が高く「協議対象の理解」がしっかりとなされ、自らの課題に気づく「保育の振り返り」がなされ、自分だったらどうするか等「保育の構想」につながっていきます。管理職は良好な「雰囲気・関係性」を築き、「カンファレンスの流れ」が良い状態で進むよう配慮する役割が求められているといえます。

一方、保育者は「発言の質」を高めたり「協議対象の理解」に基づいて意見を整理して話し、「保育の振り返り」に繋げるように求められます。このように、管理職と保育者の間には、求められている役割や配慮する点が異なっていることが示唆されています。

保育実践や子どもの様子、環境などについてお互いが語り合うカンファレンスという形の園内での研修については、リーダーシップのあり方と、保育者一人ひとりの参加に対する意識が問われているといえるでしょう。

園内研修を通して、リーダーシップが園全体の志向性を形作っていく中で、保育者が求めているものと、管理職が示そうとするものとの間に齟齬があるのではないかと考えられます。相互に支え合いながら語り合い、アイデアを出し合って保育の質を高めようとする際に、そういった不一致が円滑な研修を阻んでいるとすれば、その点について明らかにしていくことが必要ではないかと考えます。　■

第3節 園内研修に関する課題とは

1 調査の概要

園内研修を行うにあたっては、さまざまな課題が感じられると思います。どのように園内研修をするか、という根源的な問いから始まって、「こうだからできない」「このあたりが難しい」ということがたくさん出てくるのです。では、いったいどんな課題があるのでしょうか？

ここでは、私たちの研究チームが行った調査紙のデータから、管理職と職員がとらえる園内研修の課題についての分析結果からその共通点と相違点について考察していきます。この調査は、2017（平成29）年４月から2018（平成30）年３月にかけて、東京・埼玉・兵庫・福岡・佐賀・大分ならびに全国規模の団体における保育に関する外部研修の参加者（保育所・幼稚園ならびに認定こども園のいずれかに所属している者）に対して、研修終了後に質問紙による調査を依頼したものです。質問紙は無記名で、研究に使用する旨を説明し、趣旨に同意する者のみ回答してもらい、質問紙を回収しました。回答者数は1658名でした。回答者のうち園内での立場が明確で、テキスト分析が可能な回答を記述した園長・副園長など管理職243名、ならびに担任など職員1359名を対象としました。

質問紙の内容は、これまでに行ってきた園内研修について、その回数や内容などとともに、園での工夫や配慮・自身の役割・園としての課題・保育への理解が深まったと感じた研修・今後行いたい園内研修などを自由記述で記入するものでした。

ここでは、自由記述の回答のうち「（１）園内研修について、園で工夫や配慮している点とその理由を教えてください。」「（３）自園の園内研修における課題だと感じていることがあれば教えてください。」「（５）これからどのような園内研修をしてみたいですか。」という３つの項目について分析を行いました。分析に際しては、回答を園長など管理職によるものと、担任など職員によるものに分け、テキストマイニングソフト「KHCoder 3」を使用して頻度の高い言葉を抽出し、お互いの関連性について図式化してみました。

このソフトでは、テキストデータから導き出された頻出語と、それらの頻出語同士がどの程度文章内で関連して出てくるかが視覚的にわかりやすい形となる「共起ネットワーク」が作成されます。そこから、共起ネットワークに示された頻出語の特徴的なものについてカテゴリー化し、そこからテキストデータに戻って例示的な文言を抽出してあげてみました。

2 管理職と職員が捉える園内研修の課題

まず管理職と職員では、園内研修に関する課題について、どのように捉えているのでしょうか。そこで「(３) 自園の園内研修における課題だと感じていることがあれば教えてください」という項目についてKHCoderによる共起ネットワークを作成したところ、管理職と担任等職員とで、図1-3-1、1-3-2のようになりました。

これらの共起ネットワーク[*1]の図をもとに、研究参加者の記述を併せて分析した結果、園内研修の課題については、管理職と担任等職員とでお互いの記述が異なる部分と、共通した部分が出てきました。共通するものとしては主に２つのカテゴリーが、また、異なるものとしては管理職と職員からは、それぞれ２つのカテゴリーがあげられました。以下に、その内容を見ていきます。

＊１　共起ネットワーク
単語同士の関係性について示したもの。

【時間の確保】【全員参加の困難さ】——共通する大きな２つの課題

まず共通する課題としては、【時間の確保】【全員参加の困難さ】があげられます。時間の確保は、特に保育所や認定こども園において課題となります。子どもたちの在園が長きにわたるため、その間に誰か

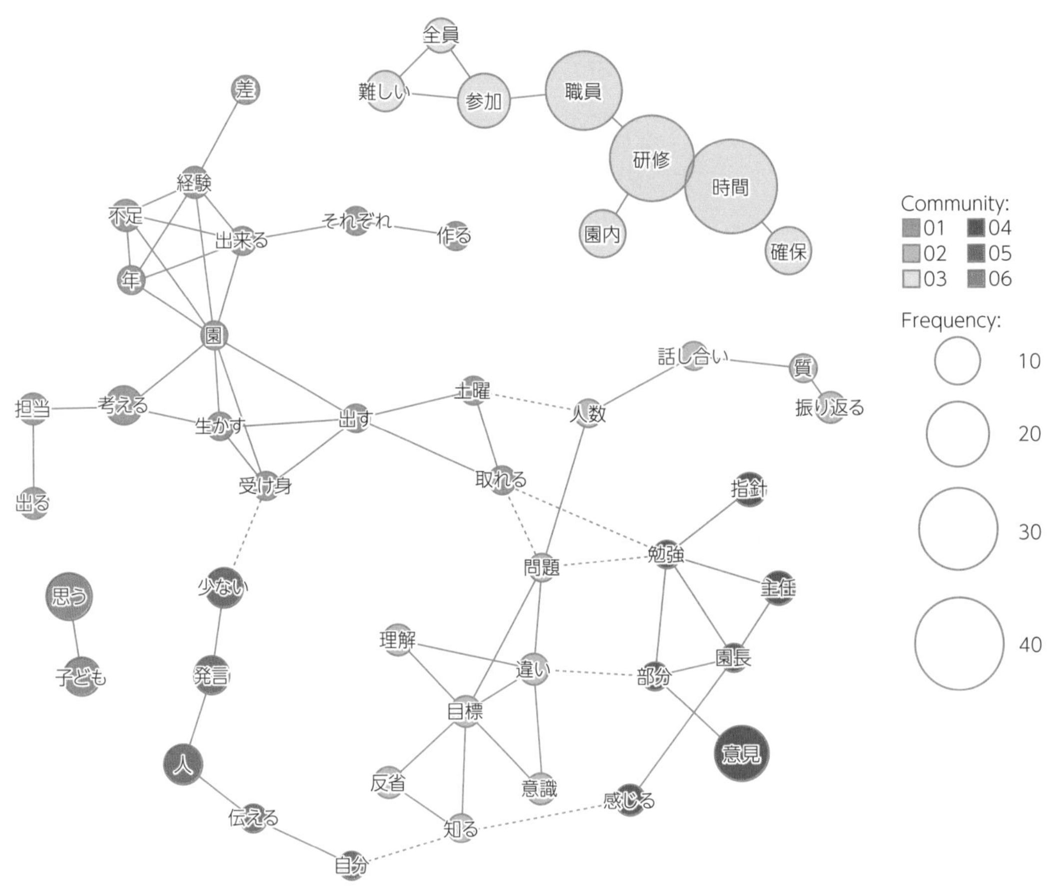

図1-3-1 ◆ 園長等管理職が考える園内研修に関する課題

が子どもたちの保育に従事しなくてはならず、時間の確保とともに全員参加の困難さが課題となるのです。特に早朝保育や延長保育に携わる職員については、嘱託や非常勤などが多く、全員の意思疎通を図ることが難しい状況にあります。

図1-3-1に見られるように、園長などの管理職の立場からは「研修時間の確保が難しい」ことが最大の懸念であることがわかります。「全員で研修を受けるには、平日・土曜日の保育終了後になり、小さな子どもがいる職員は参加が難しい。そこまで時間を拘束せずに研修する方法はないかと思う」というような悩みがあげられています。ワーク・ライフ・バランスをいかにとりながら研修を行うか、しかも人員的にどこも潤沢に職員配置ができているわけではない状況で、難

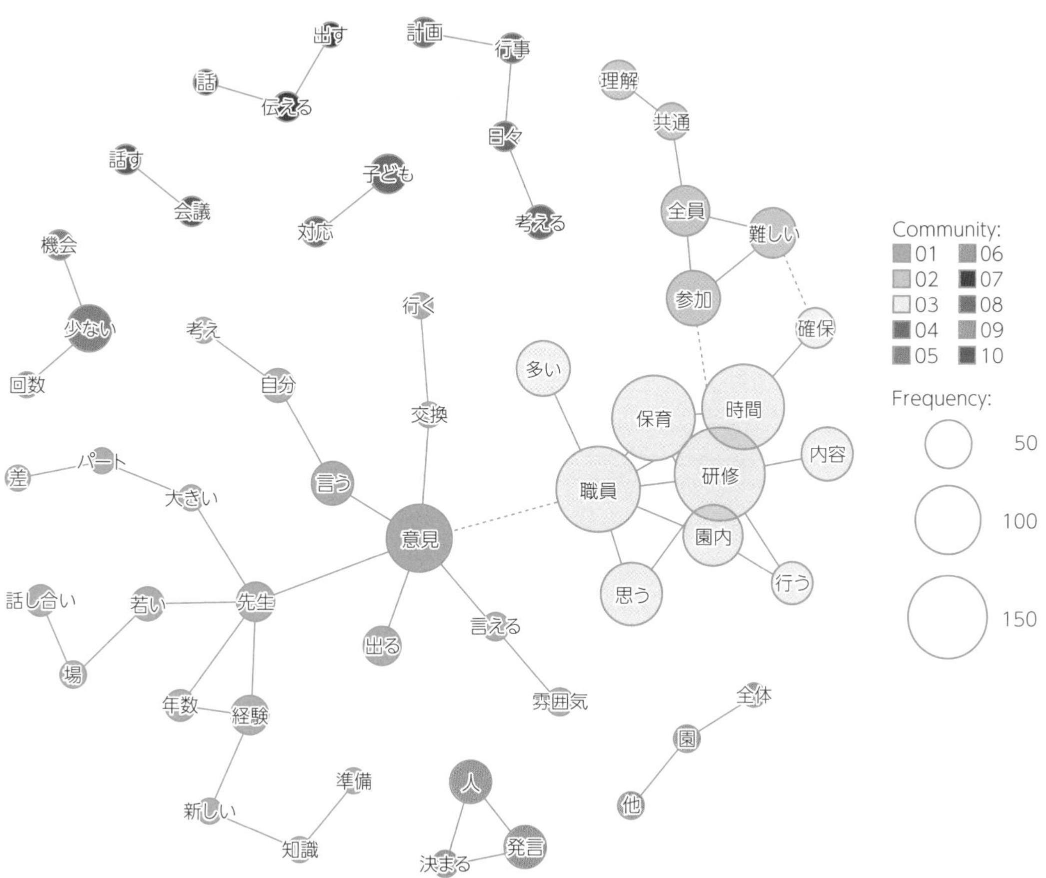

図1-3-2 ◆ 担任等職員が考える園内研修に関する課題

しい悩みだと思われます。

職員の側からも、「園内研修の数が少ない。（する時間がない）いつする？　残業？　家庭のある先生にはきびしい」「嘱託の保育士も含め、全員参加することが難しい」など、実際に保育する時間との兼ね合いで参加したくてもできない、といった気持ちがあらわれています。とりわけ職員にとっては、メンバーの保育の考え方について「共通理解を図る」ことが重要と感じられています。

保育現場がうまく回っていくようにするには、お互いの考えを理解し、保育に対する方針を１つにすることが重要と考えられます。そのためには、じっくりと話し合いを重ねることが何よりも大切です。講師を招へいしての研修であっても、その中で語られる保育の理念を、みんなで聞いておきたいという気持ちは少なくありません。また、技術的なことを身につけるにしても、研修で行うことによってより効果的に自分のものにすることができるでしょう。

「全員参加の難しさ」については、保育所や認定こども園において、非常勤など時間が限られた中での勤務を行う職員が多いこともその原因の１つにあげられます。どうしても早朝や遅番を多く担当する職員や、時間が限られて研修の時間まで充てられない人も出てくる中で、全員参加の研修というのは、いかに時間的な資源を融通するかにかかってくる問題です。それは管理職としても努力や工夫が必要ですし、職員の側の意識や働き方に大きくかかわってくることです。その意味で、【時間の確保】【全員参加の困難さ】の２つの課題は、管理職・職員に共通する、最大で最も解決困難な課題といえるでしょう。

解決策としては、研修などにかかわる給付を最大限活用して、平日保育終了後や土日を活用した全体での研修があげられています。また、中には家庭の協力を得て保育時間を短くし、午後の時間を研修に捻出している園などもあります。こうした取り組みは稀ではありますが、保護者の理解と園の強い思いがなくては実現しないことではないかと思います。これからも、さまざまな工夫をこらして、この問題に保育界全体として取り組むべきであると考えます。

【発言の少なさ】自分なりの意見を持ってそれを表現して欲しい
【職員の経験不足】もっと経験を積んで欲しいが、若い職員が多い――管理職から職員に思うこと

これまで共通する課題について述べてきましたが、管理職と職員の間で異なった見方がなされている課題にはどのようなものがあるでしょうか。管理職の側からあげられている特徴的な課題には、【発言の少なさ】と【職員の経験不足】があります。【発言の少なさ】としては、「まだまだ若手の発言が少ない」といった意見であったり、「パワーがある職員の意見に傾いてしまう」といった、発言に偏りが出てしまうことの懸念などが出されています。特に年齢構成がアンバラン

スな園などでは、その特徴は顕著であるといえるでしょう。何年か経験を積んだ主任クラスの職員が若干名、経験１～３年くらいの若手が多く在籍するところでは、どうしても経験者の発言力が大きくなり、他の若手が黙ってしまう、という姿がみられます。管理職としては、発言が偏ってしまうのではなく、若手もいろいろと意見を言ってほしい、というのが願いとしてあげられています。

一方で、「意見を出し合える雰囲気作りが大事」ということを述べている管理職も見られ、意見が出てこないのは、とても若手が何か言えるような環境ではないからではないか、という指摘もあるのです。職員会議であったり、また研修の場であっても、意見が出せる雰囲気やシステムというのは大切です。そこが工夫のしどころであるのではないでしょうか。

【職員の経験不足】は、「職員が若く、経験不足」「経験年数の差が激しい」などの意見があがっています。経験不足の問題は、この業界にあって構造的かつ永遠の課題であるかもしれません。保育者不足はここ近年、解消されたというのを聞くことはありませんし、常に新たな人材を確保しておかないと、保育そのものが回っていかない、という状況が続いています。そういう意味で、経験不足が課題であるのはどの園でも見られることであるといえるでしょう。少しでも職場を魅力的なものにし、継続して働きたいと思えるような環境づくりが大切であるといえます。

【雰囲気】園の雰囲気がオープンで、意見が言える環境であって欲しい
【行事などの計画】行事が多く、残業が多い中で、研修する時間が足りない――職員が感じていること

職員の側からあげられた課題としては【雰囲気】と【行事などの計画】がありました。【雰囲気】とは、主に園の雰囲気がオープンで、意見が言える環境であって欲しい、ということです。これは、管理職のほうであげられた発言の少なさについて、その課題を裏側から見たものであるといえるでしょう。「発表する職員はいつも決まっている

ので全ての職員が積極的に発言できる場をつくっていく必要があると考える」「上からの一方通行が多い。この機会にもう少し職員間の話しが生かされると良いと思う」などがあげられており、特に若手や立場の弱い職員にとっては、自分の意見を言える風潮があるかないかで、居心地の良さはずいぶんと違ったものになることが想像できます。

【行事などの計画】によって、研修の機会が少なくなっている、という指摘もありました。例えば「(研修を受けて良いと思っても）職員会も行事の確認や反省等しなければいけないことがやはり優先されてしまう」といったように、研修は必要であると考えていても、行事の打ち合わせなどで時間が取られてしまい、保育について話し合ったりすることが叶わない、というのです。残業があったり、行事が次から次へとやってくる中で、なかなか研修というわけにはいかない、というのが実情のようです。研修の時間が欲しくても、行事や残業が多く、思うように進めることができない中では、ワーク・ライフ・バランスを考えた職場環境というのがより大切になってくるのではないでしょうか。■

第4節 園内研修の課題を乗り越える工夫

1 園内研修の工夫や配慮

これまでは園内研修を行うにあたっての課題についてみてきましたが、その課題をどのように乗り越えたらいいのでしょうか。また、望ましい園内研修に近づけるために、どのような工夫や配慮がなされているのでしょうか。この点について「(1) 園内研修について、園で工夫や配慮している点とその理由を教えてください。」という項目についてKHCoderによる共起ネットワークを作成したところ、管理職と担任等職員で図1-4-1、1-4-2のようになりました。

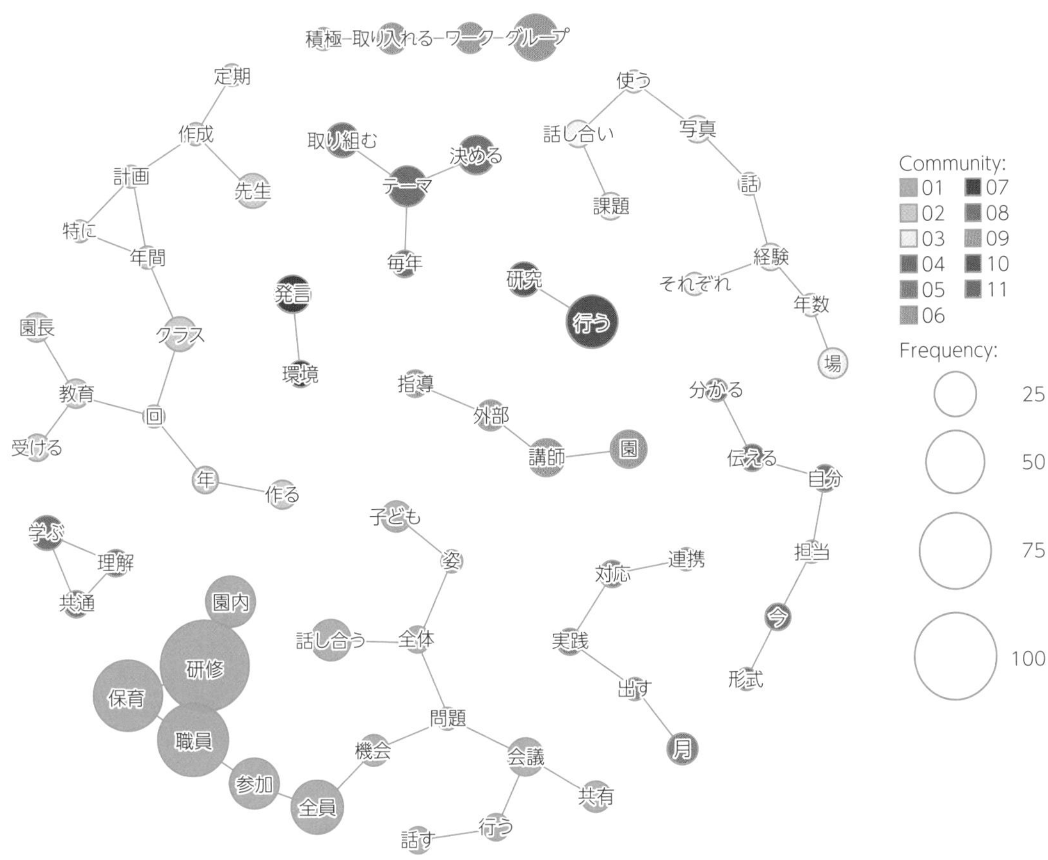

図1-4-1 ◆ 園長等管理職が考える園内研修に対する工夫・配慮

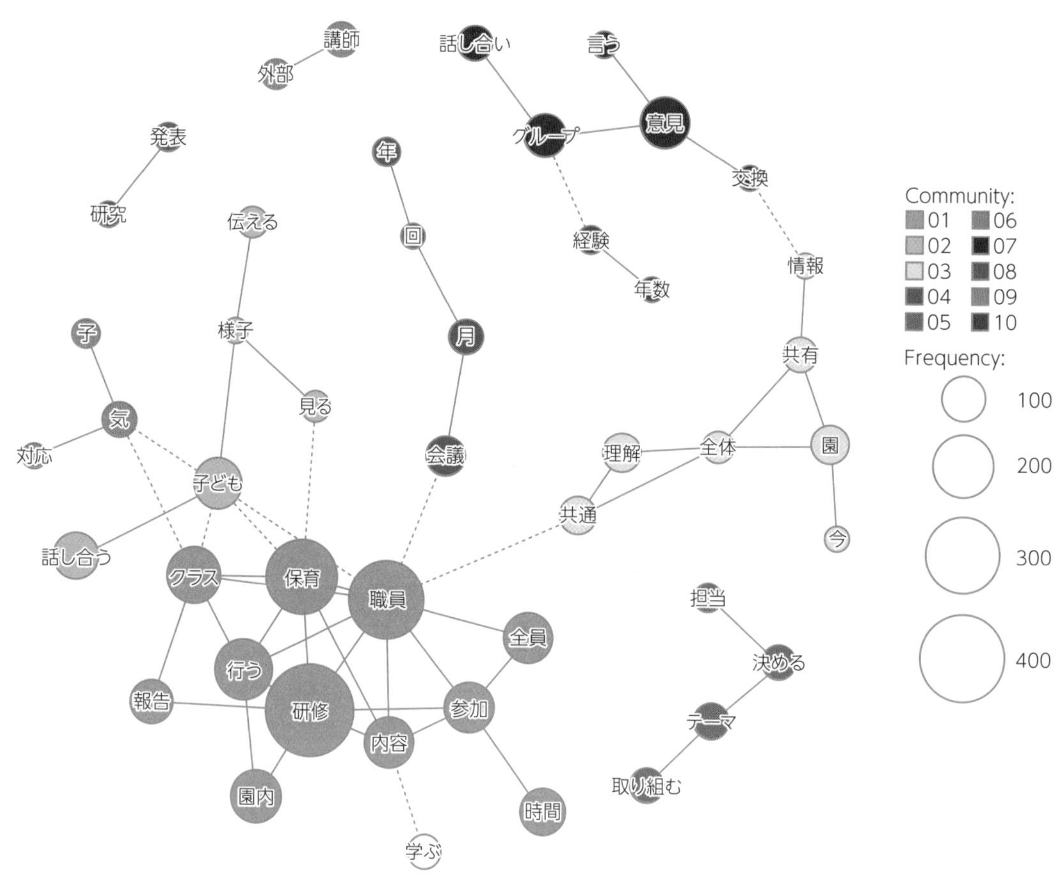

図1-4-2 ◆ 担任等職員が考える園内研修に対する工夫・配慮

これらの共起ネットワークの図をもとに、研究参加者の記述を併せて分析した結果、園内研修の工夫や配慮については、管理職と職員とで共通するものとして、主に2つのカテゴリーがあげられました。また管理職と職員からは、それぞれ2つのカテゴリーがあげられました。以下に、その内容を見ていきます。

2 共通する願い・思い

【子どもの姿を中心に】写真や事例など、子どもの姿を持ち寄る研修
【全員参加】時間をやりくりして全員参加ができるように

共通するカテゴリーの１つは、日々の記録・写真を持ち寄る、事例をもとに話し合う、エピソード研修を行う、事例をもとにカンファレンスを行う、といった【子どもの姿を中心に】した研修です。「子どもの姿を中心とした園内研修を行うこと」を目指している、という言葉や、「園では、子どもの生活や遊びを見る力を育てる事に力を入れています。日頃（毎日）の一部の写真をとり、それを基に職員と話し合うようにします」「ホワイトボードを活用し、その日の園庭での遊びや環境設定を情報共有している」など、具体的に写真や遊びの様子、環境図などを取り入れて子どもの理解を進めるように工夫されている様子がうかがえます。また「ビデオカンファレンスで子どもの見とり方を出し合い、幼児理解を広げ深める」といったように、機器を有効に使う工夫もなされています。

もう１つは、【全員参加】ができるように工夫や配慮を行うというもので、研修に昼休み・午睡・土曜の午後を利用することや、非常勤職員も参加できるような配慮を行うこと、経験年数別やテーマ別で、参加型の研修をすること、とりわけ園長や主任を除いた形で、小グループで行うなどの工夫が見られています。たとえば「昼休み後、午睡中に行っている」「職員会議後18：30～（できるだけ多くの職員が参加でき、遅くまで残る日を減らせるため）」「３月最後の土曜日か４月最初の土曜日に常勤・非常勤、職種に関係なく集まり、新年度の打合せ・保育指針・食育指針などの読み合わせを行う」など、各園で時間のやりくりをしながら研修を行っている様子が見られます。

さらに「行事や研修などがあり、職員が全員そろう日がほとんどないので、園内研修の日を１週間にし、全員が保育を見に行けるようにしている」や「園内研修を行う時間を設けることが一番大変なことで

あり、一度に行えない時は二度に分けて行うよう工夫しています」といった、複数回にわたって研修をする工夫がなされていることもあります。

「写真、付箋を使い２～３年目の職員が話し易い雰囲気を作る」「中堅職員にファシリテートさせ、園長はだまっている」「園長・主任を除いた形でディスカッションしやすい形式で」といった、参加のしやすさに工夫をこらす園も見られます。

3 管理職が工夫していること

【方法の工夫】グループワークや付箋などさまざまな方法で
【内容の工夫】テーマの設定や講師の招聘など

相違点としては、管理職サイドが【方法の工夫】をあげていることがあります。グループワークの導入、付箋を使った研修、全員が司会者になるような進行、全員が研究保育を行ったり、チームリーダーを決めることで細分化をしたり、ワークショップ形式にすることや、新任に先輩職員から伝達する場を設けるといったことが述べられていました。その中でも多くの方が重要なこととしてあげていることは「全員参加」でした。「全員参加、全員主体的、全員発見」と端的に述べている方もありました。そのためにも、付箋を使うことや、KJ法の導入、グループワークの工夫などが考えられているようです。

また、【内容の工夫】として、毎年テーマを設定したり、外部講師の招聘を行うことなどがあげられています。「毎年課題を話し合い、課題にそった話し合いや保育の工夫に取り組む」といったものや、「先生達が何を学びたいか、今園にはどのようなことが必要か等を考え、園内研修のテーマを決めています」という意見もある一方、「毎年新しいテーマに取り組むのではなくある程度継続していくようにしています」と継続性を重視した園もありました。

また、「全職員が６個ある研究委員会のどれか１つに所属し、１年間研究し、法人内で発表する」といった組織的に行っているところもあります。細かい内容については、危機管理やAED（自動体外式除細動器）研修、災害対応やアレルギーについての研修など、多岐にわたるものをあげられていることもありましたが、テーマを職員から出し合っている園も多く見られました。

これらの結果から、管理職は園全体での参加や、テーマの妥当性・適切性、研修の方法についての工夫に尽力していることがわかってきました。

4 職員が思うこと

【発言の活性化】良いところを見つけて肯定的な雰囲気に
【全体の共通理解】課題の明確化や、視覚化・図式化でわかりやすく

一方、職員サイドからは、【発言の活性化】や【全体の共通理解】があげられています。【発言の活性化】としては、お互いの素敵なところを書いて交換したり、良いところ見つけをしたり、意見を否定しないといった約束をすることや、前もって話す内容を準備したり、学びたいものをテーマに設定するなど、肯定的な態度をもって研修に参加できるような工夫があげられていました。まず、明日の保育に生かせる内容で、話しやすい雰囲気で、といったことが重要のようです。「保育に生かせる内容をとり入れている」「すぐ実践につなげられる内容＝その時に学びたいことを、職員の声をきいて内容を決める」など、保育者自身が興味関心をもてるように、という工夫がなされています。

雰囲気としては「クラスごとなど、話し合いなどをしやすい状況を作る」「少人数だと話し合いも密にでき、自分自身の意見も言いやすい」「グループで話し合ってから全体で話す」など、特に若手や経験の少ない職員がプレッシャーのかからない状態で発言できる状況を生み出そうとすることが大切にされているようです。

また、【全体の共通理解】を促すものとして、研修内容をまとめる

ことや、図式化してわかりやすいように工夫したり、悩んだことをすぐに話し合うようなことを行ったりして、意見の明確化や課題の共有化が図られている様子が述べられていました。「研修報告をして、学んだことをみんなで知る」「職員全体での情報の共有」「意見が出たら付箋をいくつも貼って、目に見えるようにしている」といった工夫がなされています。特に、知りたいことや悩んでいることを一人ひとりが発言し、それをみんなで解決していこうといった研修が、全体の共通理解を促進していくという考え方のもとになされているのが興味深い点です。

管理職は内容や方法など、園内研修の進行について気にかけている様子がうかがえますが、職員の側は誰もが発言できるようにということと、全体として共有できること、とりわけ１人の悩みや興味関心を全体で共有できるように、といったことを一番に考えていることがわかります。その中で、各園でさまざまな工夫がなされているといえます。■

第5節 管理職と職員が望む園内研修（ニーズに着目して）

これまでは園内研修の課題について見てきましたが、管理職と職員ではそれぞれ、どのような研修が望ましいと考えているのでしょうか。まずは園内研修のニーズについて見てみましょう。「（5）これからどのような園内研修をしてみたいですか」という項目についてKHCoderによる共起ネットワークを作成したところ、管理職と職員で図1-5-1、1-5-2のようになりました。

ここでは、「園内研修のニーズ」について、それぞれの思い・願いをあげてみようと思います。主に、管理職の捉える園内研修のニーズには【語り合える研修】【メディアを活用した質の向上】、また職員の

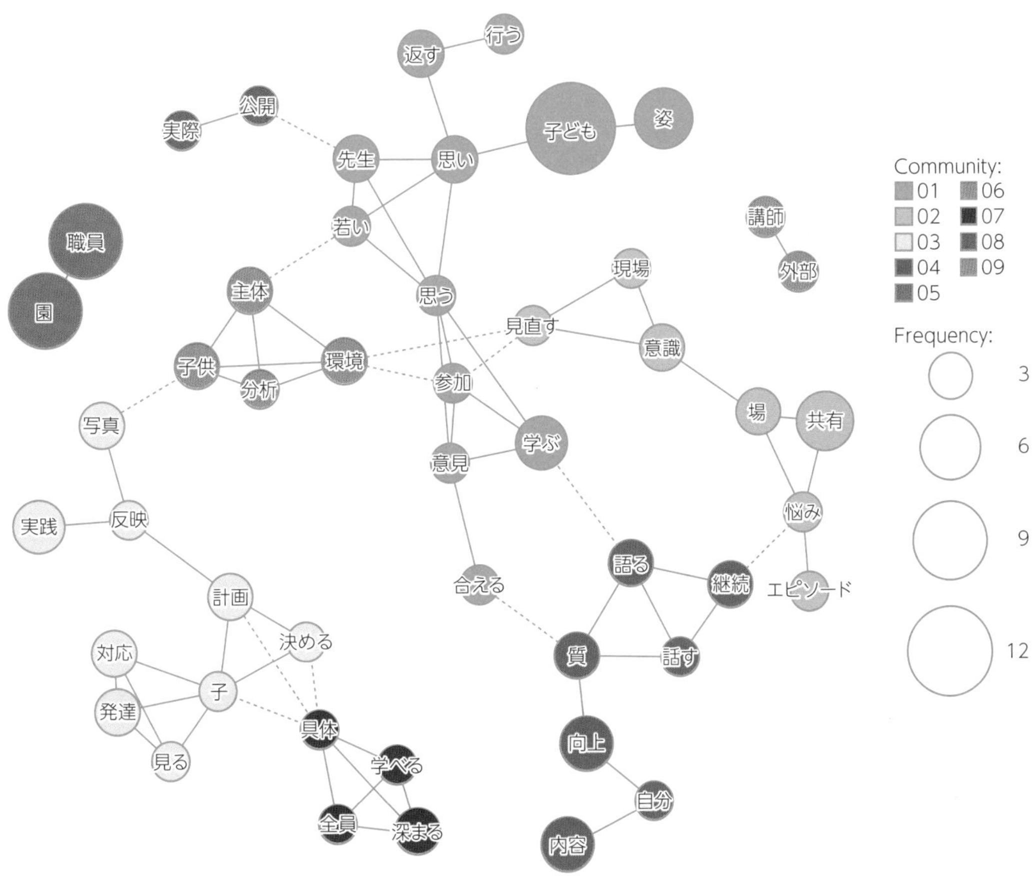

図1-5-1 ◆ 園長等管理職が考える園内研修の方向性

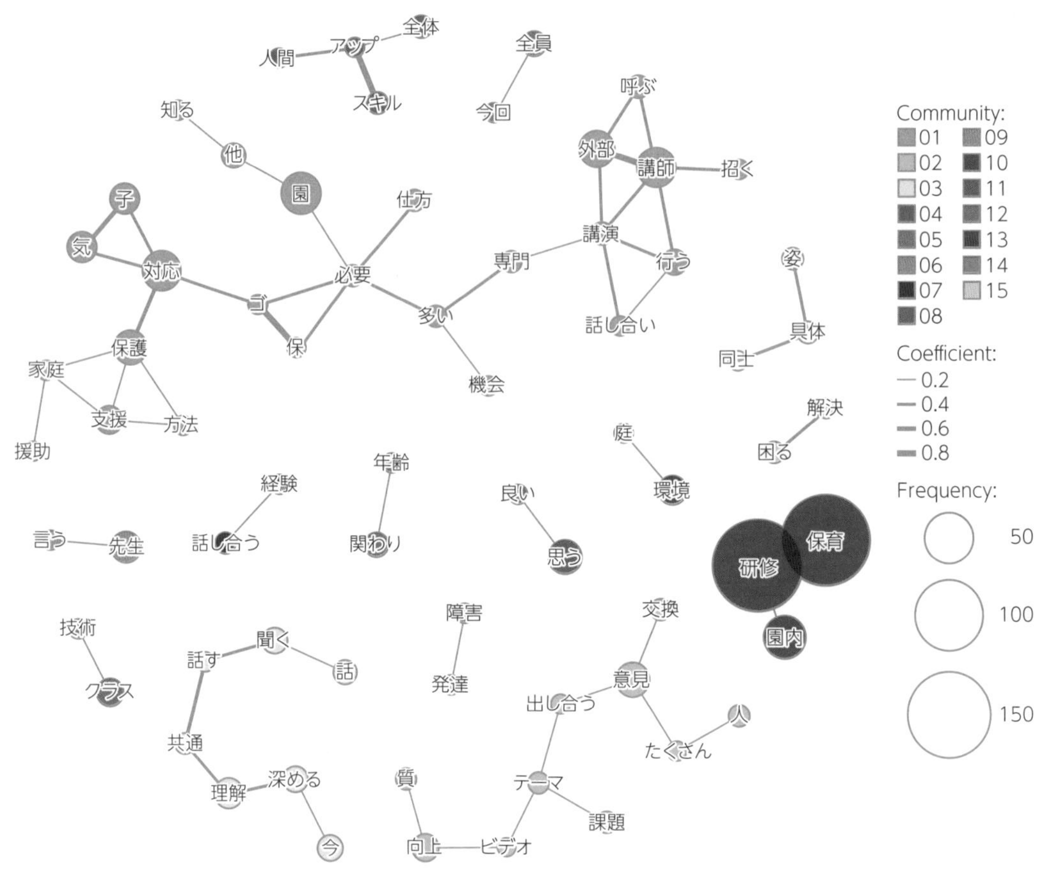

図1-5-2◆担任等職員が考える園内研修の方向性

捉えるニーズには【保育のスキルアップ】【視野を広げる】【特定の課題への対応】などのカテゴリーがあらわれてきました。

1 管理職が望むこと

【語り合える研修】一人ひとりが保育の思いを語り合えるように
【メディアを活用した質の向上】写真やビデオを活用して質の向上を

この設問を通して、どのような園内研修をしてみたいかという研修のニーズについて尋ねましたが、管理職サイドでは子どもの姿を捉えながら、【語り合える研修】を求める意見が多く見られました。例えば「若い先生も、経験をつんだ先生も、子どもの思いや私の保育への思いを語り合えるように」「子どもの姿を皆で話し合える研修」といったように、お互いが保育や子どもについて、自分の思いを語り合えるような研修を願っている姿がありました。また「園の中で困っているものを職員で話し合えるような研修を行いたいです」「意見が活発になってみずから学ぶ姿勢で参加できるような園内研修にしていきたいと思っています」「若い職員が主体の研修」など、職員の課題意識やそれぞれの主体性が発揮されるような研修を望んでいる意見も見られました。

方法論としては、ビデオや写真をもとに語り合うことを継続することで、質の向上を図りたいという、【メディアを活用した質の向上】があげられています。「エピソード研修」をしたいという意見もありましたが、中でも「写真を使った研修・ビデオ研修」や「事例をもっといろいろ、短い動画などをくりかえし見て話し合ってみたい」というように、保育現場に身近になってきたメディアを活用する方法を考えていることがわかります。さらに「写真を活用した保育の振り返り～保育実践への反映～計画への反映」という流れが示されているなど、写真などを使って捉えた具体的な子どもの発達をもとに計画を立てていくことや、悩みを共有することなどを通して現場の意識を高めていくことなどがあげられています。

2 職員が望むこと

【保育のスキルアップ】保育方法についてもっと知りたい
【視野を広げる】先輩の保育や他の園を見てみたい
【特定の課題への対応】保護者対応や気になる子への対処法を知りたい

一方、職員サイドは外部講師の招聘を通して【保育のスキルアップ】をすること、先輩の保育を見ることや他園の見学などを通して【視野を広げる】ことを求めている声が多くありました。特に、近年の保育を取り巻く状況から、保護者対応や気になる子への対処など、【特定の課題への対応】についての関心が高くなっています。また、園庭の環境や困った点の解決など、より具体的な解決策への希求がなされていることがわかります。

【保育のスキルアップ】については、リトミックや運動遊び、環境などの具体的な方法について言及するコメントのほか、「子どもたちの遊びを充実させるための（ワクワクできる）環境を園全体で考えていきたい」「保育の引き出しが増えるような研修」を望むなど、園全体や保育者個人のスキルアップについて求める意見が多く見られました。スキルについては、外部講師の招聘なども考えられていることがわかります。

【視野を広げる】ことについては、「若手保育士が増えている今、中堅・ベテランの先生の保育を見せて頂き、協議をするような機会がほしい」「日頃の保育に生かせるように先輩方の保育が見たい（いろいろなクラスの）」といった、他の園の実践も含め見習うことでスキルや質を上げていく方法をとることが望まれています。研修の時間確保や人員の調整などが難しいところではありますが、こうした見て学ぶ機会というのが、保育者にとって大切だと感じられます。

【特定の課題への対応】では、主に「保護者への対応」「気になる子への対応」の２つがあげられています。「保護者支援、スムーズな保護者対応の仕方等」については多くの意見があげられていました。また近年の状況を反映して「気になる子について共通理解を深めたい」「個別計画、個別対応について」研修がしたいという回答が多くありました。「発達センター等専門の先生方をまねいて、園での支援の仕方等アドバイスをして欲しい」といった、具体的な意見も見られました。この２点については、今後ますますニーズが高くなってくるのではないでしょうか。

3 まとめ

園内研修に関する課題は、山積しています。まず出てきたのは、時間がない、全体でする余裕がない、といった構造的な問題でした。保育経験の少なさや非常勤の職員が多いということも、そこに拍車をかけているといえます。その上で、全体で共通理解を図ることや、一人ひとりの意見を引き出すこと、主体性を発揮する機会を増やすことなどが課題となってきています。若い人がなかなか意見を出せない、という見方もあれば、いやいやそんな意見を言えるような雰囲気ではありませんよ、といった表裏の関係にある園の状況も明らかになってきました。

そうした課題を乗り越えるために、さまざまな工夫がなされていることも事実です。午睡や夕方、休日などを利用してみんなが集まれる時間を捻出したり、複数回にわたって研修を計画するなど、時間の管理についてはそれぞれの園でよく考えられていることがアンケートからわかってきました。また、発言の機会を保障するために、グループでの活動を考えたり、テーマや話題を保育者から出したり、管理職が入らないようにするなど、職員一人ひとりが主体的に参加できるような工夫もなされていました。まず目の前の子どもたちと、先生方の悩みとを出発点にして、そこから園全体の質の向上へとつなげていく、そんな研修が求められているのではないかと思われます。

理想の園内研修とは、みんなが揃って同じ目線で、子どもや保育観について一人ひとりが発言して語り合い、そこで気になることや課題などを解決する中で、子どもたちがワクワクするような環境や活動を探し求めることのように思います。このアンケートの中からは、そういった「みんなで語り合えるようになりたい」という思いが管理職の先生方からも、職員の先生方からも感じられました。そしてさらに、一人ひとりの学びたい、変わりたい、という気持ちが伝わってきました。それぞれの園のおかれた環境や状況は異なりますが、子どもも保育者も育っていける園を目指すために、園内研修について考えること

は重要ではないかと考えさせられる結果でした。次の章では、保育者の学びのプロセスについて考えていきます。 ■

第 2 章

園内研修での対話を通した参加者の学び

はじめに　参加者にとっての学びとは

前章では、園長等の管理職と担任等の職員が、園内研修について何を課題として捉え、どのようなニーズをもち、どのような工夫をしているかを考察しました。昨今、園内研修の大切さが広く認識され、実施されています。さまざまな園内研修の方法や工夫も紹介されています。一方で、保育者が園内研修に参加し、どのような経験をしているのかという観点から実態を検討し、理論化している研究は少ないように思います。

これまでの園内研修に関する研究では、どのような談話スタイルで話し合っているかというやりとりの特徴など、外部から観察可能な園内研修の特徴を対象とした研究が多くなされてきました（例えば、中坪ら 2012, 2014）。著者らは、そこからさらに踏み込み、園内研修に参加し同僚と対話する中で、参加者にとってどんな発言が心に残り、どんな発言が研修を活発にした、または深めたと感じ、対話を通して何を学んでいるのか、すなわち園内研修で同僚と対話することで、保育者の内面で何が生じているのかを知りたいと考えました。そこで本章では、そうした研究関心に基づいて実施した研究結果[i]を紹介しながら、園内研修における学びのプロセスについて考えてみたいと思います。

著者らが立てた研究の問いは、次の３つです。

1. 今日の園内研修の中で、どのような発言が心に残ったか
2. 今日の園内研修の中で、どのような発言が研修を活発にした／深めたか
3. 今日の園内研修の中で、何を学んだか

これらの問いに対して、園内研修を実施した直後に、保育者にアンケートに回答してもらい、その内容を分析して、園内研修での他者の発言がどのように参加者に聴かれ、参加者自身の中で学びとして内化されているかというメカニズムを探索的に検討しました。■

［i］調査の詳細は、筆者らの論文（淀川ら 2020）をご覧ください。

第1節 調査の概要

はじめに、筆者らがどのような調査を行ったかを説明します。

1）調査協力者

本調査は、筆者らが外部講師等として園内研修に参加した保育所・幼稚園・認定こども園計15園の職員計286名にご協力いただき、2017（平成29）年８月から2018（平成30）年11月に実施しました。実施された園内研修の内容や方法については、今回は特に条件を統制することはせず、著者らが招かれた園内研修からランダムに調査協力を依頼しました。

回答をいただいた職員の役職別の人数は、保育者232名、管理職ないし研修リーダー（以下、管理職）54名でした。それぞれ保育経験年数は、保育者が平均9.3年（標準偏差9.1年、最小０年～最大40年）、管理職が平均18.9年（標準偏差12.0年、最小０年～最大44年）でした。管理職も保育経験の長い方が多いという点が特徴的です。なお、調査協力園の所在地は、東京・神奈川・愛知・広島・福岡です。

2）調査の方法と内容

調査協力園15園の園内研修に著者らのいずれかが研修講師として参加し、園内研修の後に、保育者用アンケートと管理職用アンケートに回答していただきました（園内研修の合計回数は、同じ園で複数回実施したものも含め計20回）。研修後のアンケートでは、その日に参加した園内研修について、以下の設問を尋ねました。

ア　今日の園内研修の中で、保育者のどんな発言がもっとも心に残りましたか？　理由も含めてご記入ください。
イ　今日の園内研修の中で、保育者のどの方の発言が研修を活発にした、または深めたと考えられますか？　理由も併せてご記入ください。
ウ　今日の園内研修で、学んだことを簡単にお書きください。

なお、園内研修時の話しやすさなどを考慮し、今回の調査では園内研修中の職員のやりとりについて録音等は行いませんでした。そのため、この研究では、園内研修を実施した後のアンケート調査への回答から見えてくる職員の認識を分析しています。

3）回答状況

設問アイウに記述した回答者の数及び回答率は、設問ア：保育者169名（72.8％）と管理職41名（75.9％）、設問イ：保育者125名（53.9％）と管理職31名（57.4％）、設問ウ：保育者212名（91.4％）と管理職42名（77.8％）でした。３つの設問の中でも特にアとウが比較的多く記述されていました。

4）分析の方法

設問アイウへの自由記述回答について、園内研修での対話が回答者にどのような意識の作用をもたらしたかという観点から、下位カテゴリ（本文では［ ］で表示）を作成しました。設問アとイについては、発言内容と理由が明確に書き分けられていない回答があったため、両方の記述をふまえてカテゴリを作成しました。

下位カテゴリは３つの設問で重複するものが多かったため、各設問への回答で作成されたすべての下位カテゴリを１つの表に整理し、類似の内容の下位カテゴリをまとめて、上位カテゴリ（本文では【 】で表示）を作成するという手順としました。

なお、２名の研究者が独立してカテゴリ分類を行い、一致率は設問ア「心に残った発言」で82.7%、設問イ「研修を活発にした・深めた発言」で83.5%、設問ウ「学んだこと」で76.5%でした。

最後に、上位カテゴリを、何に関するカテゴリか（大きな内容）という観点からさらに整理したところ、保育者用アンケートは全部で２つの内容、管理職用アンケートは１つ加えて３つの内容（本文では《 》で表示）に大別されました（詳細は表2-2-1）。

分析では、設問アイウへの回答で、それぞれのカテゴリがどのくらい出現したか（数と割合）を数量で出し、さらに特徴的な結果が見られたカテゴリについて、自由記述を詳しく検討するという方法を取りました。心に残った発言や研修を活発にした・深めた発言、学んだことのそれぞれについて検討するとともに、同じ園で一人ひとりがどのような回答をしたかという園単位の検討も行いました（後述Ａ園の事例）。これらの分析を行うことで、全体的な特徴を把握できるとともに、園内研修で話された内容をふまえた具体的な検討もできると考えました。なお、自由記述回答については、基本的には記述内容をそのまま記していますが、誤字脱字等の表記の修正、主語や目的語の補足（括弧で表示）などは適宜行っています。

5）倫理的配慮

本研究を実施するにあたり、調査の目的と質問紙の内容について、研究者から調査協力者に説明を行い、調査結果については個人や園が特定されないことを伝えて、同意を得られた方にのみ調査にご協力いただきました。なお、調査用紙は無記名としました。■

第2節 園内研修で「心に残った発言」「研修を活発にした・深めた発言」「学んだこと」

本節では、設問ア「心に残った発言」、設問イ「研修を活発にした・深めた発言」、設問ウ「学んだこと」のそれぞれについて、順に保育者と管理職の結果を見ていき、最後に比較検討をします。

まず、設問アイウの自由記述回答をカテゴリ分類した結果を表2-2-1に整理しました。保育者と管理職で共通で作成されたカテゴリと、どちらかのみで作成されたカテゴリがあったので、その区別も表中（「回答者」欄）に示しています。

表2-2-1 ◆ 保育者用の設問「心に残った発言」「研修を活発にした・深めた発言」「学んだこと」への自由記述回答から作成されたカテゴリとその定義

内容	上位カテゴリ	下位カテゴリ	定義	回答者
保育実践	A.理解・共感	a-1.職員の意図・思いの理解・共感	他の保育者の思いや意図、喜びに対して、理解したことや共感したことについての記述	保・管
		a-2.悩み・試行錯誤への共感	他の保育者の悩みや葛藤に対する共感や、同じことを自分も悩んでいたことについての記述	保
	B.よさへの気づき・承認	b-1.保育実践のよさ	園の保育のよさに気づいたことについての記述	管
		b-2.園の保育のよさへの気づき（自分）	園の保育のよさに気づいたことについての記述	保・管
		b-3.園の保育のよさへの気づき（職員）	職員が園の保育のよさに気づいたことについての記述	管
		b-4.保育への承認（園）	園の保育のよさや取り組みが認められたことについての記述	保・管
	C.視点・気づき	c-1.新たな方法との出会い	具体的な保育の方法について知ることができたことについての記述	保・管
		c-2.大切なことの（再）認識	改めて・今一度気づいた、思い出したなど、考えていたこと・意識していたことを再認識したことに関する記述	保・管
		c-3.新たな視点・気づき	自分の意見や考えとは違う、～に気づいたなど、新たな視点や気づきを得たことについての記述	保・管
		c-4.職員全体の学び・問いにつながる視点	他の保育者や参加者全員に考えることを促したことへの記述	保・管
	D.保育の振り返り	d-1.保育の振り返り（自分）	自分の保育を振り返ったことについての記述	保
		d-2.保育の振り返り（職員）	職員の保育への振り返りについての記述	保

		d-3. 保育の振り返り（園）	自園やクラスの保育を振り返ったことについての記述	管
	E. 意欲・課題	e-1. 保育実践への意欲・課題（自分）	新たに考えていきたい問い・テーマと出会ったことが述べられている記述	保・管
		e-2. 保育実践への意欲・課題（園）	発言によって、園全体の問い・課題や問題などが見つかったことについての記述	保・管
職員の保育への構え・成長	F. 職員の保育への構え	f. 職員の保育への構えや考え方	職員の保育に対する姿勢や価値観が見えたことについての記述	管
	G. 職員の成長	g-1. 悩み・試行錯誤の自覚（職員）	職員が悩みや試行錯誤を自覚していることについての記述	管
		g-2. 職員の成長への期待	今後職員が成長していくことへの期待に関する記述	管
		g-3. 職員の成長への手応え	職員の成長への手応えを感じたことについての記述	管
保育のための省察（記録・研修）	H. 視点・気づき	h-1. 新たな方法との出会い	具体的な省察の方法について知ることができたことについての記述	保・管
		h-2. 大切なことの（再）認識	省察（研修・記録）について、改めて、今一度気づいた、思い出したなど、考えていたこと・意識していたことを再認識したことに関する記述	保・管
		h-3. 新たな視点・気づき	省察に関して、自分の意見や考えとは違う、～に気づいたなど、新たな視点や気づきを得たことについての記述	保・管
	I. 承認	i. 省察への承認	発言した人の視点がよかったことへの気づき	保
	J. 省察の振り返り	j-1. 省察の振り返り（自分）	園内研修において保育を振り返ったことについての自身の振り返りについての記述	保
		j-2. 省察の振り返り（園）	園内研修において保育を振り返ったことについての園の振り返りについての記述	保
		j-3. 省察の振り返り（職員）	園内研修において保育を振り返ったことについての職員の振り返りについての記述	管
	K. 研修のよさ	k. 実施した研修内容・方法のよさ	わかりやすかったことや、さまざまな人と一緒に考えたり、議論ができるなど、視点や考えを交流させられたことについての記述	保・管
	L. 意欲・課題	l-1. 省察実践への意欲・課題（自分）	省察に関して、自分が新たに考えていきたい問いと出会ったことが述べられている記述	保
		l-2. 省察実践への意欲・課題（園）	省察に関して、園として新たに考えていきたい問いと出会ったことが述べられている記述	管
		l-3. 困難さを感じる	園内研修で学んだことについて実践と繋げることが難しいと感じていることについて述べられている記述	保

淀川ら 2020の表７、表８をもとに筆者改変。

また、表2-2-1のカテゴリを整理し、坂本（2010）を参考に図示したものが、図2-2-1です。

はじめに、どのようなカテゴリが作成されたかを説明します。保育者用アンケートの記述は、大きな内容レベルで整理すると《保育実践》と《保育のための省察（記録・研修）》の２つに区分されました。管理職用アンケートの記述は、さらに１つ加えて、《職員の保育への構え・成長》に関するカテゴリも作成されました。

《保育実践》の中には、【A.理解・共感】【B.よさへの気づき・承認】【C.視点・気づき】【D.保育の振り返り】【E.意欲・課題】の５つの上位カテゴリがあります。

《職員の保育への構え・成長》の中には、【F.職員の保育への構え】【G.職員の成長】の２つの上位カテゴリがあります。

《保育のための省察（記録・研修）》の中には、【H.視点・気づき】【I.承認】【J.省察の振り返り】【K.研修のよさ】【L.意欲・課題】の５つの上位カテゴリがあります。

それぞれの上位カテゴリを構成する下位カテゴリについては、表

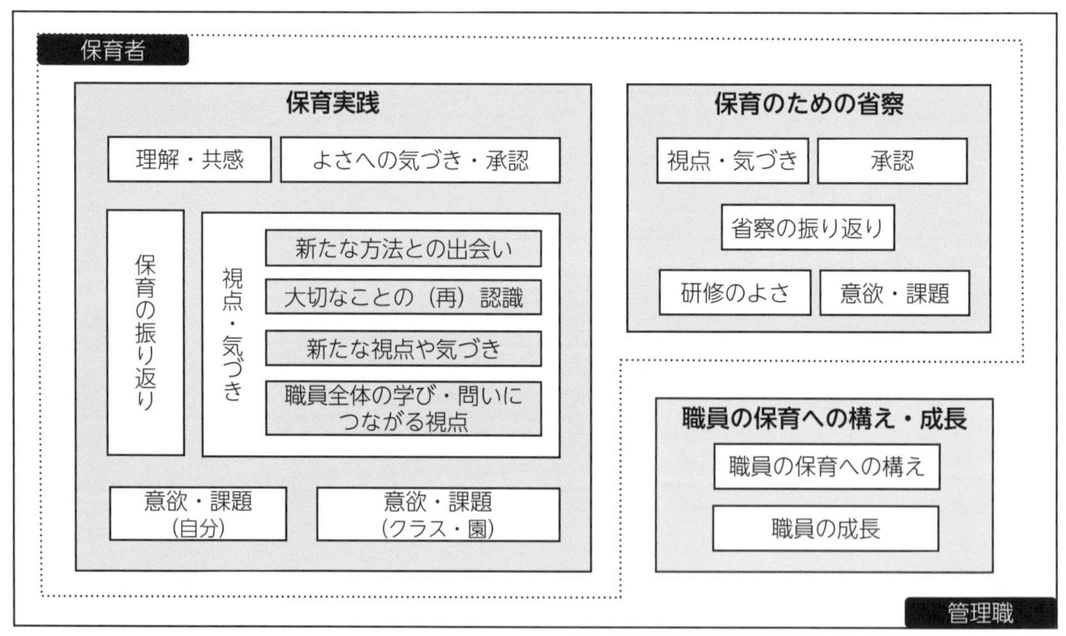

図2-2-1 ◆ 本研究で園内研修の参加者が経験していた感情や思考

2-2-1をご覧ください。

さらに、保育者用アンケートと管理職用アンケートのカテゴリ分類の結果を、表2-2-2に示します。この表を参照しながら、具体的な分析結果を見ていきたいと思います。

表2-2-2 ◆ 保育者と管理職の設問「心に残った発言」「研修を活発にした・深めた発言」「学んだこと」のカテゴリの出現頻度と（記述数に対する）割合（%）

内容	上位カテゴリ	下位カテゴリ	保育者						管理職					
			心に残った		活発にした・深まった		学んだこと		心に残った		活発にした・深まった		学んだこと	
			記述数	割合	記述数	割合	記述数	割合	記述数	割合	記述数	割合	記述数	割合
保育実践	A.理解・共感	a-1.職員の意図・思いの理解・共感	7	3.6	6	4.5	0	0.0	1	1.7	2	6.3	0	0.0
		a-2.悩み・試行錯誤への共感	6	3.0	12	9.0	0	0.0	—	—	—	—	—	—
	B.よさへの気づき・承認	b-1.保育実践のよさ	—	—	—	—	—	—	6	10.3	0	0.0	0	0.0
		b-2.園の保育のよさへの気づき（自分）	1	0.5	0	0.0	0	0.0	6	10.3	0	0.0	0	0.0
		b-3.園の保育のよさへの気づき（職員）	—	—	—	—	—	—	1	1.7	0	0.0	0	0.0
		b-4.保育への承認（園）	1	0.5	1	0.8	0	0.0	1	1.7	0	0.0	0	0.0
	C.視点・気づき	c-1.新たな方法との出会い	5	2.5	6	4.5	21	8.9	2	3.4	0	0.0	1	2.2
		c-2.大切なことの（再）認識	37	18.8	15	11.3	26	11.0	4	6.9	0	0.0	1	2.2
		c-3.新たな視点・気づき	68	34.5	41	30.8	103	43.6	11	19.0	5	15.6	19	40.4
		c-4.職員全体の学び・問いにつながる視点	1	0.5	5	3.8	0	0.0	2	3.4	13	40.6	3	6.7
	D.保育の振り返り	d-1.保育の振り返り（自分）	25	12.7	2	1.5	5	2.1	—	—	—	—	—	—
		d-2.保育の振り返り（園）	1	0.5	2	1.5	4	1.7	—	—	—	—	—	—
		d-3.保育の振り返り（職員）	—	—	—	—	—	—	2	3.4	0	0.0	0	0.0
	E.意欲・課題	e-1.保育実践への意欲・課題（自分）	15	7.6	1	0.8	21	8.9	1	1.7	0	0.0	0	0.0
		e-2.保育実践への意欲・課題（園）	0	0.0	4	3.0	2	0.8	3	5.2	1	3.1	4	8.9
	小計		167	84.7	91	71.5	182	77.0	34	58.4	21	65.6	28	60.4

職員の保育への構え・成長	F.職員の保育への構え	f.職員の保育への構えや考え方	—	—	—	—	—	—	0	0.0	0	0.0	1	2.2
	G.職員の成長	g-1.悩み・試行錯誤の自覚（職員）	—	—	—	—	—	—	1	1.7	0	0.0	0	0.0
		g-2.職員の成長への期待	—	—	—	—	—	—	7	12.1	0	0.0	1	2.2
		g-3.職員の成長への手応え	—	—	—	—	—	—	5	8.6	1	3.1	1	2.2
	小計		—	—	—	—	—	—	13	22.4	1	3.1	3	6.6
保育のための省察（記録・研修）	H.視点・気づき	h-1.新たな方法との出会い	1	0.5	0	0.0	3	1.3	0	0.0	0	0.0	2	4.4
		h-2.大切なことの（再）認識	5	2.5	0	0.0	6	2.5	0	0.0	0	0.0	2	4.4
		h-3.新たな視点・気づき	9	4.6	3	2.3	25	10.6	0	0.0	0	0.0	4	8.9
	I.承認	i.省察への承認	1	0.5	2	1.5	1	0.4	—	—	—	—	—	—
	J.省察の振り返り	j-1.省察の振り返り（自分）	2	1.0	0	0.0	5	2.1	—	—	—	—	—	—
		j-2.省察の振り返り（園）	0	0.0	0	0.0	3	1.3	—	—	—	—	—	—
		j-3.省察の振り返り（職員）	—	—	—	—	—	—	1	1.7	2	0.3	1	2.2
	K.研修のよさ	k-1.実施した研修内容・方法のよさ	7	3.6	16	12.0	8	3.4	7	12.1	5	15.6	5	11.1
	L.意欲・課題	l-1.省察実践への意欲・課題（自分）	2	1.0	0	0.0	0	0.0	—	—	—	—	—	—
		l-2.省察実践への意欲・課題（園）	—	—	—	—	—	—	2	3.4	3	9.4	1	2.2
		l-3.困難さを感じる	0	0.0	0	0.0	3	1.3	—	—	—	—	—	—
	小計		27	13.7	21	15.8	54	22.9	10	17.2	10	31.3	15	33.2
カテゴリなし			3	1.5	17	12.8	0	0.0	1	1.7	0	0.0	1	2.2
合計			197	100.0	133	100.0	236	100.0	58	100.0	32	100.0	47	100.0

※一つの記述に複数のカテゴリが含まれている場合がある。

※「—」は当該アンケートの自由記述からは作成されなかったカテゴリを示す。

なお、調査協力園15園の園内研修では、園内研修のテーマ、話し合いの方法、内容はさまざまでしたが、本章では回答についての全体的な傾向を把握することを優先したため、各園内研修がどのようなテーマでどのような内容のやりとりをしたか、一人ひとりの内面でどのようなことが生じたかという具体には踏み込めていません。

各園内研修の詳細については、同じデータを園内研修単位での学びに着目して詳細に分析している第３章（p.73）に記載していますので、そちらをご参照ください。

1 園内研修で、どのような発言が心に残ったか

本項では、設問ア「今日の園内研修の中で、保育者のどんな発言がもっとも心に残りましたか？　理由も含めてご記入ください」に対する保育者および管理職の記述内容を分析し、園内研修でどのような発言が心に残るのかを考えていきます。記述の多かったカテゴリから順に、記述数と割合、具体的な記述を数例、そして、それらの結果から示唆されたことを述べていきます。

なお、紙幅の関係でここでは自由記述回答のみ紹介していますが、分析にあたっては、その日の園内研修での課題など、文脈を考慮しています。

示唆１　保育者は、保育実践に関して自身に新たな視点や気づきをもたらした発言、大切なことの（再）認識につながった発言、自身の保育の振り返りが促された発言が心に残っていた

表2-2-2で保育者の「心に残った発言」のカテゴリ分類結果を見てみると、もっとも記述の多かった下位カテゴリは《保育実践》の【C.視点・気づき】にある［c-3.新たな視点・気づき］（記述数68／割合34.5％）でした。例えば、

「“嫌い”、“苦手”という目で見て子どもに接することで、（子ど

も自身は）本当は嫌いではないのに“嫌い”と思ってしまうこともあるのではという話に、そうだなと思った」（括弧内は筆者による補足）

「“待たせること”、“待つこと”がいけないことだと考えてしまっていたため、考え方を変えることができ、とても印象に残っている」

などの記述が見られました。自分の考え方や思い込みに対して、新たな見方を提示し、新たな気づきをもたらしてくれた発言が、もっとも心に残ったことがわかりました。

次に記述が多かったのが、同じく《保育実践》の【C.視点・気づき】にある［c-2.大切なことの（再）認識］（記述数37／割合18.8%）でした。例えば、

「子どもの思い（心情）と保育者のねらいが合致すると、自然と良い表情となると改めて感じた」

「保育士が先に言うだけでなく、子どもたちが主体的に遊び、ルールを作るというのは、遊び込めている証拠だと感じた」

「ついつい発表会などで保護者受け、見栄えなどを頭の片隅で考えてしまっていたので、改めて気付かされた」

などの記述がありました。保育の中で大切にしたいことを考えさせられた発言や、日頃つい意識し忘れてしまうことを思い出させてくれる発言が、心に残ったことがわかります。

３番目に多かったのは、《保育実践》の【D.保育の振り返り】にある「d-1.保育の振り返り（自分）」（記述数25／割合12.7%）でした。例えば、

「形から入りがちな自身の課題を改めて見直せた。子どもに何を求めるか、何を大切にするかを考えさせられた」

「音楽と日常生活が別々なものとして保育をしていたので、見直すことができた」

などの記述がありました。他の保育者がその人の保育について語った言葉を聞いて、回答者自身の保育を振り返り、課題を見直したり、課題を認識したりした発言が心に残ったことがわかります。さらに、

「今の自分の保育（日常）を振り返る機会になったから、目指していきたい！　と思った」

「クラスに20人の子どもがいるなかで、どれだけ一人一人がじっくり夢中になって遊べているか見えていないことが多いと反省しつつ、今後どんなときにこのような姿になるのか、丁寧に見ていきたいと思いました」

などの記述もありました。他の保育者の語りを聞いて、自らの保育を振り返りながら、その先に目指していきたい保育のあり方を思い描くきっかけとなった発言も、心に残ったようです。

示唆２　管理職は、保育実践に関して自身や職員に新たな視点や気づきをもたらした発言、職員の成長への期待を感じられた発言、研修のよさを感じられた発言が心に残っていた

同様に、表2-2-2で管理職の「心に残った発言」のカテゴリ分類結果を見てみると、もっとも記述の多かった下位カテゴリは、保育者と同じく《保育実践》の【C.視点・気づき】にある［c-3.新たな視点・気づき］（記述数611／割合19.0%）でした。例えば、

「「かかわる」という定義が、子どもをどのようにみとっているかという保育者の見方によって定義づけられている（ことに気づいた）」（括弧内は筆者による補足）

という記述に見られるように、管理職の先生自身にとって新たな視点や気づきを得られた発言があげられていました。また、

「園児の実態と本時活動にずれがあることに本人が気づくきっかけになったのではないかと思えた」

のように、職員が新たな視点や気づきを得たであろう発言をあげた記述もありました。保育者用アンケートでは、他の職員にとって、という視点の記述はなかったことから、管理職の職員（研修リーダーを含む）が園内研修を組織としての学びの場としても捉えていたことがわかります。

次に記述が多かったのが、《職員の保育への構え・成長》の【G.職員の成長】にある［g-2.職員の成長への期待］と、《保育のための省

察（記録・研修)》の【K.研修のよさ】にある［k.実施した研修内容・方法のよさ］（いずれも記述数７／割合12.1％）でした。[g-2.職員の成長への期待］にあてはまった記述では、７つの記述のうち４つが、［c-3.新たな視点・気づき］も該当していました。このことから、職員が新たな視点や気づきを得て、成長することが期待された発言が管理職にとって心に残ったことがわかります。

また、［k.実施した研修内容・方法のよさ］では、例えば、

「どのクラスも楽しそうにやっていて、見て見てと言っていた」

「園内研修のねらいとしていたものを感じた」

「エピソードの中に、自分が知りたいことを『なぜ～』というかたちで明確にしたことで、カンファレンスの視点をしぼれた」

などの記述がありました。これらは、個別の発言というよりも、園内研修が全体として職員にとって参加しやすい時間となっていたことや、職員にとって有意義な内容や方法となっていたことへの手応えとして書かれていたといえるでしょう。管理職が園内研修の運営面にも心を配り、職員の様子を見守りながら園内研修に参加していた様子もうかがえます。

3）保育者と管理職の結果を比較して

以上を振り返ると、保育者用アンケートと管理職用アンケートに記述された心に残った発言として、どちらも保育実践に関して自身に新たな視点や気づきをもたらした発言をあげているという共通点がありました。一方、保育者ではそれ以外に、保育実践に関する大切なことの（再）認識につながった発言や、自身の保育の振り返りが促された発言があげられていたのに対し、管理職では（自分以外の）職員に新たな視点や気づきをもたらした発言や、職員の成長への期待を感じられた発言、研修のよさを感じられた発言もあげられていたという違いも見られました。

保育者にとっては、自分の内面で起きたことが多く心に残っていましたが、管理職はやはり職員の様子や研修の様子にも目を配っていたということが示唆された結果であるように思います。

2　園内研修で、どのような発言が研修を活発にしたか／深めたか

次に、設問イ「今日の園内研修の中で、保育者のどの方の発言が研修を活発にした、または深めたと考えられますか？　理由も併せてご記入ください」に対する保育者および管理職の記述内容を分析します。ここで紹介している記述例は、発言の内容ないしは理由が書かれています。どのような発言が園内研修を深め・活性化するのかを考えていきます。

示唆３　保育者は、保育実践に関して自身に新たな視点や気づきをもたらした発言、研修の内容や方法のよさを感じた発言、保育実践に関して大切なことの（再）認識につながった発言が研修を活発にした／深めたと捉えていた

表2-2-2で保育者の「研修を活発にした／深めた」のカテゴリ分類結果を見てみると、もっとも記述の多かった下位カテゴリは《保育実践》の【C.視点・気づき】にある［c-3.新たな視点・気づき］（記述数41／割合30.8%）でした。例えば、

「“待つ”、“待たされる”では子どもの感じ方にすごく差があると思った」

「子どもは保育士のことをよく見ているため、保育士がさりげなく言ったことでも、それについて考えたり取り組んだり発展させているなと考えました」

「なにげなく出したりしていたが、子どもたちが本当に必要としているタイミングや目的を考えて準備するなど見極めなくてはいけないと思った」

などの記述がありました。自分が見ていた角度とは異なる角度から見る視点を得られる発言や、あまり意識していなかったことを認識するきっかけとなった発言が、園内研修を深めたり活性化させたりしたと感じていたようです。

次に記述が多かったのは、《保育のための省察（記録・研修）》の【K.研修のよさ】にある［k.実施した研修内容・方法のよさ］（記述数16／割合12.0%）でした。例えば、

「どうして…を考えていくことで、保育の中で大切にしていきたいことを改めて話すことができた」

「状況がよくわかり、その話の中で自分が保育で悩んでいることと同じようなことがあり、その後のグループ討議で話題にし、意見交換ができた」

などの記述がありました。質問やそれに関する発言、事例を話す際に状況をわかりやすく伝える発言が、研修を深めたり活性化させたりしたものとしてあげられていました。

なお、［k.実施した研修内容・方法のよさ］と関連して、発言以外のことが書かれていたため、カテゴリなしとした記述の中には、イラストや動画、付箋、司会、話し合いの仕方、テーマの選定方法など、園内研修を進めていく上でのツールや方法に関する記述も見られました（記述数８／割合6.0%）。例えば、

「伝えたいことを、いかにわかりやすく１つのイラストでポイントをしぼって伝えるか、グループ内での話が盛り上がった」

「付箋を貼る方法を取り入れていて、どの人も意見や発見したことを言えるので良いやり方だと思った」

などの記述がありました。

３番目に多かったのが、《保育実践》の【C.視点・気づき】にある［c-1.大切なことの（再）認識］（記述数15／割合11.3%）でした。例えば、

「日々心にとめているけど、ついつい時間の流れで保育者が手を出しがちなところを今一度大切にしようと思った」

「一人ひとり面白さ、楽しさの価値が違うということを改めて確認しました」

「子どもの行動一つひとつに理由があることに改めて気づいた」

などの記述がありました。今までも感じていたけれど改めて確認したり、再認識したりするきっかけとなった発言が、園内研修を深めたり

活性化させたりしたものとしてあげられていました。

示唆４　管理職は、職員全体の学び・問いにつながる視点を与えた発言、保育実践に関して自身に新たな視点や気づきをもたらした発言、研修の内容や方法のよさを感じた発言が研修を活発にした／深めたと捉えていた

表2-2-2で管理職の「研修を活発にした／深めた」のカテゴリ分類結果を見てみると、もっとも記述の多かった下位カテゴリは《保育実践》の【C.視点・気づき】にある［c-4.職員全体の学び・問いにつながる視点］（記述数13／割合40.6％）でした。例えば、

「○○先生の活動に他の保育士が興味をもち、「ぜひワザを知りたい」という気持ちが自然により深い学びにつながる」

「みんなが知りたいと感じていたことを言葉にしてくれた」

のように、ある保育者の発言が他の保育者の興味を引き出すような発言や保育者に共通の問いを可視化する発言が取り上げられていました。また、

「みんなと一緒に活動することの意義や本時のねらいを見直すきっかけになった」

「園児にどのような支援をしてあげることが必要かを考える基となった」

「（前のグループの発表内容と真逆の視点の発表があったことで）みんなの見方が違っていい、様々な捉え方があるのだと感じられる瞬間だったと思う」

といった記述がありました。これらから示唆されるのは、管理職は、子どもにとってどうかという問い直しを他の保育者にさせるような発言や、子どもにとってということを考える上で多様な視点・意見を見出せるような発言を、研修を活発にした／深めた発言として捉えているということです。この子ども理解や保育者間の問いや興味を引き出すといった特徴は、管理職の回答のみで見られたものでした。

次に記述が多かったのが、《保育実践》の【C.視点・気づき】にある［c-3.新たな視点・気づき］と、《保育のための省察（記録・研

修)》の【K.研修のよさ】にある［k.実施した研修内容・方法のよさ］（いずれも記述数５／割合15.6％）でした。［c-3.新たな視点・気づき］では、例えば、

「自分で考えて選択できる環境を大事にしていると思っていたが、子どもの姿を振り返ったときに、子どもにとってはそうではないかもしれないと思った」

など、自分が見ていた角度とは異なる角度から見たり考えたりする視点を与えてくれた発言が、研修を活発にした／深めた発言としてあげられていました。

また、［k.実施した研修内容・方法のよさ］では、例えば、

「(今までの、司会がドキュメンテーションを見ながら悩みや振り返りのテーマをわかりやすく伝えていたことについて）自分たちがしてきたことを改めて振り返る機会がなかなかなかったので、今後にもつながる問いだったと思う」

といった記述がありました。このように、司会役の人がどのようにファシリテーションをしていたかを表す発言についての記述が主に見られました。この下位カテゴリは保育者のアンケートでも２番目に多く記述されていて、いずれも事例や問いの共有の仕方、語りやすい進め方に着目している点が共通していました。ただし、保育者では全体で研修を進めていくための共有や可視化を目的とした多様なツールや方法を含む記述だったのに対して、管理職では振り返りを目的としたファシリテーションについての記述が主だったことから、今回の調査協力園では、園内研修を深めたり活性化したりする上で何が必要かを捉える観点が保育者と管理職とでは異なっていたのかもしれません。

また、保育者の回答では発表者の保育の過程や思いがわかりやすく語られ、みんなで共通のイメージをもって語り合うことが着目されていたのに対して、管理職の回答では発表者の保育の過程や思いが保育の振り返りにつながるように語られていることが着目されていた点も、興味深い特徴でした。

3）保育者と管理職の結果を比較して

以上を振り返ると、保育者用アンケートと管理職用アンケートに記述された研修を活発にした／深めたと感じられた発言として、いずれも保育実践に関して自身に新たな視点や気づきをもたらした発言や、研修の内容や方法のよさを感じた発言があげられていたという共通点がありました。一方、保育者では保育実践に関して大切なことの（再）認識につながった発言が多くあげられていましたが、管理職では職員全体の学び・問いにつながる視点を与えた発言があげられていました。先に見た「心に残った発言」でも見られましたが、保育者は主に自らの内面で起きたこととの関連で記述していたのに対し、管理職は職員全体の様子にも注目していたことが示唆されました。

3　園内研修の中で、何を学んだか

ここからは、設問ウ「今日の園内研修で、学んだことを簡単にお書きください」に対する保育者および管理職の記述内容を分析して、園内研修での学びについて考えていきます。

示唆５　保育者は、保育実践に関する自身の新たな視点や気づき、再認識した大切なこと、保育のための省察に関する新たな視点や気づきを学びとして捉えていた

表2-2-2で保育者の「学んだこと」のカテゴリ分類結果を見てみると、もっとも記述が多く全体の４割以上を占めていた下位カテゴリは、《保育実践》の【C.視点・気づき】にある［c-3.新たな視点・気づき］（記述数103／割合43.6％）でした。例えば、

「子どもの目線に立ち、成長と遊び心を持って広げるのが大事だと思った」
「保育士の意図はとても大切だが、子どもたちが今何に興味関心が向いているのかを考えながら環境を設定したり、活動を考えていくことが大切だと感じた」

「室内の環境は、たくさんの物を出すのではなく、いらないものをけずり、子どもが遊ぶためにはどのようにしたらよいのか考えることが大切だと学びました」

などの記述がありました。子ども理解や保育環境などについて、これまでに意識していなかったことや気づいていなかったことを学んでいたことがわかります。

次に記述が多かったのは、《保育実践》の【C.視点・気づき】にある［c-2.大切なことの（再）認識］（記述数26／割合11.8％）でした。例えば、

「園庭遊びでも、設定ひとつでこんなにもじっくり遊べるのかと思い、改めて設定の大切さを学んだ」

「やはり、遊びを深めるためには子どもだけでは難しく、大人のたくみな援助が必要不可欠だと感じた」

のように、今までも感じていた大切なことを再認識したり、改めて意識したりしたことを学びとしてあげていました。

３番目に多かったのが、《保育のための省察（記録・研修）》の【H.視点・気づき】にある［h-3.新たな視点・気づき］（記述数25／割合10.6％）でした。例えば、

「保育士それぞれがいろいろな感じ方をしていることを認め合えることで、その子の育ちをさらに豊かにできる」

「担任それぞれが違う視点でその子らしさを見ることで、また違う視点がうまれる。学び方を学ぶということ」

「子どもに対する関わり方、時間や環境など、見直す部分は多いのかもしれないが、子どもに対しての思いを一緒にすることで、当園のめざすべき姿が見えてくるように思う」

のように、園内研修で他の保育者と語り合うこと自体に関する気づきや学びが書かれていました。また、

「今回の研修の中で、子どもたちと日々関わる中で見逃していた個々の姿、視点を知ることができた」

と書かれていたように、自身の学びをメタ化した記述も見られました。これらのことから、保育者は園内研修によって、保育の省察を行

うことや記録に関する意味を学びとして見出していることが示唆されました。

示唆６　管理職は、保育実践に関する自身の新たな視点や気づき、研修の内容や方法のよさ、記録に関する新たな視点や気づきを学びとして捉えていた

表2-2-2で管理職の「学んだこと」のカテゴリ分類結果を見てみると、もっとも記述が多く全体の４割以上を占めていた下位カテゴリは、《保育実践》の【C.視点・気づき】にある［c-3.新たな視点・気づき］（記述数19／割合40.4%）でした。例えば、

「一人でじっくりかかわり満足することが、人とかかわり合う力の基礎となる」

「日常の生活や遊びで息を合わせることが、音楽のリズムを合わせることへとつながるということ」

などが記述としてあげられていました。日常的な子ども（たち）とのかかわりの中に大切なことがあるという気づきが書かれていました。ちなみに、この［c-3.新たな視点・気づき］のカテゴリは、「心に残った発言」でも、「研修が深まった／活性化した発言」でも上位にきていましたが、「学んだこと」では割合が約２倍であったことから、新たな視点や気づきは学びとして認識されるという特徴があることも興味深い点でした。

次に記述が多かったのは、《保育のための省察（記録・研修）》の【K.研修のよさ】にある［k.実施した研修内容・方法のよさ］（記述数５／割合11.1%）でした。例えば、

「（園内研修における話し合いのあり方について）一場面から多様な意見があって、多方面から考えることができた」

「職員一人ひとりが見たこと、感じたこと、考えたことを率直に語り合うことで、子どもの姿が浮きぼりとなり、課題が（おぼろげでも）見えてくるということ。見えてくると、語り合うことが楽しいと感じること」

「（園内研修の方法について）公開保育をすることで、客観的に保

育の在り方を見直すことができること」

「決して否定をせず、一人ひとりの困り感に耳を傾けながら聴かれる先生（外部講師）の姿勢。研修前の先生方の緊張した表情が、研修後には柔和な表情になる先生たち」

などがありました。園内研修での話し合いのあり方や研修の方法に関する学びに加えて、外部講師の存在が、管理職として園内研修で保育者とどのようにかかわるかについての学びにつながったという点も興味深いものでした。なお、本研究では、外部講師の参加の仕方や影響については検討できませんでしたので、今後の課題として考えていきたいと思います。

そして３番目に多かったのが、《保育のための省察（記録・研修）》の【H.視点・気づき】にある［h-3.新たな視点・気づき］（記述数４／割合8.9%）でした。例えば、

「日頃のドキュメンテーションで伝えている部分が『見えている部分』『したこと』が多く、子どもの内面が少ない」

「記録を目で見て、話し合うことで課題や気づきが明確になる」

のように、４つの記述すべてが記録に関するものでした。子どもの内面を捉えようとし、子どもをより知るための記録のあり方について、新たな視点や気づきを得たことが学びとして認識されていました。この下位カテゴリは保育者のアンケートでも３番目に多く記述されていました。園内研修に参加することで、保育者も管理職も、保育実践だけでなく保育のための省察（記録・研修）についても学びを得ていたということがわかりました。

3）保育者と管理職の結果を比較して

以上を振り返ると、保育者用アンケートと管理職用アンケートに記述された学んだこととして、保育者と管理職のいずれでも保育実践に関する自身の新たな視点や気づき、保育の省察に関する新たな視点や気づきがあげられていました。特に、保育実践に関しては、保育者の意図やその現れとしての環境構成に加えて、子どもの内面をいかに捉えて考えていけるかについての記述が、保育者と管理職のいずれでも

多かったことが特徴としてあげられます。また、省察に関する気づきとして、多様な見方や感じ方があるということ、そしてそれらを尊重することの大切さなどが書かれていました。

相違点としては、保育者ではさらに、保育実践に関して（再）認識した大切なことがあげられていて、自身の学びに注目していることがわかりました。一方、管理職では、研修の内容や方法のよさがあげられていて、自らの学びに加えて、園内研修に参加した保育者の様子も含めて俯瞰して捉えていたことがわかりました。

本項では、保育者と管理職の学びに重なりがあったという点も興味深い結果でした。その理由として、本調査にご協力くださった管理職は保育経験の長い人が多かったことも関係しているかもしれません。保育経験がある（ないし長い）管理職と、保育経験がまったくない（ないし短い）管理職で、回答が異なるかどうかについては、さらに検討してみたいと思います。

4　３つの比較から示唆されること

ここまで、設問ごとに園内研修で心に残った発言、研修を活発にした／深めた発言、学んだことの特徴について保育者と管理職それぞれの結果を見てきました。

最後に、設問ア「心に残った発言」、設問イ「研修を活発にした／深めた発言」、設問ウ「学んだこと」の結果を比較することで得られた示唆についてまとめます。

示唆７　保育者にとって、保育実践に関する理解や共感、よさへの気づきは、心に残ったり、研修を活発にしたり／深めたりしても、学びそのものとして認識されていなかった。ただし、そこから視点の変化や考えの深まり等が生まれることで学びの原動力となった可能性がある

表2-2-2の保育者の結果を見ると、《保育実践》に関する【A.理

解・共感】と【B.よさへの気づき・承認】は「心に残った発言」や「研修を活発にした／深めた発言」には書かれていましたが、「学んだこと」での記述はありませんでした。具体的な数値を見ると、【A.理解・共感】と【B.よさへの気づき・承認】を合わせて、「心に残った発言」で7.6%、「研修を活発にした・深めた発言」で14.3%でしたが、「学んだこと」では0.0%でした。このことから、参加者が互いに理解・共感することや、よさを認めることは、研修における学びとは捉えられていないことが示唆されました。

中坪ら（2010）によると、共感性を基盤とした対話は、保育者にとって自らの保育実践を省みる意欲を高め、チームで学び合う原動力になるとされています。ただし、今回の結果から考えると、理解や共感、承認をすることは、学び合いの原動力とはなっても、学びそのものとはなっていない可能性が考えられます。

なお、「心に残った発言」として【A.理解・共感】と【B.よさへの気づき・承認】に該当する記述をしていた保育者らが、「学んだこと」に何を書いていたかも見てみました。該当した15名のうち５名は「学んだこと」に「心に残った発言」と相互に関連した内容が書かれていました。

例えば、戦いごっこについての悩みを話した他の保育者の発言を、「自分自身も同じことで悩んでいた」（[a-2.悩み・試行錯誤への共感]）という理由で「心に残った発言」としてあげていた保育者が、「学んだこと」として「戦いごっこは、まずは憧れのヒーローになりきることを存分に楽しめばよい。無理に保育者の意図を押し付けて発展させなくてもよい」（c-3.新たな視点・気づき）と記述していました。つまり、戦いごっこにどのようにかかわればよいかという悩みへの共感が、話し合いの中で、子どもが楽しめることをまず大事にすればよいのではないかという気づき（無理に保育者の意図を押し付けなくていいという悩みの軽減）につながっていました。

園内研修で同僚の言葉に耳を傾け、互いの思いを理解し、さまざまな悩みや保育での困難などに共感し合うことは、そのまま学びになるというよりも、そこから気づき等が生まれ、視点が変わったり考えが深まったりすることを通して、学びが生まれるきっかけとなりうるといえるのかもしれません。

示唆8　保育者にとって、保育実践に関する新たな視点や気づきは、心に残り、研修を活発にし／深めるものとなると同時に、学びともなっていた。特に、子どもの内面の捉えや環境構成・援助の意図と子どもの思いとの関係に関する新たな気づきが学んだこととして認識されていた

表2-2-2の保育者の結果で、「学んだこと」でもっとも多かった下位カテゴリは［c-3.新たな視点・気づき］（記述数103、割合43.6％）でした。そこで、「学んだこと」が［c-3.新たな視点・気づき］に該当した103の回答で、「心に残った発言」や「研修を活発にした／深めた発言」に何が書かれていたかを見てみると、「心に残った発言」の41.6％、「研修を活発にした／深めた発言」の40.4％が、「学んだこと」と同じ［c-3.新たな視点・気づき］に該当する記述でした。例えば、ある回答では心に残った発言として

「ちりとりでゴミを取る時に加減を覚えていっていること」

があげられ、学んだこととして

「色々な加減があること、保育者が加減を意識して保育を行っていくことで、子どもたちの経験が変わっていくこと」

と書かれていました。この職員にとって、「加減」という視点が、具体的な場面、具体的な子どもの姿から気づきにつながり、そのことが「色々な加減がある」「加減を意識して保育を行うことで子どもたちの経験も変わる」という学びへと深まっていました。

また、別の方の回答では、心に残った発言として

「気になる、援助が必要なところに目がいきがちだが、その子の「良い所」に目を向ける」（理由：自分によく当てはまると感じたから（気になるところに目がいきがち）。意識をかえていきたいと思いました）

があげられ、さらに学んだこととして

「子どもの主体性が本当に大切で、見守る姿勢も大切であるのだ

と感じました」

と書かれていました。子どもをどう見るかということが新たな気づきとして心に残り、それが学びとして「子どもの主体性が本当に大切」という言葉になっていました。

さらに、別の方の回答では、心に残った発言として

「環境を保育者が整えすぎない視点」(理由:どうしたら使いやすくなるか、できるようになるかを子どもが考え試すことも大切だと感じたので)

があげられ、研修を活発にした／深めた発言として

「ねらいは、"達成"ということではない」(理由:集団のねらい以上に、個人のねらいもあると感じたので)

があげられていました。さらに、学んだこととして

「子どもがなぜそうするのか、何が楽しいのかは人それぞれで、こちらの価値観と違うことを再認識した」

と記されていました。この方は、環境構成について、保育者の意図だけでなく子どもが考え、試すことの重要性に気づいています。さらにねらいには集団としてのねらいだけでなく個人のねらいもあり、必ずしも達成することが目的ではないという意見が研修を深めたと感じています。それらを受けて、自分とは異なる価値観をもつ子どもの内面に思いをめぐらせることが学んだこととして記されていました。

ここでは、保育者は、いろいろな内容や方法の園内研修に参加し保育者の回答を見ましたが、保育実践について新たな視点や気づきを得たことを学びとして認識していることが多く、なかでも子どもの内面の捉えや環境構成・援助の意図と子どもの思いとの関係について新たな気づきを得た場合に、そのことが心に残ったり、研修を活発にした／深めたと感じたり、学びにつながったりしているという特徴が見えてきました。

なお、同じ上位カテゴリ【C.視点・気づき】に［c-4.職員全体の学び・問いにつながる視点］という下位カテゴリがありますが、表2-2-2にもあるように、この下位カテゴリは保育者用アンケートでは、全体として数が少なく、「心に残った発言」や「研修を活発にし

た／深めた発言」にはあげられていたものの「学んだこと」にはあげられていませんでした。つまり、園内研修での学びが保育者個人にとっての学びに留まっていて、そこで見出された課題や問いは職員全体のものとして認識されにくいこと、また、職員全体の学び・問いにつながる視点が出された場合でも、それを職員全体で共有して次の保育展開に繋げていくという意識にはなっていなかったことが考えられます。園内研修での個の学びだけでなく、集団としてどう互いの学びに影響をもたらし合っているのか、さらに詳しく検討していきたいと考えています。

示唆９　管理職にとって、保育実践に関するよさへの気づきは、心に残っても、研修を活発にしたり／深めたり、学びそのものとして認識されたりはしていなかった

表2-2-2の管理職の結果を見ると、《保育実践》に関する【B.よさへの気づき・承認】は「心に残った発言」には書かれていましたが、「研修を活発にした・深めた発言」や「学んだこと」の記述にはありませんでした。具体的な数値を見ると、「心に残った発言」が12.0%で、「研修を活発にした・深めた発言」と「学んだこと」は0.0%でした。近年の話し合いを行う園内研修では、ほめたり認めたりすることが大事であるといわれていますが（例えば岡 2013, 大阪府幼児教育センター 2019)、職員の保育実践のよさが認識されたり、職員のよさに気づいたりすることは、学びにはつながらないのでしょうか。

このことを確かめるために、「心に残った発言」の記述が【B.よさへの気づき・承認】の［b-1.園の保育のよさへの気づき（自分)］に該当した６つの回答について、その人が「学んだこと」に何を書いていたかを見てみました（なお、６つの回答のうち、１つの回答には２つの下位カテゴリが当てはまりました)。すると、６つの回答のうち４つは、「学んだこと」が《保育実践》についての［c-3.新たな視点・気づき］あるいは《保育のための省察（記録・研修)》についての［h-3.新たな視点・気づき］でした。

例えば、ある職員の回答では、心に残った発言として

「安心できる場所、区切られた空間をうまく使って遊んでいた」（理由：落ち着く場所、やりたい気持ち、物…が揃わないと主体的に遊べない。今回はこの条件が揃っていた）

があげられていて、学んだこととして

「環境の再構築として捉えるのか、習慣として捉えるのか、どちらを大事にするかにより、指導が変わってくる」

と記されていました。この回答では、心に残ったことには、環境構成のよさが子どもの主体的な遊びにつながっているという具体的な事例があげられていましたが、それが環境構成をどう捉えるか、保育実践をどう捉えるかという学びへと抽象化（メタ化）されていました。

また、別の方の回答では、心に残った発言として

「ありのままの気持ちを出せる環境があることがいいな」（理由：子どもが思ったことを素直に表現できる園や保育者でありたいと思うから）

があげられていて、学んだこととして

「子どもをプラスの見方で見られるようになっている職員が増えた」

と記されていました。この回答では、子どものありのままの気持ちを出せる環境という視点が心に残っていました。この視点から園内研修での職員の様子を見たときに、管理職自身にとって、職員の子どもの見方が変化してきていることが学びとなっていました。

このように、【B. よさへの気づき・承認】は具体的な事例や姿として心に残るだけで終わるのではなく、それが抽象化されて管理職自身の保育実践の見方、職員の様子の捉え方に新たな視点がもたらされ、学びとなっていたという特徴が見えてきました。先に見たように、話し合いを行う園内研修でほめたり認めたりすることの重要性（岡 2013, 大阪府幼児教育センター 2019）は、そのままでは学びにはならなくても、具体的な事例や姿が抽象化され新たな視点や気づきとなることで学びに転化されるという可能性が考えられます。

示唆10　管理職にとって、保育実践に関する新たな視点や気づきは、心に残り、研修を活発にし／深めるものとなると同時に、学びともなっていた。特に、保育者の結果と異なる点として、職員全体の意欲や課題、学びや問いにつながる内容が学びとして認識されていた

表2-2-2の管理職の結果で、「学んだこと」でもっとも多かった下位カテゴリは［c-3.新たな視点・気づき］（40.4％）でした。さらに、保育者の結果と比べてみると、保育者では次いで［c-2.大切なことの（再）認識］が11.0％、［c-1.新たな方法との出会い］が8.9％と多かったのに対し、管理職では［e-2.保育実践への意欲・課題（園）］が8.9％、［c-4.職員全体の学び・問いにつながる視点］が6.7％という結果でした。

このことから、保育者には、保育実践に関する新たな視点や気づきを得て、何が大切かを改めて考えることが学びとして認識されていて、管理職にはそうした個々の保育者の視点が職員全体の学びや問いの視点となったと感じられたときに、それが学びとして認識されているという特徴が見えてきました。■

第3節 園内研修での対話における学びのメカニズム

本研究では、園内研修における話し合いの中で「心に残った発言」「研修を活発にした／深めた発言」「学んだこと」という３つの観点から、園内研修での他者の発言がどのように参加者に聴かれ、参加者自身の中で学びとして内化されているかを、保育者と管理職それぞれの結果から探索的に検討しました。それぞれの結果のまとめは、各項で記したとおりです。

今回の分析を通して、園内研修では、保育者と管理職いずれも、実際の保育を見たり保育記録を共有したりして実践について対話する中で、新しい視点や気づきを得たり、大切なことを（再）認識したり、新たな保育方法を知ったりして、それらが心に残り、研修を活発にして深め、学びにつながっているという特徴が見られました。また、同僚との対話を通して、他者の意図や思い、悩みや試行錯誤に対して理解・共感することから、自らの保育についても考えたりすることで、保育についてともに考えるチームとしての意識や同僚性が育まれること、そしてそれらがそのまま学びになるというよりも、抽象化され新たな視点や気づきへと転化されることで学びが生まれている可能性があることが示されました。また、園内研修での対話は保育実践に関する学びにつながるだけでなく、園内研修の内容や方法のよさが学びとなっているということも特徴的でした。

なお、同じ園内研修に参加していても、参加者一人ひとりが経験する感情や思考は異なることも見えてきました。例えば、ある園の園内研修（次節のA1に該当）で、参加していた保育者10名の心に残った発言と学んだことを見てみると、図2-3-1のようになりました。

Aさんを除く９名は、園内研修での対話を通して［c-3.新たな視点や気づき］を得たと書いていました。一方、Aさんは［c-2.大切なことの（再）認識］をしていて、Hさんは［c-1.新たな方法との出会い］があったようですが、他の人はそうではなかったようです。他にも、全員ではありませんが、５名は［e-1.保育実践への意欲・課題(自分)］を抱いたと書いていました。

	Aさん	Bさん	Cさん	Dさん	Eさん	Fさん	Gさん	Hさん	Iさん	Jさん
視点・気づき	大切なことの再認識							新たな方法との出会い		
		新たな視点や気づき	新たな視点や気づき	新たな視点や気づき	新たな視点や気づき	新たな視点や気づき	新たな視点や気づき	新たな視点や気づき	新たな視点や気づき	新たな視点や気づき
				保育の振り返り	保育の振り返り	保育の振り返り				
	意欲・課題（自分）			意欲・課題（自分）	意欲・課題（自分）	意欲・課題（自分）			意欲・課題（自分）	

図2-3-1 ◆ 参加者一人ひとりが経験した感情や思考（A園の場合：A1の園内研修）

このように、同じ場にいて、同じ話題に関する対話に参加していても、そこで一人ひとりの心に残る発言や、学びとなることは異なるようです。この一人ひとりの学びの経験の違いに着目して、次章ではさらに、園内研修における学びの広がりや深まりという観点から考えていきたいと思います。■

引用文献

- 中坪史典・秋田喜代美・増田時枝・安見克夫・砂上史子・箕輪潤子「保育カンファレンスにおける保育者の語りの特徴：保育者の感情の認識と表出を中心に」『乳幼児教育学研究』第19号，pp.1-10，2010.
- 中坪史典・秋田喜代美・増田時枝・箕輪潤子・安見克夫「保育カンファレンスにおける談話スタイルとその規定要因」『保育学研究』第50巻第１号，pp.29-40，2012.
- 中坪史典・秋田喜代美・増田時枝・箕輪潤子・安見克夫「保育者はどのような保育カンファレンスが自己の専門的成長に繋がると捉えているのか」『乳幼児教育学研究』第23号，pp.1-11，2014.
- 岡健「保育者の気づきと学びを促す園内研修とは？ インタビュー園内研修が活性化する３つのポイント」『これからの幼児教育』2013.
- 大阪府幼児教育センター「園内研修の進め方vol.2 子どもの姿を中心とした園内研修」2019.
- 坂本篤史「授業研究の事後協議会における教師の省察過程の検討――授業者と非授業者の省察過程の特徴に着目して」『教師学研究』第８巻第９号，pp.27-37，2010.
- 淀川裕美・箕輪潤子・門田理世・秋田喜代美「園内研修における保育者の学びの構造化――心に残った・保育への理解が深まった発言に着目して」『東京大学大学院教育学研究科紀要』第59巻，pp.485-516，2020.

第3章

園内研修における学びの広がりと深まり

第1節 調査の概要

1 園内研修における学びの差

園内研修の意義は、保育者自身が保育における見方・認識を再構築すること（若林・杉村 2005，田中・仲野 2007，木全 2008など）と、園全体でコミュニケーションを図り、知を共有する過程で保育者がともに育ち合うこと（秋田 2001，若林・杉村 2005）にあるといわれています。

保育に関する新しい知識や情報を得られる外部研修に対して、園内研修は、「知識だけではなく、具体的にそれを実践に移すための方策や判断が園の環境や状況に応じて生の出来事をもとに話し合われることで、より実践化しやすく身体化され、行動へと移しやすい知識が交わされ語り合われ」（秋田 2011 p.97）ます。年齢や経験年数、力量や課題が一人ひとり異なりながらも、同じ園の保育を支える保育者が参加して行われ（岸井 2016）、園の保育者全体に必要な知識や課題を共有したり、自分の園の保育の課題についてともに考えたりするのが園内研修です。

園内研修において子どもの姿や自分たちの保育に関する思いや考えを語り合い、お互いの視点を重ね合わせる過程の中で、他の保育者の話が心に残ったり、議論が深まったりすることによって、学びが生じると考えられます。

また、園内研修でどのような内容を扱うか、どのような方法で園内研修を行うかによっても、他の人の話や対話から学ぶことは異なると考えられます。園内研修のテーマや方法は、園や保育の課題、研修の目的によって設定されます。主な方法には、子どもや保育について話し合う（保育カンファレンス・事例事例報告）、実際の保育を見て協議する（公開保育や研究保育、保育参観）、1年などある期間園全体で共通に取り組むテーマを決めて全体や小グループごとに保育実践についての研究を行う（園内研究）、救命救急や安全、保護者対応、保育技術などを学ぶ（講義や講習、ワークショップ）などがあります。また、外部講師が参加する研修もあれば、事例発表や外部研修報告などを職員だけで行う研修もあります。

第２章では、園内研修で同僚と対話する中で、保育者の中で何が生じているのか、園内研修の学びのプロセスについて考察しました。同じ園内研修に参加しても、「心に残った他の保育者の発言」「研修が深まった・研修を活発にした発言」「保育者が学んだこと」や思考のプロセスが、保育者によって異なっていました。このことからは、園の保育者全体で必要な知識や課題を共有したり、園の保育の課題をともに考えたりすることは、個々の保育者の学びを広げたり深めたりすることにつながると考えられます。

本章では、「学びの広がりや深まり」に焦点を当てて、同じ研修に参加した保育者の個々の学びの違いについて、園内研修の方法や内容との関連も含めて検討します。

2　調査期間・調査協力者・調査の方法

本調査の調査期間・調査協力者・調査の方法は第２章と同じですが分析対象とした園内研修は計28回（16園）で、協力者数については、のべ399名（保育者325名、管理職ないし研修リーダー54名）です。

アンケートで尋ねた「ア　心に残った他の保育者の発言」「イ　研修が深まった・研修を活発にした発言」「ウ　研修で学んだこと」の３つの設問のうち、本章では、

ウ　今日の園内研修で、学んだことを簡単にお書きください。

の設問を分析対象としました。

3 分析の方法

「ウ　今日の園内研修で、学んだことを簡単にお書きください」の設問に対する自由記述を２種類の方法で分類、検討しました。１つ目は、記述を内容ごとに分類し、１回の研修における〈学びの広がり（内容の多様さ）〉について検討しました（第２節）。２つ目は、記述についてどのような学びだったのかという質の視点から分類し、１回の研修における〈学びの深まり（学びの質）〉を検討しました（第３節）。■

第2節 学びの広がり

1 学びの広がりと焦点化の検討

園内研修では、保育実践や設定されたトピックについて他の保育者と話し合います。自分１人だけでは得られないさまざまな視点や考え方を得たり、情報や考え方を他の保育者と共有することで学ぶ機会だといえます。園内研修での学びの内容に着目してみると、学びの内容が多岐にわたる（多様性・広がりがある）研修と、学びの内容が焦点化されている研修があると考えられます。それは研修の方法や話し合われたテーマなどによって変わると推察されます。

そこで、１回の園内研修で保育者が「学んだこと」を園全体で見た時の、学びの広がり（多様性）と焦点化について検討しました。まず、保育者が園内研修後に「学んだこと」として記述したことを内容で分類しました。その結果○子どもの姿（様子・育ち）、◎保育の方法（環境構成・援助）や考え方、●他の保育者の考えや園内研修・保育の省察の方法についての記述がみられました。次に、園内研修の方法により「学んだこと」に記述された内容の広がり（多様性）の特徴について検討しました。その結果、研修の方法により、記述の内容と内容の広がりの傾向が異なることが見えてきました。

今回の調査で協力を得た園の園内研修の方法は、主に「保育参観・研究保育」「事例報告・事例検討」「講義・講習」でした。以下、研修の方法ごとに、園内研修で「学んだこと」の内容とその広がり（多様性）の特徴について述べていきたいと思います。

2 保育参観・研究保育

まず、保育者や外部講師が保育を見た後に話し合う方法で行われた園内研修では、14園中９園で〔子どもの姿〕〔保育の方法〕〔他の保育者の考えや園内研修・保育の省察の方法］についての記述がみられ学びに広がり（多様性）がありました。ただし、保育者の参観や協議会への参加の仕方によっても傾向がみられます。

⑴保育を参観するのが講師のみの場合

外部講師が保育を見たあとに保育について話し合う研修は２園で行われていました。A園では３～４名の外部講師がクラスや園庭で保育を見て回り、保育後の協議会で保育者が自評や普段の保育の課題について話し、外部講師が感想やコメントを述べていく方法で研修が行われていました。B園では１名の外部講師が保育を見て回り、保育後の協議会ではその日の保育や、普段の保育の課題や悩みについて話してから、実際に環境を再構成してみるなどしていました。

外部講師のみが保育を参観し、協議会に保育者が参加する研修で「学んだこと」として書かれていた内容の特徴として、外部講師の姿勢や存在についての記述がみられました。外部講師が新たな視点を提供したり、保育を価値づけることが、保育者の学びにつながっていると考えられます。

先生方が愛情を持って園を良くしようと研修会を継続して開いてくださることで、最後に園長先生がより良くするために何があるかと問いかけに対しても特にない位素晴らしい保育が展開できるようになるのだと感じた。（A園２回目 13年目）

決して否定をせず、一人ひとりの困り感に耳を傾けながら聴かれる（講師の）K先生の姿勢。研修前の先生方の緊張した表情が研修後には柔軟な表情になる先生たちだった。（B園 20年目）

⑵保育者が研究保育を参観する場合

保育者同士が保育を見合う「研究保育」や「保育参観」については、１クラスまたは、学年ごとに１クラスずつ保育を行い、他のクラスの保育者全員が見る場合（C園・D園）や、研究保育と通常保育を並行して行い、通常保育をしているクラスから１名ずつ観察者を出したり、時間で観察者を交代したりする場合がありました（Ｅ園・Ｆ園・Ｇ園・Ｈ園・Ｉ園）。保育の参観ができなかった人のために、研究保育中の写真や映像などを使用して話し合いをしやすい工夫をしている園もみられました。

研究保育と協議会を通して「学んだこと」については、園内研修への参加人数によってその内容の傾向が異なりました。

①保育を参観し協議会に参加した保育者が複数（10人以上）いる場合

研究保育を他のクラスの複数人の保育者たち（＋外部講師）が参観して協議を行う研修では、いずれの研修でも「協議会での他の保育者や講師の話から学んだこと」を書いている保育者と「研究保育で見た子どもの姿や保育者の援助などから学んだこと」を書いている保育者がいました。また、研究保育で見た子どもの姿や保育者の援助と、協議会で話し合ったことや自分自身の保育を振り返ったことと結びつけた記述もよくみられました。

いつもは異年齢が一緒の場にいると落ち着かないことが多いが、園庭の遊びを充実させたことでどのクラスにとっても良い影響が出て、改めて環境の整備の大切さを感じた。（Ｆ園１回目　８年目）

片付けるタイミングを悩んだと発言をしたら、片付けではなく環境を再び作るという考えを聞き、今まで思っていた片付けと意識が変わった。（Ｉ園　７年目）

「学んだこと」の広がりについては、すべての研修で〔子どもの姿〕〔保育の方法〕〔他の保育者の考えや園内研修・保育の省察の方法〕についての記述がありました。また、研究保育の時間にさまざまな子どもの姿や保育者の援助が見られるからか、どの研修でも特に〔保育の方法〕について４つ以上のトピックに関する記述がなされていました。また、表現や学んでいることのニュアンスは異なりますが、同じトピックについて記述している保育者が複数いて、研究保育で見た多様な出来事が話し合いによってある程度焦点化された学びになっていることがうかがえました。

子ども達はそれぞれの場所や道に合わせて、その場所に合った遊びを展開しており、保育者は、子ども達が自分達で考えながら遊べるよう言葉掛けしていた。（H園 1年目）

色水あそびを2人の男児が行っていた。2人とも初めての試みであったが、素材えらびから始まり、つぶしから水の量など、とにかく試す姿が印象的であった。試すことの楽しさを感じられた。（H園 5年目）

保育者が子どもと話して活動に持っていくものを事前に知らせておいたことで、子どもたちがそれを使用した遊びを楽しみにして展開していた。遊びが保育者の準備や考えによって広がっていることを感じた。（H園 9年目）

②保育を参観し協議会に参加した保育者が3～4人と少ない場合

C園（1回目・2回目・3回目）はクラス数と職員数が少ないことから、保育を参観する人数、研修への参加人数ともに3～4名（＋外部講師）でした。個々の保育者が「学んだこと」として記述しているトピックは3回の研修とも保育者により異なっていました。

1回目の研修では、参加したすべての保育者が〔他の保育者の考えや園内研修・保育の省察の方法〕についての記述をしています。

再構成を考えたときのポイントにそれぞれ違いがあった。だからこそ考え方の情報交換はこれからの保育で、子どもたちの姿や環境の在り方をどうとらえたか、そしてどう考え再構成したか（するか）に生かされる。全体で（複数で）みると担任が気付かない姿、考え方が学べた。（C園1回目 32年）

年長になったのでみんなで何かをするよさ、作りあげる楽しさ、分かち合う喜びを感じはじめていい時期ということを聞いて、本当にそうだなと思いました。なかなか自分の保育を振り返って客観的に見るということができていなかったので、１日１日客観的に冷静に振り返る必要性を感じました。（C園１回目 ２年）

公開保育をすることで客観的に保育の在り方を見直すことができること。（C園１回目 経験年数不明）

３人が書いた内容はすべて研修の方法に関することですが、１人は「保育者間で考えるポイントが異なることを踏まえた情報交換の必要性や、（話し合うことで）子どもや環境を捉える新たな視点や考え方を得られること」、もう１人は「（公開保育をしたことで客観的に保育を振り返ったことから）日々の自分の保育を振り返ることの重要性」、もう１人は「客観的に保育を振り返ることができる機会としての公開保育」について述べていて、研修の意義の捉え方が少しずつ異なっていることがうかがえます。

3　事例報告・事例検討

「事例報告」については、担当者がテーマに沿って保育実践の報告を行ったあと話し合いをする研修「事例検討」は、ビデオ映像・エピソード記録・ドキュメンテーションなどの記録を見たり読んだりしてから、参加者同士で子ども理解や保育について検討をする研修です。事例報告や事例検討については、「学んだこと」の広がり方（多様さ）が研修で扱われたテーマにより、に特徴がありました。

まず、記録の方法、特定の保育場面などに関するL園の研修（L園３回目）では、「学んだこと」として記述される内容もテーマに関連した〔保育の方法や考え方〕に焦点化され、かつ複数の保育者が似た内容を記述していました。特に、特定の生活場面（食事場面）の映像を視聴した研修（Ｌ園５回目）では、〔保育の方法や考え方〕についての記述のみが見られ、特に13人中５人が「食事を楽しむ」ことについて記述していました。

食事はたのしくたべる。こと！（L園5回目 4年目）

食事を楽しむという感覚を保育の中で忘れがちな実情があることに気付かされた。（L園5回目 19年目）

そして、事例報告（Ｊ園１回目・２回目）やエピソード記録の事例検討を行った研修（Ｋ園１回目・２回目)、映像記録を視聴して事例検討を行う研修（Ｊ園１回目・２回目）では、事例を報告した保育者の視点を通した〔子どもの姿〕や、報告者の〔保育の方法や考え方〕を学んでいる保育者や、事例について他の保育者と話し合うことで報告内容や事例における保育の意味について考えたことを記述している保育者などがいました。テーマが具体的に設定されている研修に比べると、記述内容が多様でした。

エピソードを通して、一人一人の子どもの理解を深められたり、他のクラスの状況を知ったりできた。子どもたちが友達とかかわる時は、子どもによって様々でかかわり方にも違いはあるが、その最初の一歩となるのは生活班であることが多い。（J園1回目 2年目）

子どもの性格を知り、その子に応じたかかわり方を大切にしたい。（例：控えめな子には、2人で“やったね！”と静かに喜び合うなど）また、環境構成は子どもの遊びに大きな影響を与えるなと感じた。（J園1回目 3年目）

教師が困っていそうな子どもに対し、すすんで声をかけサポートしていくことも大切だが、困っている子どもの気持ちを引き出してあげる態度も必要だと感じた。（J園1回目 4年目）

頑張った子へ声を出してほめるのが良いのか、頭をなでるなどこっそりとほめるなどその子に合わせた対応の仕方の方が自信につながりやすいのかもしれない…。（Ｊ園　８年目）

それから、Ｌ園の食事場面の映像を見て話し合う研修（Ｌ園５回目）では、記述内容が似ていたと先に述べましたが、遊び場面の映像を視聴した研修（Ｌ園１回目・２回目）では、学んだことの記述内容が食事場面と比較して多様でした。

見守ることの必要さ。そして、子ども自身が「今、何をしているときなのか？」を理解してうごいていくことの大切さを学んだ。だからこそ、０～５歳児の全クラスでの連携の必要性を感じた。（Ｌ園２回目　３年目）

他園の映像（子どもへの関わり）を観ていくなかで保育者が…また子どもに関わるすべての人が（栄養士など）子どもに対してどんなねがいをもっていくか、職員間で話をしていくことの大切さを学びました。（Ｌ園２回目　13年目）

4　講義・講習

外部講師による保育実技の「講義・講習」の後に話し合いを行う研修も行われていました。今回の調査では、４園合同で同じ研修を受けるという形で、音楽実技について楽器の使い方や歌唱指導などを講師が講義し、それを踏まえて他の保育者とともに話し合いながら演習を行っていくという流れでした。

「学んだこと」についての記載内容については、保育技術の研修ということもあり、４園すべてで〔保育の方法や考え方〕に関する記述でした。特に、すべての園で複数の保育者が、幼児への指導技術に関する内容について記述していました。

リズム打ちについて簡単に楽しく行う方法や、歌唱指導のポイント等。（M園 1年目）

楽譜にすると難しいリズムも子どもたちに親しみのある言葉に置き換えるととても楽しくリズムを覚えることができる。（N園 7年目）

楽器あそびにおいて音を鳴らさずに回していくゲームや楽器あてクイズ等の導入を色々と教えて頂き、大変参考になりました。またリズム遊びはよく行っていましたが、カードを並び替えて4拍子をベースにして様々なリズムに触れる遊びを初めて知り、実践したいと思うことが沢山ありました。リズムを言葉に当てはめることもとても勉強になりました。（O園 12年目）

子どもたちへのリズムの伝え方を知らせる簡単な方法を知ることが出来ました。（P園 7年目）

それから、同じ研修を受けていても園によって「学んだこと」として記述されている内容とその広がり（多様さ）に特徴がありました。M園の保育者は13名中6名が、音楽指導に入る前に子どもが音楽に親しめるような導入の重要性について記述し、N園の保育者は11名中2名が幼稚園教育要領について記述、O園は13名中5名が日頃からの音楽に関するさまざまな経験や遊びの中でのリズムなどについて記述、P園は保育者全員が異なる内容について記述していました。■

第3節 園内研修における学びの深まり（学びの質）

第２節では、園内研修で「学んだこと」の広がり（多様さ）について考えてきました。本節では、保育者が園内研修において「学んだこと」がどのようなものだったのかについて質的に分析した内容について述べたいと思います。

保育者が園内研修において「学んだこと」について、それがどのような学びだったのかを、記述内容の語尾（だと思った・～したい など）や、これまでの経験や保育に結びつけているかという観点で分類したところ、

1.（知識や視点を）知る・得る

2.（研修を自分の保育に結びつけ、自分なりに）考える・気づく

3.（研修で得た学びから、課題や今後してみたいことを）見つける

という３つのカテゴリに分けられました。

以下、カテゴリごとに学びの深まり（学びの質）についてみていきたいと思います。

1 （知識や視点を）知る・得る

【(知識や視点を) 知る・得る】は、他の保育者や講師の発言内容を知識として得た・理解したことに関するカテゴリです。このカテゴリにはさらに〈何を〉得たり理解したりしたのかという観点から、①〈知識・視点などについての〉難しさ・わからなさ、②〈知識・方法〉の理解・習得、③〈視点・考え方〉の理解・獲得 という下位カテゴリにも分類ができました。

①〈知識・視点などについての〉難しさ・わからなさ

園内研修において知識や視点に出会い、理解はしたが「実際に保育実践に活かすことが難しい」「保育場面においては難しい」と感じたことについての記述がみられました。

ドキュメンテーションの書き方、まとめ方がよく分かったが、自分にはハードルが高いと感じた。（L園5回目 30年目）

片付けのタイミングの見極め方。遊びが継続しているのか私もわからない時が多々ありました。今も。（H園 9年目）

【難しさ・わからなさ】に関して記述している保育者は８名のみでしたが、難しい・わからないということに気づくことも、学びの１つであると考えられます。今回の調査研究では検討できませんでしたが、園内研修で「難しい」「わからない」ということを保育者自身がどのように理解・実践をしていくのか（またはしないのか）や、マネジメントをする側がどのように支えていくのかも重要であると考えられます。

②〈知識・方法〉の理解・習得

保育の方法に関する新たな知識や技能を習得したことについてのカテゴリです。実技研修や研修テーマがドキュメンテーションの書き方など、知識・方法に関することとなっている研修で特徴的にみられました。なお、知識や方法の獲得と併せて、その背景となる③〈視点・考え方〉について記述している保育者もいました。

読む人がどんな書き方だったら“読みたい”と思えるドキュメントになるのか（見出し、簡潔に文章を書く、ポイントをしぼる等）書く時間も限られる中で、意識してやっていきたい。（L園2回目 4年目）

それから、相互に保育を見合う研究保育を行った園のうち、保育者の８割近くが経験年数５年以下の園において、〈知識・方法〉の理解・習得に関する記述をしている保育者の割合が、研究保育を行った他の園よりも多くみられました。特に、経験年数５年以下の保育者に特徴的な傾向であり、若手の先生にとっては他の保育者の保育を見ることで保育方法や保育のアイデアを学んでいると考えられます。

他のクラスの様子を見たことで、環境構成で自分とは違う取り組みや工夫があって勉強になりました。（ハサミはカゴにヒモでつける、廃材をジャンル別にまとめておく　etc）（D園 1年目）

たくさんの廃材が用意してあって伸び伸びと制作できるスペースがあり、興味があるものを友達と一緒に作ることができていたのでその環境が良かった。（D園 3年目）

③〈視点・考え方〉の理解・獲得

保育実践の上で大切な視点や考え方に出会ったことや、その視点や考え方を理解したことについてのカテゴリです。研修の方法やテーマに関係なく全体的に最も多く記述されていました。

色々な加減があること、保育者が加減を意識して保育を行っていくことで、子どもたちの経験が変わっていくこと。（A園２回目 1年目）

ただ音楽活動を行っただけでは子どもたちの中に残らない。うた１つでもその内容に触れ、楽器ではまず音を楽しむことが大切だということを学びました。（M園 1年目）

子どもの今の姿に合った玩具や環境を設定することで、いきいきと遊ぶ姿をたくさん見られるということ。（I園 9年目）

2 （研修を自分の保育に結びつけ、自分なりに）考える・気づく

【（研修を自分の保育に結びつけ、自分なりに）考える・気づく】は、研修の内容や話し合われたことを踏まえて考えたり、考えた上で気づいたことがあったり、大切なことを再確認したりすることについてのカテゴリです。このカテゴリに関連する記述は、【（知識や視点

を）知る・得る】と同様に多くみられました。園内研修が自分の実践を振り返ったり、実践の意味を考えたりする機会になっていることがうかがえます。

教師が困っていそうな子どもに対し、すすんで声をかけサポートしていくことも大切だが、困っている子どもの気持ちを引き出してあげる態度も必要だと感じた。（K園 4年目）

保育士の意図はとても大切だが、子どもたちが今何に興味関心が向いているのかを考えながら環境を設定したり、活動を考えていくことが大切だと感じた。（L園2回目 1年目）

部屋の環境構成を変えるだけで、内容は同じでも活動の幅は大分広がっていくと思うので、保育をする際、いつも、この配置が一番なのかということを考えていくことが大切だと思いました。（D園 4年目）

いつもは異年齢が一緒の場にいると落ち着かないことが多いが、園庭の遊びを充実させたことでどのクラスにとっても良い影響が出て、改めて環境の整備の大切さを感じた。（F園1回目 8年目）

気になる子の様子をビデオ撮影し、なぜその子が気になる行動をするのかを分析することによって、今後の指導に多いに役立つことを学びました。（C園2回目 1年目）

研修の中での内容や話題について、疑問を持った上で大切なことに気づいたり、学んだことを自分の保育にどのように活かせるのかを考えたり、普段の保育では気づかなかったことに気づいています。〈1.（知識や視点を）知る・得る〉にかかわる記述と合わせた形で記述されていることもあり、園内研修の中で理解した知識や技術・視点を踏まえて考えていると思われます。

3 （研修で得た学びから、課題や今後してみたいことを）見つける

【（研修で得た学びから、課題や今後してみたいことを）見つける】は、研修の内容や話し合われたことを踏まえて、自分や園の課題や今後挑戦したい・取り組みたいことについての記述です。話し合われたことからさらに課題を見出したり、引き続き考えたいことや学びを実践に活かしたりすることについて書かれていました。

保育園ならではの、育ちのつながりを明確にするためにはどうすればいいか？　保護者の方が見通しを持って子どもの成長を一緒に感じて下さるか、を今後かんがえていきたいと思いました。（J園１回目１年目）

“友達と～”とねらいを捉えていると、１人１人が何を楽しんでいるのか味わっているのか、主体性を見失ってしまうので、まず、一人一人をきちんと捉えていきたいと思いました。（E園　９年目）

してはいけないことに対してどう伝えていくかよりも、その状況をつくらないためにどうするべきか考えることが大切であることを学びました。本当に楽しくて遊んでいるのか、何もしたいことがなくて遊んでいるのか見極めることは難しいけれど、遊びの本質について深く考えていきたいと思いました。（B園　１年目）

材料を何でも出して環境を整えすぎてしまうのではなく、少しの不便性を残し、どう代用していくか、どうすれば思っていること（作りたいもの）が実現するのか考えられるような環境にしていきたいです。（G園　４年目）

学んだことを実際に保育実践の中で行ってみたい、意識していきた

いという記述もあれば、学んだことをこれからも考え続けていきたいという記述もありました。学んだことを次につなげるということは、具体的に実践に活かしていくことだけではなく、園内研修で話し合われたことについて（日々の実践を通して）考え続けていくことでもあるといえます。

研修方法との関連については、「講義・講習」で【①知る・得る】に関する記述がよくみられましたが、「保育参観・研究保育」「事例報告・事例検討」では研修方法というよりは園による傾向の違いがありました（園による違いについては第４節で述べます）。■

表3-3-1 ◆ 園内研修（研究保育＋協議会）で「学んだこと」の主な記述内容

園	管理職	保育者	■研修方法	学んだこと	（知識や視点を）知る・得る			考える・気づく	見つける
					難しさ・わからなさを感じる	知識・方法の理解・習得	視点・考え方の理解・獲得	自分の気づきや考えを持つ	課題や期待を持つ
A1	0	10	■講師による保育参観＋研究保育自評＋講師コメント	○加減にも様々なものがある・加減は失敗することで学べる ◎音で子どもの興味を向ける／加減を意識した環境構成や援助・環境に多様性があることで加減が生まれる・環境構成はいらないものを削る・子どもに遊んでほしいものは見えるところに置く／子どもにゆっくり気持ちを向ける ●様々な人の見方がある			8	9	5
A2	1	10	■講師による保育参観＋研究保育自評＋講師コメント	○子どもの口調は家庭での影響や性格も関係している・子どもの言葉の気持ちを考えると本当の姿が見えてくる／相手を思いやる気持ちや一人ひとりを認める関わりが人間関係に影響する ◎環境を通して子どもたちの思いに応える／闘いごっこはヒーローになることを楽しめるようにする・戦いごっこの展開の仕方／ぶつかりあいが起きた時に引くタイミング／大人しい子どもを認める ●外部講師が園をよくしようと研修会を開いてくれることでよい保育が展開できるようになった		2	5	5	3
B	1	7	■講師による保育参観＋協議会（実際に環境の変更をしながら）＋講師コメント	◎先生ににこやかさが一番／してはいけないことを伝えるのではない方法／子どもの気持ちを汲み取ることの大切さ・子どものこうしたいが見えづらくなっていたこと・いろんな視点で子どもをみる大切さ／かわいい語録をつける（子どもの素敵なところをみつける）／保護者に子どもの姿を伝える ●一人一人の困り感に耳を傾ける講師の姿勢／遊びの本質にせまる活動を他の先生と学ぶ意味			6	7	4
C1	1	2	□運動的な遊びに発展する環境構成と保育者の援助 ■研究保育＋自評・協議（研究保育の映像・写真を見ながら）＋講師コメント	◎年長になった時期の経験 ●考えるポイントの違いがあったからこそ情報交換が必要（全体でみることによる振り返り）／客観的に保育を振り返る必要性・大切さ				3	1
C2	2	2	□総合的な運動スキルを高める保育実践・環境構成の工夫 ■研究保育＋自評・協議（研究保育の映像・写真を見ながら）＋講師コメント	◎子どもの一部だけを切り取ってみないこと／多様な動きを予測して保育にあたること ●あたりまえだと思っていたことに疑問を出してもらい向き合うことの大切さ／ビデオを見て行動を分析することの意義			1	3	3
C3	1	2	□総合的な運動スキルを高める保育実践・環境構成の工夫 ■研究保育＋自評・協議（研究保育の映像・写真を見ながら）＋講師コメント	◎繰り返し楽しむための環境構成に向けた教材研究の必要性・発達段階にあった環境構成の重要性／個々に応じた対応／小さな成長を踏まえた援助／園児が対話できる集団づくりの必要性			1	3	
D	1	29	■研究保育＋自評・協議＋講師コメント	○変化や感触に興味を示している様子／うまくいかないことで学んでいる／発想力の豊かさ ◎期待や意欲の持たせ方／子どもの様子を踏まえた遊びの展開方法（仕掛け・言葉かけ）／環境構成の工夫・方法／動物への愛着心を育む大切さ／主体性を大切にした保育により子どもの姿が違うこと／導入の大切さ／活動の順番の工夫／制限せずいろいろなことをできるようにする ●ウェブを書くことで振り返ることができる／幼児期の終わりまでに育ってほしい姿について皆で考える／話し合うことでたくさん意見がでたこと	1	10	8	18	6
E	2	11	■研究保育＋自評・協議＋講師コメント	○「ゆたかにかかわる」というのはその子がかかわりたいもの・人と十分にかかわること／最後まで片付けきることの大切さ／子どもが他の子どものよさに気づいたことも「主体的」な姿 ◎言葉や援助のタイミング／保育者の援助の方法・距離感／子どもの発想を大切にすること／ちょうど良い具合を見極めた援助／一人ひとりを丁寧に捉えていくことの大切さ		2	7	6	2

第3章　園内研修における学びの広がりと深まり

				●語り合うことで子どもの姿や保育の課題が見える／いろいろ考えることで保育の質が向上する					
F1	2	15	□「遊びを深めるための環境構成」 ■研究保育＋自評・協議＋講師コメント	○異年齢の関わりの大切さ・環境次第で変わる子どもの姿 ◎環境構成や援助の重要性・空間を分けることで落ち着いて遊べる・環境を充実させることによる全クラスの遊びの充実／子どもの実態を捉えた上での援助や環境構成の大切さ／子どもをじっくり観察し遊びを見届けることで心情を探れる／異年齢で交流することの良さと課題／保育者同士の連携 ●職員の力を信じてねらいをもって研究すること			7	11	1
F2	0	10	□「遊びを深めるための環境構成」 ■研究保育＋自評・協議＋講師コメント	○庭が子どもの姿にあったものになってきていることが子どもの姿からわかる ◎遊びの継続性を考える／工夫して遊べる保育者の言葉かけ／子どもの年齢にあった玩具の準備の大切さ／見守ることの大切さ ●他のクラスの子どもを見たり他の保育者の意見をきくことの大切さ／参加者が主体的に園内研修に参加することで楽しくなる／ 10の姿でみたときに複合的に子どもの姿を捉えることができる	1		4	6	
G1	1	9	□「子どもたちが主体的に関わる環境構成」 ■研究保育＋自評・協議（研究保育の写真を見ながら）・発表＋講師コメント	○子どものしたいことや楽しいことはそれぞれ違う・遊びの良さの価値の違い ◎それぞれの子どものやりたいことと保育者の思いを取り入れること・子どもの願いと保育者の願いを合わせてねらいを考える／自分のしたい遊びが存分にできるような保育をすることの大切さ／意識して一人一人の子どもを見ていくこと／不便性を残した環境を作る ●保育者の数だけ価値観がありながらも、保育者の思いがつながっていること			3	9	4
G2	2	12	□「子どもたちが主体的に関わる環境構成」 ■研究保育＋自評・協議（研究保育の写真を見ながら）・発表＋講師コメント	○一人一人の楽しみ方の違いがある ◎遊びの終わらせ方（体調の面を伝える・次への意欲や期待をもたせる）・続けて楽しめる設定や援助の重要性／子ども一人ひとりの楽しみ方を大事にする・子どもと一緒に楽しむ／作った物の扱い方を保育者が態度で示すこと／子どもの気持ちを丁寧に読み取る／保育者の環境構成の大切さ・自分のものがあることで愛着をもって遊べる／子どもの発言や思いをつなげて遊びを展開すること ●気になる子どもが遊びに夢中になる姿を職員が認めている姿			4	13	2
H	2	11	□「散歩を通して子どもに育つ力」 ■ 研究保育＋自評・協議（研究保育の写真・感想を書いた付箋をみながら）＋講師コメント	○子どもたちが場や道にあった遊びを展開している／試すことを繰り返す楽しさ・意欲的に発見することの楽しさ・遊びでの経験や体験を通して自ら考え、実行する力をつけていく／同じものでも一人ひとりの遊び方が異なる／担任との信頼関係により広い場所でも保育者の姿をみながら世界を広げる ◎散歩先での遊び方・アイテムがあることでの遊びの展開／子どもたちが考えながら遊べるように声をかける／遊びが保育者の準備や考えにより広がる／子どもの発見や気づきやりたい気持ちを大切にすること・子どもたちが楽しいおもしろいと感じていることを大切にすること ●他の職員の話から子どもたちの普段見られない姿を知ることができる			5	12	1
I	2	12	□「安心して自分の思いを表すための保育者の援助」 ■研究保育＋自評・協議（研究保育の感想を書いた付箋をみながら）＋講師コメント	○子どもは保育者をよく見てまねしている。／環境による子どもの姿の違い ◎コーナー設定により子どもは夢中になって遊ぶことができる・子どもが自ら遊び出せる工夫・／言葉にならない思いを受け止めることで安心して過ごせる／遊びの保証のための保育者間の連携の重要性・保育者も大事な環境である／片づけのタイミングの見極め方・片づけではなく環境を再び作る ●保育者が援助や環境構成の理由を語ることが振り返りになる	1		6	13	2

表3-3-2 ◆ 園内研修（事例検討）で「学んだこと」の主な記述内容

園	管理職	保育者	■研修方法	学んだこと	知る・得る			気づく・考える	見つける
					難しさ・わからなさ	知識・方法の理解・習得	視点・考え方の理解・獲得	自分の気づきや考えを持つ	課題や期待を持つ
J1	2	18	□ ①保護者との連携 ②園庭の工夫 ■ 事例報告＋グループ協議・報告＋講師コメント	○ ①メッセンジャーとしての子ども ②子どもの主体性の大切さ／子どもたちにとっての加減 ◎ ①園のよさを見つける／保護者に協力を求める方法・保護者へのフィードバックの方法・掲示のあり方 ②その子らしさを考える大切さ・その子らしさが活かせる環境／環境構成の工夫 ●様々な保育者の視点がある／1・2年目の保育者が考えていること		9	13	8	4
J2	2	23	□ ①地域や保護者との連携 ②その子らしさを引き出す ■事例報告＋グループ協議・報告＋講師コメント	○ ①子どもたちから地域とつながりたいという姿 ②子どもが主体的に動けることの大切さ／深い学びは失敗経験から ◎ ①地域との信頼／それぞれの立場から子どもの育ちにかかわる／人と人とのつながりを生み出す ②見守ることの重要性／子どもの発信をすくいあげることの大切さ ●保育者が一人一人の子どもについてそれぞれの見方をすることの大切さ／保育者一人一人の専門性／子どもの目線に立った保育／学び方を学ぶ		2	16	10	2
K1	2	8	■事例検討（エピソード記録についてグループ協議）＋講師コメント	○子どもが友達とかかわる第一歩としての生活班 ◎子どもを認める方法はたくさんある・その子に合わせた褒め方・その子に応じたかかわり方の大切さ／困っている子どもの気持ちをを引き出すことの大切さ／一人でじっくり取り組む姿を大切にする／友達と関わることができる環境・動線を意図にこめる／子どもの見取り方／教師の声のかけ方 ●みんなで考えることで気づきが促される・様々な角度から保育を充実させるアイディアがある／みんなで園の環境を良くしていくことの大切さ			8	8	
K2	2	10	■事例検討（エピソード記録についてグループ協議）＋講師コメント	○一人で満足すると次のステップに進める・一人で満足することが人とのかかわりの基礎／日々の過ごし方の変化や自信の獲得・1年の積み重ねの大きさ／年中と年長の違い ◎一人一人の子どもの態度や言葉から心情を推しはかる大切さ／子ども同士がかかわるために必要なこと・声の掛け方やタイミングの大切さ／保育のおもしろさ ●疑問をみんなで考えること／エピソードの取り方のチョイス			8	8	
L1	4	13	■事例検討（映像の視聴＋グループ協議）＋講師コメント	○集団生活では見られない子どもの姿・子ども一人一人に好きなことや熱中できることがある／子ども目線でみるとどのような遊びや行動にも学びがある・遊びが充実することで学びがある／子どもの姿の奥深さ環境が変わることで変わる子どもの姿／ ◎いろいろな子どもの姿が見られるような環境を作る大切さ／子どもをじっくり観察して考える大切さ ●ビデオで見ることで深く子どもの思いを知ることができる／他の保育者と話すことで気づかなかった視点や考えに気づくことができる／見て思ったことだけが正解ではない／子どもをプラスの見方で見れる職員／他の職員への共感性		3	1	16	4
L2	3	7	■事例検討（他園の保育映像の視聴＋グループ協議）＋講師コメント	○子どもが簡単な活動を楽しむ姿 ◎非認知能力を育む大切さ／時間や気持ちの余裕の大切さ／見守ることの必要さ／子どもの興味関心に基づいた環境や活動の設定の大切さ／子どもたちが自発的に過ごすための関わりの大切さ／目指す姿や願いをもつこと・保育者の意識の持ち方により子どもが変わる／何をしているかを理解し保育者間で連携することの大切さ ●子どもにかかわるすべての人がどのような願いを持っているか話し合う大切さ／他園の保育をみ			3	14	3

				ることでの気づき／自園をよくしたいという思いを皆がもっていること					
L3	3	13	□「ドキュメンテーションの書き方」 ■ 事例検討（グループ協議）＋講師コメント	◎ドキュメンテーションを書く視点や書き方・普段のドキュメンテーションの省察・伝えたいことをまとめる大切さ・子どもの内面をドキュメンテーションに書くこと／色々な視点から子どもをみることの大切さ／活動の発展方法 ●１つのテーマで視点の違いを話し合うことで深まりがでる・色々な視点に気づくことができる／	3	5		7	2
L4	4	15	■事例検討（他園の映像視聴・グループ協議）＋講師コメント	◎待たせるのではなく期待を持って待てるようにする／自然に食育を保育の中に入れること／願いを持つこと／無理がないようにすること／日々の保育を楽しむこと／子ども目線で考えること・子どもの気持ちによりそうこと／自分の動きの確認 ●複数で話すことでいろんな意見がでてくること／クラス内で保育を振り返る大切さ		1	3	7	
L5	4	15	■ 事例検討（食事場面の映像視聴・グループ協議）＋講師コメント	◎食事の場のあり方／食事を楽しく食べられるようにすること／食事の時の子どもたちの気持ちを汲み取る／食べるメンバーの人間関係が大事／食事時の声の大きさやゆっくり噛んで食べる大切さ ●食事を通して育てたい姿や園として目指す食事の共有		4	3	9	1
L6	4	16	□「ドキュメンテーションの書き方」 ■ 事例検討（グループ協議）＋講師コメント	◎ドキュメンテーションの書き方・ドキュメンテーションの内容やレイアウト、タイトルの工夫／子どもの心の動きや思いをドキュメンテーションに書くこと／読み手の気持ちになって書くこと／伝えたいことを持つこと／保育の見える化の工夫はたくさんある ●記録を見て話し合うことで課題や気づきが明確になる	2	8	7	14	3

表3-3-3◆園内研修（実技講習）で「学んだこと」の主な記述内容

					知る・得る			気づく・考える	見つける
園	管理職	保育者	■研修方法	学んだこと	難しさ・わからなさ・感想	知識・方法の理解・習得	視点・考え方の理解・獲得	自分の気づきや考えを持つ	課題や期待を持つ
M	2	12	□音楽（楽器・歌唱）指導 ■講師の講義（実技講習）＋グループ・全体協議（4園合同研修）	◎音楽に親しみを持ちながら楽しく表現を学ばせる・子どもが楽器や歌に興味を持てるようにする・普段の生活から取り入れる／導入の重要性／教える時の保育者の表情や心の余裕・保育者が楽しそうにする／子どものことを一番に考える／リズム打ちで楽しく行う方法・ゲーム感覚で指導する方法・歌唱指導のポイント		6	5	1	1
N	2	8		◎遊ぶことから始めること・子どもが楽しいと思える音楽の取り組みが重要・生活の中で音に触れることを積み重ねることの大切さ・音楽の根源としての音の楽しさ・楽しみながら一緒にする／幼稚園教育要領における表現／身体を使ったリズム遊び・リズムを言葉に置き換える		4	7	3	1
O	2	11		◎日頃のリズム遊びの積み重ねが重要・日常生活で息を合わせることの重要性・遊びの中に音楽を取り入れることの大切さ／みんなで合わせる時の大きな力／子どもの表情や行動をよく見て保育を行う／日常生活で歌詞のイメージを掴めるようにする・音符に言葉をつける・楽器遊びの導入方法（ゲーム・クイズ）・楽しくリズムを叩く方法・皆で音を合わせる方法／		6	6	3	2
P	2	7		◎音楽は時間芸術／人とのつながりを大切にする／楽器の面白さや音や声の違い／子どもに興味を持ってもらうための方法／リズムの伝え方を知らせる方法／		2	3		1

第4節 園内研修の学びの様相

ここまでで、園内研修における学びの広がり（多様さ）と深まり（質）について考えてきました。第４節では、学びの多様さと質を併せて園内研修の特徴についていくつかの園を例としてあげて考えてみたいと思います。

図3-4-1は、各園・研修の学びの〈多様さ〉と〈質〉を可視化したものです。

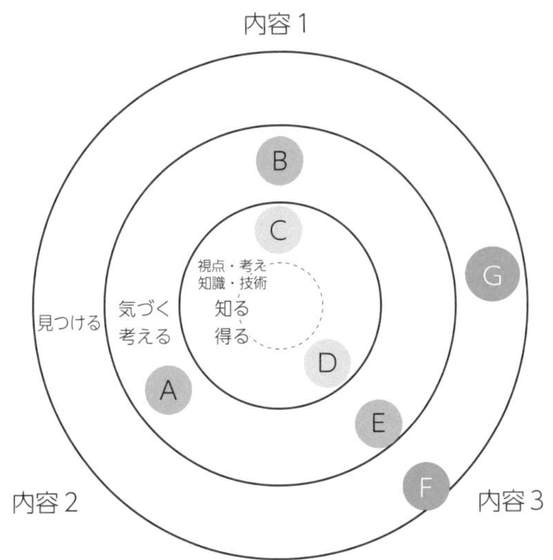

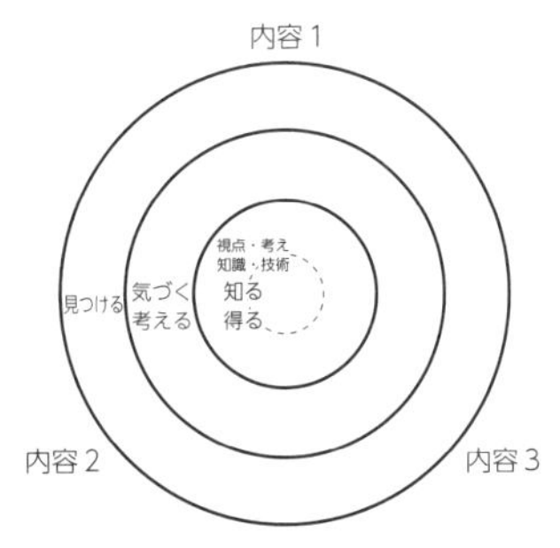

○学びの「多様性」と「質」を表す円
- ３つの円は、中心から【知る・得る】【気づく・考える】【見つける】です。
- 円の周囲にある〈内容〉は、学んだことの内容です。例であれば、１回の研修において園全体で主に３つの内容についての記述がみられたということになります。

○個人を表す円
- 円のどの位置に個人の円があるかにより、保育者一人ひとりの学んだ内容と学びの質がわかります。
  例）Ａさん：Ａさんが学んだことは「内容２」に関することで、学びの質は【気づく・考える】です。

図3-4-1 ◆ 園内研修における学びの広がり（多様さ）と深まり

1　A園の園内研修における学びの様相

A園の1回目の研修は「加減」がテーマで、研究保育の自評や、「加減」にまつわる保育中のエピソードなどが話し合われていました。質問紙には、他の保育者のエピソードや、外部講師の話により、加減のさまざまなあり方が語られることを通して、子どもが加減を獲得すること、そのための援助について自分の保育を見直したり、今後の保育について取り組みたいことが主に書かれていました。

2回目の研修は、「保育者のかかわり方」がテーマで、研究保育の自評や、戦いごっこや片付け場面での子どもの告げ口など、保育者が援助に迷ったり悩んだりした場面が語られていました。他の保育者の葛藤に自分が葛藤した経験を引き寄せて考え共感した上で考えたこと

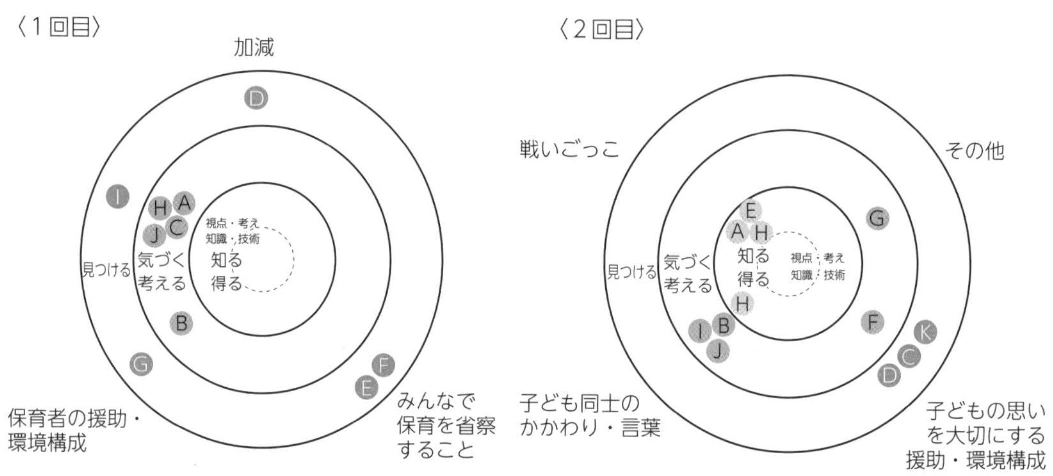

◎研修方法
・外部講師が研究保育を参観。
・協議会では保育者が一人ずつ自評を言い、その後、外部講師がコメントする。
◎「研修内容・テーマ」または主な話題
・1回目：「加減」
　掃除場面で子どもが加減を覚えている／子どものちょっとした動きから思いを探り気持ちに寄り添う／園の果物を持ち帰る時の子どもの言葉
・2回目：「保育者のかかわり方」
　戦いごっこの発展／片付け場面での子どもの告げ口と気持ちのコントロール／相手を思う言葉

を、学んだこととして記述している保育者がいました。また、外部講師によって、保育者が悩んだ場面における子どもの姿の意味が語られたり、援助についての外部講師の考えがコメントされたりすることで、新たな視点を得たり自分の実践と結びつけて考えたことを学んだこととして記述している保育者もいました。特に、戦いごっこに関しての学びを記述していた保育者の記述は【(視点・考えを) 知る・得る】に分類されており、外部講師が保育者にとって新しい視点を与えてくれる存在となったことがうかがわれます。

このように、A園の園内研修は、テーマに沿って自分の保育を保育者それぞれが振り返るとともに、他の保育者の振り返りや外部講師のコメントを聞いたりする中で、新たな視点を得たり自分の実践を意味づけ直したりする学びが起きていることが特徴としてみられました。

2　J園の園内研修における学びの様相

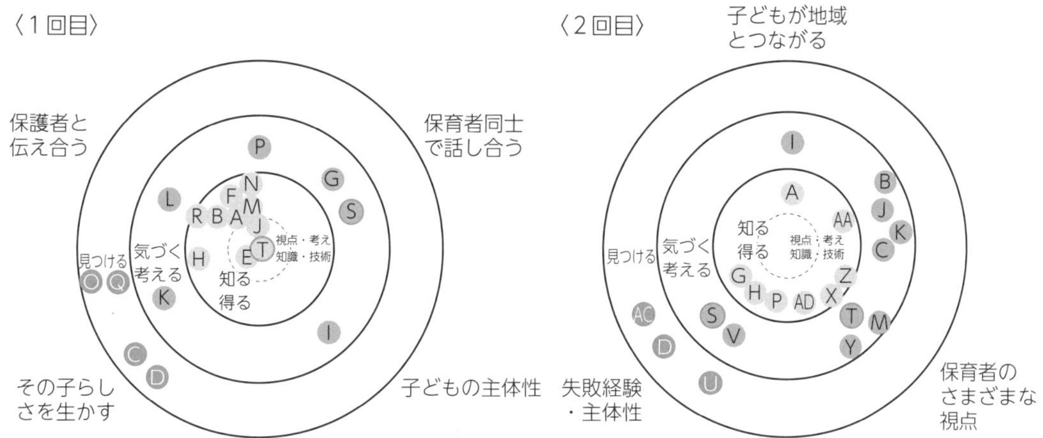

◎研修方法
・発表者が事例報告を行い、報告をもとにディスカッションをしたあとに共有。最後に外部講師からコメント。
◎「研修内容・テーマ」または主な話題
・1回目：「保護者に伝えたいことを写真で伝える（面談時・掲示)」
・2回目：「野菜プロジェクト（地域の業者と子どものつながり)」「命の大切さやつながり」

Ｊ園の１回目の園内研修は、主に写真を掲示したり面談時に使用したりすることを通して保護者と伝え合うことに関する事例報告が行われたあと、保護者と伝え合うための掲示についての各保育者の工夫や掲示を作ることへの思いについて話し合いが行われました。そのため、どのように写真を保護者に見せるのかの具体的な方法や、写真を保護者に見せる際の保育者の思いを新たな視点として学んでいる保育者が多くみられ、保護者に伝えるということへの考え方を広げる学びが起きていたようです。

２回目の園内研修では、野菜プロジェクトと命の大切さに関する事例報告と話し合いが行われました。それぞれの事例報告を行った保育者の子どもへのまなざし、子どもの思いへの理解についての語りから、話し合いでも子どもの思いを読み取っていくことの大切さに関する視点や、保育する中で大切にしたいことを考えるといった学びがみられました。また、学びの質が〈3.見つける〉に分類された保育者は、複数の事例報告とその話し合いの内容のそれぞれのポイントから自分なりに共通項を整理したり、子どもの視点から事例を捉え直した上で、次にどのように取り組んでいきたいのかを考えて記述していました。

Ｊ園の特色としては、事例報告を通した保育者の思いや考えに注目したり、共感したりするなかで話し合いが行われていました。そして、新たな視点を学んだり大切なことを再認識したりする学びが起きていました。発表した保育者の事例について、参加者から素敵だと思うことが語られたり外部講師の意味づけがあったりしたことが、発表者の実践のよさや園のよさの再認識につながり、それが保育への意欲に結びついていました。

3　４園合同の研修の学びの様相

４園の合同研修で、外部講師が講義と演習を行った研修です。音楽技術の研修ということもあり、話し合った内容というよりは講師の講

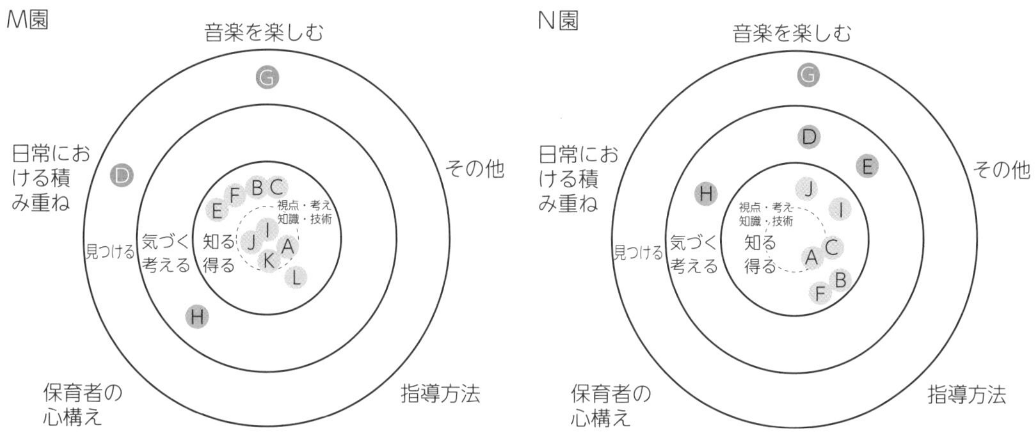

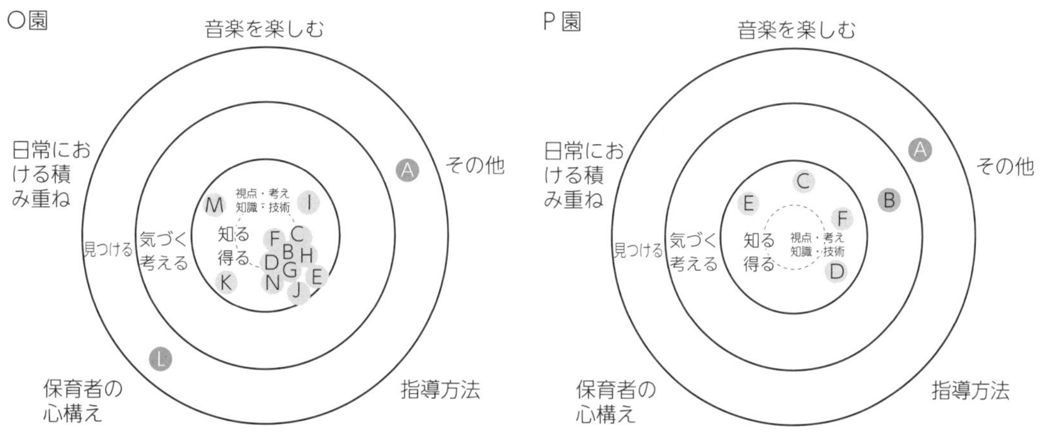

◎研修方法
・外部講師が講義と演習を行う。
・４園の合同研修。
◎「研修内容・テーマ」または主な話題
・「音楽指導（楽器・歌唱）について」

義に関する内容が学んだこととして記述されており、どの園でも学んだことの質が「知る・得る」に多くみられます。しかし、園により学んだことの多様性や質の特徴が異なります。

M園では、子どもへの指導方法についての知識や技術を得ることに加え、音楽を楽しむことの重要性やそのためには日々の積み重ねが必要であることを新たな視点として学んでいる保育者が多くみられました。O園では、子どもへの指導方法についての知識や技術、またそのための視点や考え方についての学びを得ている保育者が多いことがわかります。N園とP園では、保育者によって学んだことの内容にちらばりがあり、特にP園については、それぞれが異なる内容を学びとして記述していました。

同じ音楽技術に関する研修を受けても、そこから指導技術を学んでいた保育者が多い園と、指導の考え方を学んでいた保育者が多い園がありました。

このように、園内研修において保育者が「学んだこと」の内容や質は、同じ研修を受けても人によって異なっています。

今回の研究において質問紙の協力を依頼したのは研修直後でしたので、その時点での「学んだこと」であり、その後の保育実践とどのようにつながっていくのか、また学んだことが保育者一人ひとりの中でどのように変容していくのかについてはさらに検討が必要だと考えます。また、保育者個人の保育に関する悩みや課題、学びたいと考えていることと、園内研修がどのように結びついているのかについても考えていく必要があります。さらに、外部講師からの学びについての記述もあったことから、外部講師が園内研修での保育者の学びにどのように関わっているのか、また外部講師自身の学びについても考えていくことが課題となると考えます。第3章では、園内研修での学びの広がり（多様性）と深まり（質）についてみてきました。園内研修をデザインする際に、学びを広げたいのか深めたいのかによってどのようなテーマで、どのような方法にするかを工夫してみるとよいかもしれません。■

第 4 章

研修参加のための工夫

はじめに　写真を用いた研修の背景と位置づけ

本章ではまず、筆者らのチームが独自に開発してきた２つの研修方法であるSICS（Self-Involvement scale for Care Setting）とPEMQ（Photo Evaluation Method of Quality）について紹介します。この２つの方法の共通点は、デジタルカメラで撮影した写真を用いた研修であるという点にあります。筆者らがSICSを開発したのは2006（平成18）年から2010（平成22）年頃です。その後、2011（平成23）年から2014（平成26）年頃にPEMQを開発しました。SICS開発当時、園内研修における記録は文字記録かビデオ記録であり、鯨岡峻先生のエピソード記述（鯨岡2005, 2007）や岸井慶子先生のビデオによる記録（岸井 2013）が広く紹介・普及された時期でした。

開発のきっかけは「新人や初任保育者にとって、忙しいなかで記録を書くことは難しく、その前に保育者が離職してしまう。誰でも興味をもって参加し、保育のおもしろさを知るような研修はできないか」という園長先生たちの嘆きの相談が出発点でした。若い先生に必要なのは、自己と向き合い反省するだけでなく、先輩を含め実践経験の暗黙知を取り出し見える化したものから学ぶことであり、「子どもってすごい、おもしろい」と対象と同化できる機会を増やすこと、おもしろい保育や環境に保育者が我が事として没入できる方法ではないかと考えました。「誰もが参加」が研修の出発点です。

iPadが初めて社会に紹介されたのが2010（平成22）年です。デジタルカメラが普及し始めたのは1990年代です。2000年代になり、園にも普及し始めていました。そのため、当時研修の場で「園に１台のデジタルカメラを」と呼びかけ、デジタルカメラで誰もが参加できる研修を考えたのが、時代状況に支えられた背景です。現在、保育の記録として、文字や動画とあわせて最も普及しているのが写真です。長時間の動画撮影や振り返りの文字記録を丁寧に書くことの前に、まずは園の研修に参加して語る契機として、SICSとPEMQの２つの方法を考えました。ただし、この２つはいずれも研修のマニュアル化を目指したものではなく、園で皆が参加・対話できる研修であれば多様なバリエーションがあった方がよいというのが出発点でした。保育の質評価が論じられ始めた時期に、第三者的評価ではなく、園の内側からの保育の質向上のための自分事（こと）の評価が機能する方法として考えたものです。

SICSとPEMQそれぞれの理論や活用については、本章第１節で説明します。前置きとして述べれば、両者は構想時から次のような関係にありました（図4-0-2、図4-0-3）。いずれも写真を用いた研修です。写真の特質は、文字だけの記録よりも情動を喚起しやすく、撮影者の意図とは関係なく、実践のなかにある関係性や場、システムを映し出すことです。その写真を見ることで、実践者が「こういう子、こういう年齢、この時期だったら」とメンタルシミュレーションをして、写真前後の状況や文脈等について実践的見識や推理を生み、誰でも語りやすく、手応えを得やすいという点があります。

特定の一場面の出来事に焦点を当てるSICSと、特定の場や空間という環境（景

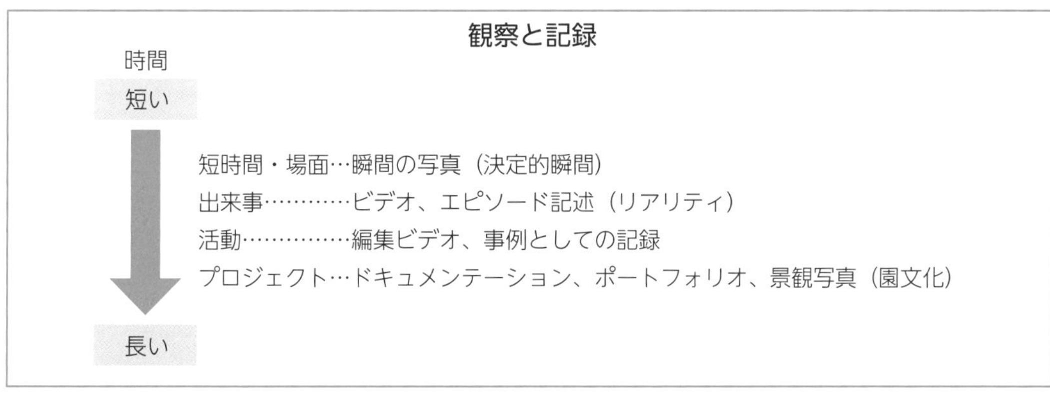

図4-0-1 ◆ 写真動画記録が対象とする時間と見える化

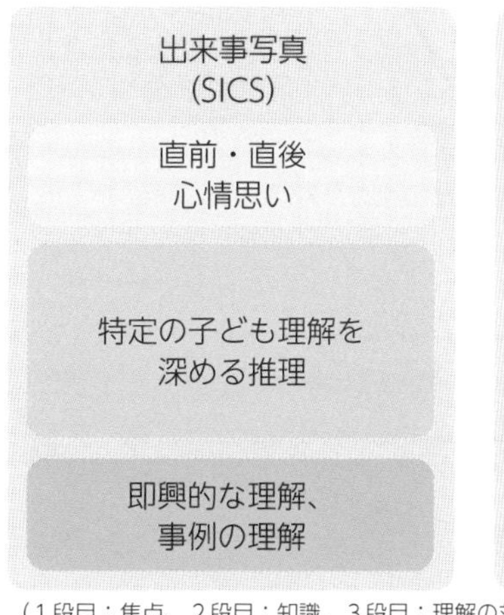

（１段目：焦点、２段目：知識、３段目：理解の対象）

図4-0-2 ◆ 写真が引き出す専門知

観）を捉えて焦点を当てたものがPEMQであり、両者は図と地の関係にあると考えました。

研修において何を対象にしてどのような時間を対象とする記録を使用するのか、また誰が参加するのかを示したのが、図4-0-3です。SICSとPEMQは対比がわかりやすいため園では対角線上に描いていますが、いずれも園内保育者集団を基本としています。ただし現在であれば保幼小連携・接続等においても、子どもの姿とある環境の構成の写真の両者は、いずれも可能なものと考えられます。

参加者の同質性と異質性、メディアによる記録が対象とする時間の長さによって、研修で引き出される語りや意識も変化します。研修への参加において何を学ぶのかは、個々人の学びのスタイルや研修の方法と同時に、その研修の仲立ち（媒介）となる記録やメディア、参加者によっても異なってくるといえるでしょう。この点をどのような研修でも意識することが大切だと考えられます（秋田 2014，2016）。

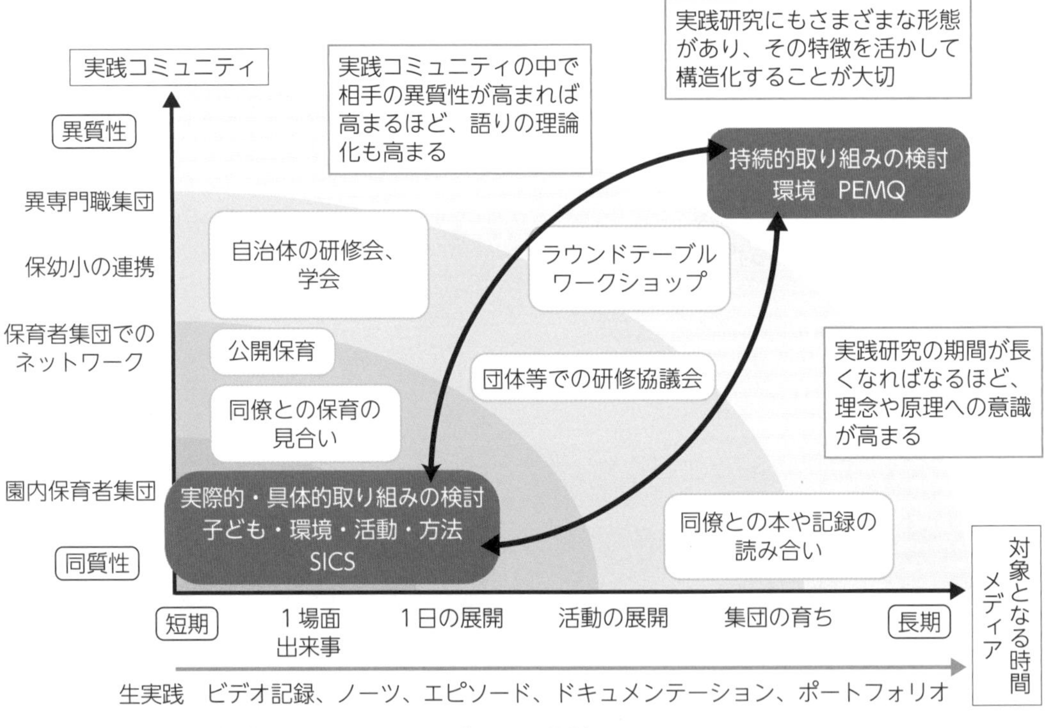

図4-0-3◆多層的な実践コミュニティとメディアの役割

第1節 SICSの理論と実践およびその効果と発展

1 SICSの理論と日本版の開発

SICSは、ベルギーにあるリューベン大学経験教育研究所所長フェール・ラーバース教授の「経験に根ざした保育・教育」の思想（Experiential Education）に基づきつくられた自己評価尺度（Self-Involvement Scale for Care Setting：SICS）です。この「経験に根ざした保育」の思想は、OECDのStarting Strong（2001）が、保育の質向上にむかう代表的なカリキュラムとしてあげた、スウェーデンの保育カリキュラム、イタリアのレッジョ・エミリア、ニュージーランドのテ・ファリキ、アメリカのハイ・スコープと並んであげられ、保育の質の自己評価スケールの1つとしても考えられ、英国や欧州に広がったものです。

ただしこのラーバース教授の思想は、当初から幅広い場に適した質評価と実践における質の改善・向上を求めて生まれたものです。この考え方の鍵は、「保育・教育の質」を、現在行っていること（文脈）がある次の地点（成果）を導くものになっているのかどうかと、実践者自身が感じることを手助けする指標を開発することでした。

その結果、指標として案出されたのが、いかなる教育の場においても質を価値あるものとする決定的な方法は、子ども・学習者がいかに「その場が情緒的に居心地よくある（幸せに感じる）かの程度」と「没頭（集中）の水準」に焦点を当てることであるという考え方です。それを図に示すと、図4-1-1のようになります。

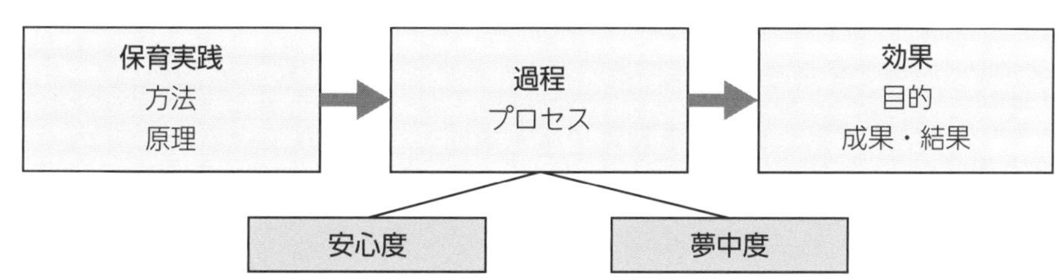

図4-1-1 ◆ SICSの理念

SICSの3つの特徴と日本への転用

この保育プロセスの質の自己評価は、大きく3点の特徴があります。第一に、子どもの「今・ここ」の経験の質から捉えること。第二に「安心・安定（well-being）」と「夢中・没頭（involvement）」という子どもの心理的内面の2つの視点から保育プロセスを捉えること。そして第三に「明日からできることは具体的に何か」を事例から導き出して活かすプロセスを含むことです。このため、いわゆる客観的な信頼性が高い外的評価の尺度とは思想が違っています。

筆者は、2006年にベルギーで開催されたOECDの乳幼児教育ネットワーク会合で、ラーバース教授の講演を初めて聴きました。日本の保育に大事な質の評価は、子どもの経験から考えることと確信、当該スケールをそのままマニュアルとして翻訳し日本に紹介するのではなく、この哲学を日本の保育文脈に合うように表現や変更を加えるには何が可能かを考え、「子どもの経験から振り返る保育プロセス：明日のより良い保育のために」として開発・作成し、独自のDVDも作成しました（オリジナルから日本の文脈への改訂や方法の詳細は、『子どもの経験から振り返る保育プロセス：明日のより良い保育のために』を参照ください）。SICSは子どもの状態に焦点を当てるものです。対して、保育者側のかかわりや環境、素材に焦点を当てたASOS（Adult Style Observation Schedule）と呼ぶ観察場面の尺度がセットになって、保育プロセスのモニタリングシステムが考えられています。

保育を観る三次元の視座として、刺激を与えるような関与（stimulation 遊びや行為の連鎖を生み出す開かれた素材や対話でさらに没頭を生み出すかかわりか）、感受性（sensitivity 子どもの基本的欲求を共感的に理解する応答ができているか）、自律性を与える（giving autonomy 子どもたちが相互に興味を認め合いイニシアチブをとっている感覚や試す余地を与えられているか）をセットで見るようになっています。そして保育のモニタリングシステムとして「A　子どもの今ここの経験を観る」「B　話し合う」「C　保育全体を振り返る」「D　具体的方法の模索」の4ステップで構成されています。各ステップに応じて、次に示すフォーマットが園ですぐに使えるようにつくられました。

2 「子どもの経験から振り返る保育プロセス」の枠組み

まず、全体の流れを示しているのが図4-1-2です。第一段階で子どものエピソードと安心度、夢中度としてその程度を書き込む欄が記さ

Form A

・個々の子どもの観察をもとに、エピソードとして記録します。
・記録を書くことで、見逃した事柄に気づいたり、振り返ることにつながります。また、エピソードを通して子どもの経験や保育の過程を考える際に、「安心度」や「夢中度」を考慮するきっかけとなります。

個々の子どもの経験を基にした観点から、
<u>クラス・園全体の現状を分析する観点への展開</u>

Form B

・Form Aでなぜ自分が「安心度」と「夢中度」の評定をこのようにつけたのか、根拠と理由を意識化し、保育場面の現状を５つの観点から分析します。

Form AやBを用いた研修後、Form C・Dを用いて次の研修を行う
（約１週間後ぐらいをめどに）
<u>クラス・園全体の保育の現状について、より具体的にとらえる観点への展開</u>

Form C

・Form Bでクラス・園全体の保育を整理した上でForm Cの項目を利用し、５つの観点に沿ってさらに具体的に検討します。

<u>現状の分析から、園全体として今後の取り組みを皆で考える観点への展開</u>

Form D

・現状の保育ですぐれており続けていきたいところ、保育で改善したいところや具体的に保育を行っていく行動計画を考えます。

明日のより良い保育実践へ

図4-1-2◆Form AからForm Dへの展開

れています（Form A)。評定は違いますが、あえて数値化することでなぜそう考えたのかを考えたり、観察者同士の違いを可視化できるようになっています（図4-1-3)。そして保育場面の現状を分析するのにさきほどのASOSの考え方から設けられた５つの観点「豊かな環境」「集団の雰囲気」「主体性の発揮」「保育活動の運営」「大人のかかわり方」を設け、その視点から記述するシートがForm Bになります（図4-1-4)。またそれをさらに細かく項目としたものがForm Cです（図4-1-5)。ここでは紙幅の関係から「豊かな環境」の項目例のみを掲載していますが、冊子には５観点それぞれについての項目が掲載されています。さらに、園で皆が振り返った後、自分たちのすぐ

第１段階　　　　Form A

活動中の子どもの姿

子どもの名前： 月　日 記録者：	安心度 ◯	夢中度 ◯	子どもの名前： 月　日 記録者：	安心度 ◯	夢中度 ◯
エピソード			エピソード		

図4-1-3◆Form A

第２段階　　Form B

観察の分析　　月　　日

「安心度」と「夢中度」が高かったのはどのような要因と関係していますか		「安心度」と「夢中度」が低かったのはどのような要因と関係していますか
	豊かな環境	
	集団の雰囲気	
	主体性の発揮	
	保育活動の運営	
	大人のかかわり方	
子どもとその背景		特別な事情

図4-1-4 ◆ Form B

れた点を見つけ、明日のよりよい保育のために具体的に実行に移せるような観点を示すForm Dがあります。これも、よい点を見つけること、改善点を書き込むシートからできています（図4-1-6）。

４ステップすべてを行うこと、項目をそのまま使うことよりも園で独自に項目の表現を変えたり独自の項目をつくることなど、各園で文脈化し、多様な使い方を期待しています。

第３段階の１　　Form C

１．豊かな環境

基本環境	◎／○／△	◎／○／△
子どもたちが遊びと遊ぶ場所を選べるように、保育室にいくつかの遊びの場が設けられている。		
保育室の環境は、子どもたちの興味と必要に応じて柔軟に遊びの場が作れるようになっている。		
保育室の環境の構成は、子どもたちの遊びを促し、高めるようになっている。		
隣り合う遊びの場はお互いにじゃまをすることなく、子どもたちが集中して遊べるようになっている。		
保育室や廊下などの園舎内の空間は、子どものために有効に活用されている。		
保育室の環境の構成は、子どもたちの目線やサイズに適したものである。		
保育室は、どこに何があるかわかりやすくなっていて、子どもたちが簡単に出し入れできるようになっている。遊びに使う道具や材料が、子どもたちの興味・関心を引くように置かれている。		
子どもたちが戸外で遊んだり、散歩にいく機会が設けられている。		
保育のための遊具、道具、材料と活動	◎／○／△	◎／○／△
それぞれの遊び場には子どもの人数や発達に合った遊具や材料が用意されている。		
子どもの遊びを豊かにするような遊具や材料が多様に用意されている。		
遊具や材料、備品などがきれいで使いやすい状態になっている。		
毎日、子どもが自分で選んで行う活動と、保育者が計画した活動が行われている。		
保育環境には五領域の発達を考慮した遊具や材料がある。		
遊具や材料、活動（遊び）は、一人ひとりの子どもの必要や興味、発達に応じたものである。		
子どもたち一人ひとりが意欲的に遊びたくなるような援助が行われている。		
保育活動に保育者の意図が反映されている。		
保育者が計画する活動は、子どもが示す興味・関心に応じて、内容や設定が構成・再構成されている。		
豊かな環境づくりのために園で大切にしていること。		

図4-1-5◆Form C

第３段階の２　　　　　　　　　　　　　　　　　　　　　　　　Form D2

明日のより良い保育のために

月　　日から　　月　　日までの改善　　　組：		
□環境　□子どもの主体性　□支援の方法　□クラスの雰囲気　□園・クラスの運営　□家庭との連携		
改善したいこと	具体的に行うこと	評価

□環境　□子どもの主体性　□支援の方法　□クラスの雰囲気　□園・クラスの運営　□家庭との連携		
改善したいこと	具体的に行うこと	評価

□環境　□子どもの主体性　□支援の方法　□クラスの雰囲気　□園・クラスの運営　□家庭との連携		
改善したいこと	具体的に行うこと	評価

図4-1-6 ◆ Form D2

3　SICSを用いた実践と園内研修への適用と発展

　実際に特定の園の園内研修について、私立保育園、公立幼稚園、附属幼稚園、団体が実施する複数園が一緒に連携して行う研修、県のセンターが訪問先の園で使用した実践とその可能性も調べました。その成果は、『子どもの経験から振り返る保育プロセス：明日のより良い

保育のために 実践事例集』（「保育プロセスの質」研究プロジェクト」，2011）として刊行しています。そこでは、実践者の具体的実践報告をもとに、SICSSの研修についてまとめています。子どもの経験から保育プロセスを捉える評価、短時間の具体的子どものエピソードに基づく研修、安心と夢中という２つの視点から捉えることの大切さを実践者が語っています。

一方で、安心・夢中の視点をそれぞれを５段階で評定してみることについては可視化や自覚化をうながす一方で、その評定の違いをよしとして自由に対等に話し合える雰囲気や、なぜその評定かを言語化することの難しさも語られました。Form A—Dまでの具体的な改善プロセスがわかりやすいという声がある一方で、保育においては何をどのように変えたらよいのかを手順として考えることではなく、その場で起きていることの関係性の理解を共同で構築していくことが大切であり、外から求められてすぐに改善するということよりも、保育者自らが意欲の喚起や専門的判断の自律性に基づいて意味を発見していくことの必要性などが述べられました。

その後、このスケールの鍵となる２つの視点「安心・居場所感」「夢中・没頭」という視点は多くの方の保育の見方や研修に広がり、SICSの開発の中で大事に語られ紹介されてきた「遊び込む」という言葉自体が、独り歩きしていろいろなところで検討され、園内研修で使用されていくようになりました。

「遊ぶ」と「遊び込む」の違いは、もともと直感的には保育者が日々の保育で感じわかっていたことです。しかし、このSICSと研究プロジェクトメンバーの出会いを契機に、遊びの深まりの程度や遊びのプロセスとして「遊びだす—遊ぶ—遊び込む—遊びきる」と表現し紹介したこと（秋田 2006，2009）は、このスケールとは独立して日本の文脈の中で、園が実際に子どもが遊び込むためにはどのような環境や援助がどの時期に必要か、そのためのカリキュラムはどのようにあったらよいのかという問いを生み出しました（例えば、角谷 2019）。そして、園内研修のテーマや自治体の幼児教育指針としてそれぞれの園や研究者が現在も展開し探究しています（例えば、杉浦

樹・上越教育大学附属幼稚園 2019，山形大学附属幼稚園 2022，安部・吉田 2022，鳥取県幼児教育指針 2022）。

研修をどのように行うのかということとあわせて、子どもの夢中・没頭、遊び込む姿を問うというように、何を探究するのかという研修内容への視座もまた大事であることをこのSICS開発は示しています。活き活きと遊び込む子どもの姿は、国を越えて保育者や園にとっての願いであり、その願いを具現化する的確な語「遊び込む」が園や保育者の探究を可能としていくことも示唆しています。誰もが参加できる園内研修のための知恵は、研修方法の工夫だけの議論ではなく、探究に値する主題と共にそれが研究議論されることが必要なのではないでしょうか。 ■

第2節 PEMQの理論と実践および効果

1 PEMQの理論：PEMQ開発の背景

①保育環境の構成を振り返る

日本の保育の特徴として「環境を通して行う教育（保育）」をあげることができます。保育の営みは、環境を通して行うことを基本としており（文部科学省 2008、厚生労働省 2008）、園の中で構成されるさまざまな保育環境には、保育者の願いや意図が込められています。特に、保育者一人あたりの子どもの数が海外と比べて多い日本の状況を踏まえると、遊びが子ども自身によって充実したり発展するように、子どもが自律的に考え、動いて、かかわることができる保育環境を構成することが大切です。

私たちは、こうした保育環境の構成をどのように捉え、評価し、振り返ることができるのでしょうか。例えば、米国で開発され、日本でも広く用いられる「保育環境評価スケール」(Early Childhood Environment Rating Scale Third Edition：ECERS-3)（ハームスら 2016）を見てみると、「空間と家具」「養護」「言葉と文字」「活動」「相互関係」「保育の構造」というサブスケールの中の35項目について、〈不適切〉〈最低限〉〈よい〉〈とてもよい〉で評定する手法がとられています。確かにこれらは、チェックリストのように項目ごとの自己点検・評価を促し、客観的・相対的に保育環境の構成について振り返る上で有効です。なぜなら、それぞれのチェック項目と照らし合わせることで、保育の中で保育者自身が構成した保育環境がどれほど適切なのか（そうでないのか）を見直すことができるからです。

他方、こうした手法は、保育環境の中に込められた保育者の願いや意図が、実際の子どもの活動とどのように結び付いているのか（いないのか）、構成された保育環境は、子どもが自律的に考え、動いて、かかわることとどうつながっているのか（いないのか）などについて、個別・具体的な事例に即して振り返ることは難しいように思われます。どのような手法にも完璧はないのですから、メリットもあればデメリットもあるのです。

②「４つの窓」を起点に保育者同士で語り合う

この点を踏まえ、筆者らは、保育環境の構成について、保育者の願いや意図と実際の子どもの活動との関係を中心に、写真を介して保育者同士で語り合い、それぞれの考えを交流することのできる園内研修のツールとして、写真評価法（Photo Evaluation Method of Quality：PEMQ）を開発しました。PEMQでは、写真に収められた当該保育環境に対して子どもはどのようにかかわり、どのような活動を展開するのか、彼（女）らの育ちや個人の特性なども踏まえながら同僚と語り合うことで、当該保育環境において構成される保育者の意図や願いなどを振り返るための「４つの窓」を提示します（表4-2-1）。

園内研修にPEMQを用いることで、保育環境の中に込められた保育者の願いや意図と実際の子どもの活動との関係を振り返るとともに、それぞれの園や個々の保育者が無意識のうちに大切にしている保育のあり方などを自覚化することをめざします。

子どもが自律的に考え、動いて、かかわることのできる保育環境の構成を振り返るためには、園の中に準備された遊具や用具など、素材の一つひとつをチェックするだけでなく、これらがどのように機能し、実際に子どもの活動をどのように促しているのかを捉えることが大切です。「４つの窓」を起点に同僚と語り合うことで、保育環境の構成に関する視界がさらに拓かれるとしたら（中坪 2013）、私たちにとってこんなにうれしいことはありません。

2　PEMQの実践：PEMQを用いた園内研修の一例と留意点

以下では、PEMQを用いた園内研修の手順を紹介するとともに、

表4-2-1 ◆ PEMQにおける「4つの窓」

（1）子どもがしたくなる環境	（2）子どもがつかいやすい環境
子どもが思わず活動したくなるような環境を構成しよう （a）季候や行事など、子どもが季節感を感じることができる （b）見本が展示される （c）子どもの興味・関心が広がる （d）子どもの興味・関心が喚起される （e）子どもの多様な表現を促す	子どもが素材にアクセスしやすいような環境を構成しよう （a）子どもの目にとまりやすい高さや位置に配置される （b）子どもが見やすい、出し入れしやすい （c）多様な素材の中から子どもが自由に選ぶことができる （d）子どもが視覚的に情報を捉えることができる （e）子どもが自由に手に取ることができる
（3）子どもがとりくむ環境	**（4）子どもがふりかえる環境**
子どもが活動に没頭できるような環境を構成しよう （a）子どもが落ち着いて活動できる （b）子どもにとって心地よい雰囲気 （c）他児との交流が促される （d）子ども同士が経験を共有できる （e）日々の生活習慣や遊びへの見通しがもてる	子どもが活動をふりかえることができるような環境を構成しよう （a）子どもの作品が展示される （b）子どもの活動の軌跡や足跡が残される （c）子どもが自分の存在を実感できる （d）子どもが友だちの存在を実感できる （e）子どもの活動を保護者と共有できる

研修を行う上での留意点やポイントなどを述べます。ただし、以下に示す手順は一例に過ぎず、多様に工夫したり、改善することが可能です。

ところで、最近の企業では、社会の多様化や問題状況の複雑化などを背景に、個人で思考するよりも同僚と協働で思考することで多様なニーズを把握し、組織の成長につなげようという動きが出てきているそうです。個人単位ではすべての知識を網羅できなくとも、同僚と知恵を出し合うことで、今日的課題に対応しようというのです。

例えば、カフェのようなリラックスした雰囲気の中で対話し、相互理解を深め、知を創出するような手法や（ブラウン・アイザックス

2007)、個々の社員の強みや持ち味に焦点をあてて未来の可能性を拓くような手法（Cooperrider et al. 2003）などがあります。これらの活用を通して同僚同士が語り合い、組織の一体感を形成することがめざされているのだそうです。PEMQもまた、保育者同士が協働で思考するためのツールとして開発されたものです。

PEMQの概要

・園内研修の所要時間：60 ～ 90分程度
・形態：３～５人の小グループを編成して行う
・準備するもの：保育環境の写真、ラベル（名刺大のカードや付箋紙など）

Step 1：写真を撮る・選ぶ

保育環境の写真は、保育室内外のいずれかの場所に焦点をあてたものを準備します。また、あえて保育者や子どもが写っていない写真を準備することで、後の語り合いにおいて色々な推理が働きます。例えば、筆者が関与したある保育所では、イラストのような環境の写真を用いて園内研修を行いました。

Step 2：「４つの窓」に照らして保育環境の構成を読み解く

特定の保育環境の写真（１枚）を選択し、それを対象に、写真のどの部分が、既述した「４つの窓」のいずれにあてはまると思うかを直感的に考えます。例えば、「この写真の△△の部分は（1）子どもがしたくなる環境にあてはまる」「この写真の□□の部分は（2）子どもがつかいやすい環境と（3）子どもがとりくむ環境の両方にあてはまる」などのように考えます。

その際、写真の△△や□□の部分が必ずしも１つの視点にのみあてはまるわけではないこと、複数の視点にあてはめて考えることもできることなどに留意します。また、あまり難しく考えず、直感的に考えることで、その後の語り合いにつながりやすくなります。

Step 3：読み解いたことをラベルに書き出す

次に、「なぜ、この写真の△△部分は（1）子どもがしたくなる環境にあてはまると思ったのか？」「なぜ、この写真の□□の部分は（2）子どもが使いやすい環境と（3）子どもがとりくむ環境の両方にあてはまると思ったのか？」など、それぞれ自分が直感的に考えたことに対する理由をラベルに書き出します。

その際、思いつく理由をできるだけ多く書き出すのが良いでしょう。正解・不正解があるわけではないので、理由の中身（質）は問いません。むしろ多くの理由を書き出すこと（量）を重視します。ま

た、ラベルに理由を書くときは、長い文章ではなく、キーワードや一語文（単文）などの短いことばで記入します（語や句など)。

Step 4：ラベルを共有しながら語り合う（１）

ここからは、３～５人の小グループで行うと良いでしょう。ラベルに書き出した理由について、グループ内で共有しながら自由に語り合います。この語り合いが、保育者の見識や実践知の交流につながります。また、語り合う際には、個々の保育者が経験した個別・具体的なエピソードなどを紹介し合うと良いでしょう。

Step 5：保育者の願いや意図と、実際の子どもの活動との関係を読み解く

次に、写真について、保育環境の中に込められた保育者の願いや意図と、実際の子どもの活動との関係という観点から考えます。

例えば、この写真の保育環境は、（１）保育者の願いや意図と、（２）子どもが自律的に考え、動いて、かかわることの２側面において、どちらが色濃く（強く）あるいは薄く（弱く）反映されていると思うのか。それは、どの部分からそういえるのか（理由は何か）について、それぞれが推理を働かせ、思いつく理由をできるだけ多くラベルに書き出します。ここでも正解・不正解があるわけではないので、理由の中身（質）は問いません。むしろ多くの理由を書き出すこと（量）を重視します。また、ラベルに理由を書くときは、長い文章ではなく、キーワードや一語文（単文）の短い文章で記入します（語や句など）。

Step 6：ラベルを共有しながら語り合う（2）

ラベルに書き出した理由について、グループ内で共有しながら自由に語り合います。この語り合いが、保育者の見識や実践知の交流につながります。また、語り合う際には、個々の保育者が経験した個別・具体的なエピソードなどを紹介し合うと良いでしょう。

このように、写真の中に埋め込まれた意味について、それぞれが推理を働かせてラベルを書き出し共有する中で、保育者相互の見識や実践知の交流が促され、ひいては保育者が思わず語りたくなるような園内研修の具現化につながるのです。

3 PEMQの効果：PEMQを用いた園内研修が保育者にもたらすもの

ここでは、PEMQを用いた園内研修における事前調査と事後調査の比較を通して、同研修は保育者に何をもたらすのか、PEMQの効果を検討します（中坪ほか 2014，2016）。

①PEMQの効果を探る方法

第一に、PEMQを用いた園内研修を開始する前と終了した後、参加した保育者（計107名）にご協力いただき、「保育環境」という言葉から思いつくキーワードをできるだけ多く書き出してもらいました（制限時間３分）。

第二に、書き出されたキーワードについて、次の２つの視点から検討しました。

（a）「保育者」「子ども」の用語を含む記述を抽出し、分析しました。これらの記述を分析することで、保育者の意図や子どもの活動を振り返るPEMQの効果を検討できると考えました。

（b）格助詞「が」を伴う記述を抽出し、分析しました。格助詞「が」は、動詞文の述語に対する主語を明示する働きがあることから、これらの記述を分析することで、誰（もしくは何）を主語（もしくは主体）として保育環境を構成するのかについて、同研修の前後での保育者の認識の変化を捉えることができ、PEMQの効果を検討できると考えました。

第三に、分析は、質的データ分析法（佐藤 2008）に依拠し、抽出した記述内容に［オープン・コード］【焦点コード】を付し、事前調査と事後調査で比較しました。

②分析の結果（a）：「保育者」「子ども」の用語を含む記述の抽出と分析

「保育者」を含む記述について、事前調査と事後調査で比較したところ、事後調査において新たに【保育者―子ども関係】【保育者の誘起】【保育者の内面性】【保育者にとっての容易性】（焦点コード）が見出されました。また、事前調査で見られた【保育者の求め】について、事後調査では新たに［保育者の意図］［保育者の意思］［保育者の期待］［保育者の気持ち］［保育者のねらい］（オープン・コード）が加わりました（表4-2-2）。

次に、「子ども」を含む記述について、事前調査と事後調査を比較したところ、事後調査において新たに【子どもの嗜好】【子どもの発達】【子どもの実行可能性】【子どもの実行容易性】【保育者―子ども関係】【保護者―子ども関係】（焦点コード）が見出されました。また、事前調査で見られた【子どもの内発性】について、事後調査では新たに［子どもの意欲］［子どもの願い］［子どもの気持ち］［子どもの期待］［子どもがしたくなる］［子どもの世界］（オープン・コード）が加わりました（表4-2-2）。

以上より、PEMQは、保育者に次の点をもたらしたといえるでしょう。（1）保育環境の構成に関して保育者は、子どもとの関係に基づきながら誘起するとともに、保育者自身の内面性（意欲や感性）も重要であることです。（2）日頃の子どもの様子を理解し、内発性(関心・意欲など)、嗜好、発達を重視しながら、実行が可能・容易な保育環境の構成が重要であることです。PEMQを用いた園内研修において保育者は、保育環境の写真から子どもとの関係や子どもの内発性、保育者自身の内面性など、保育の情景を想起しながら語り合っており、こうした実践知の交流が上記の点をもたらしたと考えられます(中坪ほか 2014)。

③分析の結果（b）：格助詞「が」を伴う記述の抽出と分析

格助詞「が」を伴う記述について、事前調査と事後調査を比較したところ、事前調査では、【子どもに影響を与える保育環境】【主語としての子ども】【主語としての物的環境】【主語としての活動】という4つの焦点コードが見出されたのに対して、事後調査では、これらに加

表4-2-2 ◆「保育者」「子ども」の用語を含む記述の分析（事前調査と事後調査）

「保育者」を含有する記述				「子ども」を含有する記述			
事前調査		事後調査		事前調査		事後調査	
オープン・コード	焦点コード	オープン・コード	焦点コード	オープン・コード	焦点コード	オープン・コード	焦点コード
保育者	保育者	保育者	保育者	子ども	子ども	子ども	子ども
保育者の位置・動き	保育者の居方	保育者の動き	保育者の居方	子ども同士の交流	子ども―子ども関係	子ども同士	子ども―子ども関係
保育者の声	保育者の声	保育者の声	保育者の声	子どもの人数		子どもの主体性	子どもの内発性
保育者の思い、願い	保育者の求め	保育者の意図	保育者の求め	子どもの思い	子どもの内発性	子どもの興味	
保育士の連携	保育者―保育者関係	保育者の願い		子どもの興味・関心		子どもの意欲	
保育者との関係		保育者の意思		子どもの自主性の促進		子どもの思い	
保育者数	保育者の配置	保育者の期待		子どもの心の安定	子どもの情緒	子どもの願い	
保育者の配置		保育者の気持ち		子どもの作品	子どもの活動の成果	子どもの気持ち	
		保育者の思い		子どもの目線	子どもベース	子どもの期待	
		保育者のねらい		子どもの姿	子どもの動向	子どもがしたくなる	
		保育者の子どもとのやり取り	保育者―子ども関係			子どもの世界	
		保育者と子どもの思い				子どもが落ち着いて過ごす	子どもの情緒
		保育者が引き出す	保育者の誘起			子どもの活動	子どもの活動の成果
		保育者によって引き出される				子どもの作品	
		保育者の意欲	保育者の内面性			子どもに合った材料	子どもベース
		保育者の感性				子どもに合った位置	
		保育者が使いやすい	保育者にとっての容易性			子どもの目線	
						一人ひとりの子ども	子どもの動向
						子どもの課題	
						保育と子ども	
						子どもの発見	
						子どもの工夫	
						子どもの言葉	
						子どもの意見	
						子どもの動き	
						子どもの姿	
						子どもの好きな絵本	子どもの嗜好
						子どもの発達	子どもの発達
						子どもが選ぶことができる	子どもの実行可能性
						子どもが観察できる	
						子どもが調べることができる	
						子どもが触れることができる	
						子どもから行動できる	
						子どもが遊ぶ環境	
						子どもが興味を持つことができる	
						子どもが生活しやすい	子どもの実行容易性
						子どもが見て分かりやすい	
						子どもが使いやすい	
						子どもがアクセスしやすい	
						保育者の子どもとのやり取り	保育者―子ども関係
						子どもとの対話	
						子どもと話し合う	
						子どもと親	保護者―子ども関係

えて新たに【主語としての保育者】という焦点コードが見出されました。

また、焦点コードの中で【主語としての子ども】が付された［オープン・コード］に着目すると、事前調査では、［子どもが自主的に動けるように］と［自分が出せる］の2つの記述であったのに対して、

表4-2-3 ◆ 格助詞「が」を伴う記述の分析（事前調査と事後調査）

事前調査		事後調査	
［オープン・コード］	【焦点コード】	［オープン・コード］	【焦点コード】
考える力が出る	子どもに影響を与える保育環境	BOXの色、何が見えるか	子どもに影響を与える保育環境
声が聞こえる		危ないものが手に届かないように	
好きなものがある		やりたいことができる	
危険物がない		気が付いたらすぐ役立つ物	
床が汚れていないか		季節が感じられる場	
日当たりが良い		興味がわく置き方	
部屋によって色が違う		成長が見れる場	
子どもが自主的に動けるように	主語としての子ども	子どもが取りやすい・おさめやすい	主語としての子ども
自分が出せる		子どもが選ぶことができる	
物が充実	主語としての物的環境	子どもが落ち着いて過ごす	
遊びが充実	主語としての活動	子どもが観察できる	
		子どもが興味を持つ	
		子どもが調べることができる	
		子どもが触れることができる	
		子どもが見て分かりやすい	
		子どもの発見や工夫があるもの	
		子どもが読みたいか	
		子どもがしたくなる遊具	
		子どもが興味あるもの	
		子どもが作り出す部分の有無	
		子どもが主体的に	
		子どもが生活しやすい	
		子どもが選べる	
		子どもが遊ぶ環境	
		机がある・ない	主語としての物的環境
		片付けがしやすい	主語としての活動
		保育者が使いやすい	主語としての保育者
		保育者が引き出すもの	

事後調査では、[子どもが取りやすい・おさめやすい] [子どもが選ぶことができる] [子どもが落ち着いて過ごす] [子どもが観察できる] [子どもが興味を持つ] [子どもが調べることができる] [子どもが触れることができる] [子どもが見て分かりやすい] [子どもの発見や工夫があるもの] [子どもが読みたいか] [子どもがしたくなる遊具] [子どもが興味あるもの] [子どもが作り出す部分の有無] [子どもが主体的に] [子どもが生活しやすい] [子どもが選べる] [子どもが遊ぶ環境] と17の記述に増加していました（表4-2-3）。

以上より、PEMQは、保育者に対して、子どもを主語（主体）として保育環境を構成することについて、特に（１）「子どもが…しやすい」などのように子どもの動き（動作）を助長したり、（２）「子どもが…できる」などのように子どもの活動の可能性や選択肢を拡げたり、（３）「子どもが…したい」などのように子どもの興味・関心を促したりするような保育環境を構成することが重要であるという認識の変化をもたらしたと考えられます。

他方で、「保育者が…しやすい」「保育者が…できる」など、事前調査では見られなかった、保育者を主語（主体）として保育環境を構成する視点も示されました。上記（１）（２）（３）のような、子どもを主語（主体）として保育環境を構成することは、保育者を主語（主体）として保育環境を構成することと必ずしも二律背反ではなく、むしろ相互に関連するという認識の変化をもたらしたと考えられます（中坪ほか 2016）。

PEMQを用いた園内研修の特徴は、保育環境の写真を介して保育者同士が語り合うことです。このことは、映像を介して語り合う場合とどのように異なるのでしょうか。

映像は、大量の情報やストーリーを視聴する側に与えてくれます。したがって映像を介して語り合う場合、情報の山の中から重要な子どもの姿や願い、保育のポイントなどを掘り出す面白さがあります。あるいは、個々の保育者が掘り出したものが、相互に語り合うことで揺り動かされる驚きもあるかもしれません。これらは、映像（提示された事例）の見方を再発見したり変容したりする体験の面白さであるといえます。

他方、保育環境の写真の場合、写真自体が与えてくれる情報は決して多くありません。また、子どもの姿や保育の情景を直接伝えてくれるわけでもありません。そのため写真をもとに語り合うためには、参加者全員で写っているものや背景の隅々にまで目を凝らしながら、子どもの姿や保育の情景を推理する必要があります。また、写真に写っていない保育環境の様子も思い浮かべながら、モノの配置、使われ方、役割などを幅広く想像しなければなりません。こうした体験の面白さは、個々の保育者が有する見識や実践知を駆使することで、一枚の写真を情報の宝庫として彩っていくことにあるといえます。

保育者同士がそれぞれの見識や実践知を高め合うためには、映像を用いて「情報の山の中から宝石を見つけ出すような体験」と、写真を用いて「石ころを宝石に磨き上げるような体験」の両方が大切です。例えば、映像の準備が難しいときなど、手軽に撮影できる写真を使って語り合いの窓を開いてみてはどうでしょう。また、保育者の中には、公開保育などに参加した際、他園の保育環境の写真を撮りためている人も少なくないでしょう。多くの場合、そうした写真は、個人のコレクションや観賞用に留まりがちです。こうした写真を持ち出してPEMQを用いた園内研修を試みることで、その園の情景を同僚と味わいながら、自園の保育に活かせるエッセンスを探ることもできるでしょう（中坪ほか 2018）。■

引用文献

【第１節】

- 安部高太郎・吉田直哉「日本の保育における「遊びこみ」の変質――子どもの没入に焦点をあわせて」日本乳幼児教育学会大会発表論文集，pp.60-61，2022.
- 秋田喜代美「論説　遊びこむ力を育てる」『幼稚園じほう』第34巻第２号，pp.5-11，2006.
- 秋田喜代美「遊ぶと遊びこむ」秋田喜代美『保育のこころもち』ひかりのくに，pp.24-25，2009.
- 秋田喜代美「保育自己評価ツールの根底となるExperiential Education（EXE）の教育思想と国際的利用」pp.1-16．厚生労働省科学研究費補助金政策科学研究事業「保育環境の質尺度の開発と保育研修利用に関する調査研究」平成20年度総括研究報告書　研究代表 秋田喜代美，p.163.
- 秋田喜代美監修・編著，湘北福祉会あゆのこ保育園著『秋田喜代美の写真で語る保育の環境づくり――やってみませんか、写真でとらえる、写真でかたる、写真とともにつたえる、子どもと環境についての園内研修』ひかりのくに，2016.
- 「保育プロセスの質」研究プロジェクト（秋田喜代美・芦田宏・鈴木正敏・門田理世・野口隆子・箕輪潤子・淀川裕美・小田豊）『子どもの経験から振り返る保育プロセス――明日のより良い保育のために』幼児教育映像制作委員会，2010.
- 「保育プロセスの質」研究プロジェクト（秋田喜代美（主任研究者）・芦田宏・鈴木正敏・門田理世・野口隆子・箕輪潤子・小田豊・淀川裕美）『子どもの経験から振り返る保育プロセス――明日のより良い保育のために 実践事例集』財団法人こども未来財団　平成22年度児童関連サービス調査研究事業「園内研修における自己評定法の活用に関する調査研究」2011.
- 岸井慶子『見えてくる子どもの世界――ビデオ記録を通して保育の魅力を探る』ミネルヴァ書房，2013.
- 鯨岡峻『エピソード記述入門――実践と質的研究のために』東京大学出版会，2005.
- 鯨岡峻・鯨岡和子『保育のためのエピソード記述入門』ミネルヴァ書房，2007.
- Laevers, F., Vandernbussche, E., Kog, M. & Depondt, L., *A process-oriented child monitoring system for young children*, CEGO, 1997.
- Laevers, F., *Understanding the world of objects and of people: Intuition as the core element of deep Level learning,* International Journal of Educational Research, 29, pp.69-86, 1988.
- Laevers, F., Bogaerts, M. & Moons, J., *Experiential education at work: A setting with 5years, old,* Manual, CEGO, 1996.
- Laevers, F. & Heylen, L., *Involvement of children and teacher style: Insights from an international study on experiential education,* Leuven University Press, 2003.
- *Starting Strong: Early Childhood Education and Care,* OECD Publishing, 2001.
- 角谷詩織「「遊び込む」姿の魅力」杉浦英樹編著，上越教育大学附属幼稚園著『遊び込む子どもを支える幼稚園カリキュラム――未来の幼児教育・保育のために』学文社，2019.
- 「遊びきる子どもをめざして」鳥取県教育委員会，2022.
- 「遊びこむ子どもを育む」Vol.5，山形大学附属幼稚園，2022.

【第２節】

- ブラウン，A. & アイザックス，D.，香取一昭・川口大輔訳『ワールド・カフェ――カフェ的会話が未来を創る』HUMAN VALUE, 2007.
- Cooperrider, D. L., Whitney, D. & Stavros, J. M., *"Appreciative inquiry handbook"* Bedford Heights, OH: Lakeshore Publishers, 2003.
- ハームス・クリフォード・クレア，埋橋玲子訳『新・保育環境評価スケール〈３歳以上〉』法律文化社，2016.

- 厚生労働省『保育所保育指針解説書平成20年度版』フレーベル館，pp.8-21，2008.
- 文部科学省『幼稚園教育要領解説平成20年度版』フレーベル館，pp.25-43，2008.
- 中坪史典「子どもの言葉を育む保育者の関わりと環境構成」『幼稚園じほう』第41巻第８号，pp.12-18，2013.
- 中坪史典・箕輪潤子・野口隆子・上田敏丈・門田理世・鈴木正敏・芦田宏・秋田喜代美・小田豊「写真評価法（PEMQ）を用いた研修は保育者に何をもたらすのか――「保育環境」キーワードに関する事前・事後調査の質的分析」『日本教育方法学会第50回大会発表論文集』2014.
- 中坪史典・秋田喜代美・無藤隆・門田理世・上田敏丈・野口隆子・箕輪潤子・小田豊・芦田宏・鈴木正敏・森暢子「写真評価法（PEMQ）を用いた研修における保育環境の構成に対する保育者の認識の変化」『日本発達心理学会第27回大会発表論文集』2016.
- 中坪史典・境愛一郎・濱名潔・保木井啓史「写真を用いた語り合いが保育者にもたらすもの」秋田喜代美ほか『写真から振り返る保育の質：写真をもとに保育環境の質を評価する方法 実践事例集』2018.
- 佐藤郁哉『質的データ分析法――原理・方法・実践』新曜社，2008.

第 5 章

楽しく・おもしろくする園内研修の工夫

第1節 園内研修の工夫の実際

1 園内研修は保育の質向上の鍵

保育の質の向上や保育者の資質向上のために「研修」の重要性が唱えられて久しくなります。特に近年は、継続的な職員研修(Continuous Professional Development)こそが、保育実践の向上や子どもたちの育ちに最も影響する大事な要因であることが実証的にも示されてきています(OECD 2017)。文部科学省や厚生労働省、内閣府、また各種団体で保育者のキャリアアップなどのために研修が重視されるようになり、先進的な園の研修の方法や取り組み事例などの紹介もされてきています。その中では、特に園全体での研修や対話的な方法をとることが望ましいといわれ、各園でも研修の必要性が認識されています。

しかし、実際には、これまでほとんど研修に時間をさけなかった園や、研修といえば外部から講師を呼んで講演を聞くことが中心だった園から、自分たちの園の子ども理解や環境の工夫に少しずつ取り組み始めた園や、熱心な園長先生や先輩職員の下で研修や研究に取り組んでいる園など、研修の経験やあり方もきわめて多様だと考えます。その背景には、小規模園から大規模園や特定の法人や企業などでの複数園までいろいろな園の規模や、その歴史的な経緯があります。

また新任や若手保育者が多い園から中堅やベテランまでさまざまな年代層がいる園、定期的に人事異動がある園など、共に学ぶ保育者の経験年数も園によって多様であり、管理職が何に重点を置くかでそのあり方も違っていると言えます(上田他 2019)。だからこそ、各園の状況に見合った研修が大事です。

そこで私たちの研究チームでは、園内研修事例集として「楽しくなる、おもしろくなる園内研修のために」というパンフレットを作成しました。これまで研究メンバーが関わったさまざまな園内研修の中で、創意工夫をこらしたものを選りすぐってまとめてみました。ここでは、その事例の中から見出されたことをまとめ、紹介したいと思います。

その前に、なぜ「楽しくなる、おもしろくなる」なのでしょうか。園の職員一人ひとりが専門家として成長するためには、まず保育者が個人として動機付けを高めていけるような雰囲気や環境、サポートが必要です。研修を「しなくてはならないもの」と感じたり、研修を受けることそのものが憂鬱であったりしたら、効果は望めるでしょうか？　子どもの遊びや発達と同じように、その場や活動が楽しく、おもしろいものであることが、学習効果の面でも、持続的に発展するという意味でも、必要ではないかと考えられます。「楽しい」「おもしろい」が１回だけではなく積み重なり、楽しくなる、おもしろくなることが研修へのマインドセットを育てます。一人ひとりの感じ方や楽しさ・おもしろさの質は違います。それでも、園として「今日はおもしろかったな、やってよかったな」と思えるためには、仕組みやデザインの工夫が必要です。ここでは、「学びへの意欲が生まれる」「学ぶ中で気づきが生まれる」「つながりが生まれる」「振り返る」「次への見通しがもてる」というサイクルができあがっていくことが大切だと考えました（図5-1-1）。

さらに、毎回の研修で大事にしたい工夫・短期的視点として、「同僚との一体感・共感」、そして「気づきや対話による深まり」の２軸を考え、そこに「園内研修っておもしろい」と感じられる研修が実現するのではないかと構想しました。研修の中で「わかるわかる」「わたしもそうだった」という共感が出てくること、そして「なるほど」

学びへの意欲が生まれる
学ぶ中で気づきが生まれる
つながりが生まれる
振り返る
次への見通しがもてる

図5-1-1◆「同僚との一体感・共感」「気づきや対話による深まり」の２軸

「そういうことだったんだね」といった発見があることが、ひいては子ども・保育者・保護者が幸せになるような保育が行われることにつながると考えました。

感情労働の一つである保育者の仕事は、信念と情緒が大きな役割を果たします。特に職場の人間関係が職員同士の感情の行き交いに大きく影響することを考えると、お互いが心地よく保育を進める上で、保育理念について理解し共感することが大切になってきます。その意味で、「もやもや」を乗り越えてお互いに「そうだよ」「わかるわかる」と言い合える関係性は重要であるといえます。職場における保育者の情緒的な安定のためには、このような一体感・共感が基盤となると考えられます。そのためには、職員間での円滑なコミュニケーションが不可欠であり、園内研修では、まずお互いの気持ちや意見を出し合える工夫が必要です。とりわけ乳児保育に関しては、言葉ではなくノンバーバルな部分が多いため、なぜ何のために保育者としての今の行動があるのか、しっかりと言葉で共通理解を深めることが重要です。

また、保育の仕事への動機付けを高く保つためには、日々の保育の中で新たな発見やより深い理解に進むことが必要であると考えます。理解や発見に基づいて、子どもの育ちを実感し保育の意義について再確認すること、そしてその上で「わくわく」するような新たな保育の展開を考え出すことが、保育者のやる気を引き出し、次の段階へと進む契機となります。園内研修を工夫することで、同僚との一体感や共感を生み出し、気づきや対話によってさらなる深まりを得ることで、保育の質が向上していきます（図5-1-2）。

こうした構想のもと、全国から園内研修のあり方について14事例を収集しました。それぞれの園の実践について、テーマ・園名・園のプロフィールのほか、園内研修の進め方や、参加者の配置図、園内研修の様子をとらえた写真やその際に使われたツールについての記述が含まれています。その上で、「楽しくなる、おもしろくなるポイント」と「講師の立場から」について、外部講師として参加したメンバーから記述しています。

ここからは、これら14の事例について、見ていきます。

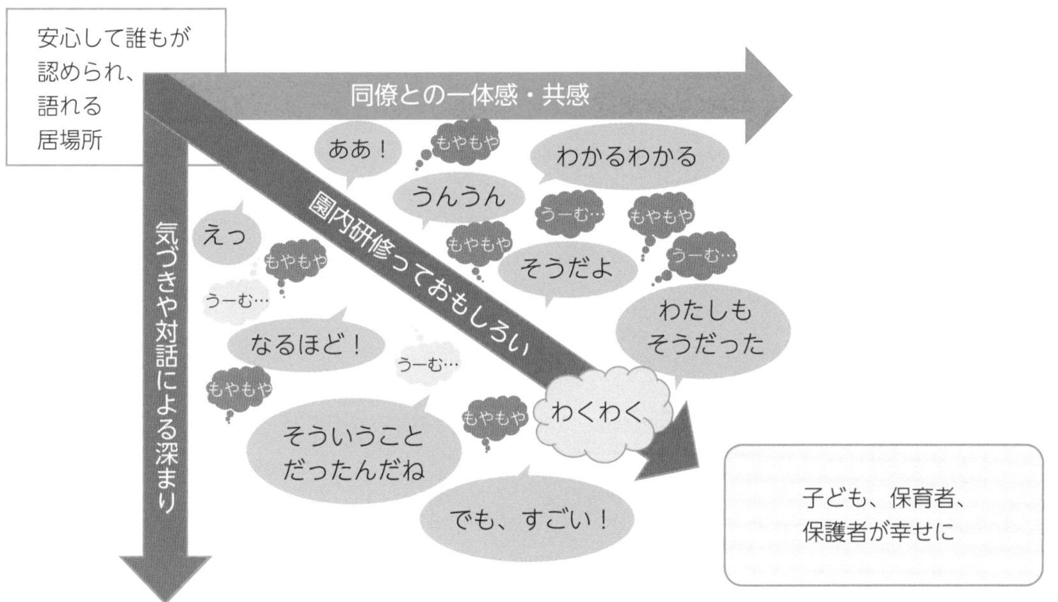

図5-1-2 ◆ 毎回の研修で大事にしたい工夫、短期的視点

事例 1

職員がみんなでつくる研修

東広島市立八本松中央幼稚園（広島県東広島市）

園のプロフィール

公立幼稚園　園の規模●小
保育者の経験年齢構成●若手とベテラン
園内研修の頻度●月１回
連続性●研修計画とテーマに沿って継続的に

目標
(1) 園内研修の目的やめざす子どもの姿について、職員間で共通認識を図る
(2) 職員全員で話し合いを進めるために、経験年数や管理職の有無に関係なく発言できるようにする

＜ある日の園内研修（講師が参加するときの典型例）＞
[園内研修の流れ]
14時30分～14時40分　園長挨拶［着座図Ａ］
14時40分～15時00分　研究の進捗状況報告（研究主任）［着座図Ａ］
15時00分～15時50分　職員同士でKJ法を用いた協議（職員全員）［着座図Ｂ１］
15時50分～16時20分　講師と職員のやりとり［着座図Ｂ２］→［着座図Ａ］
16時20分～16時30分　教頭挨拶［着座図Ａ］

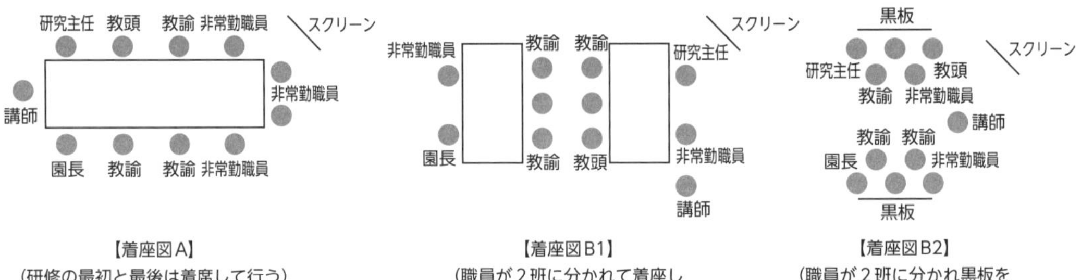

【着座図A】
（研修の最初と最後は着席して行う）

【着座図B1】
（職員が２班に分かれて着座し向かい合って対話する）

【着座図B2】
（職員が２班に分かれ黒板を向いて対話する）

【アイデア＆工夫】

[場のつくりかた]
・５名程度のグループに分かれて
・常勤・非常勤を問わずみんなで
・管理職（園長）も若手も一緒に

[ツール]
・付箋（75mm ×75mm）を使って
・模造紙に付箋を貼りながら
・KJ法をベースに

ツール

保育の様子を職員で相互に見合い、記録する（写真撮影なども含む）

園内研修では、職員が２グループに分かれ、模造紙上に付箋を配置するなど、KJ法を用いて対話する

年度当初に設定した研究主題に基づいて、年度末に研究紀要を作成する

楽しくなる、おもしろくなるポイント

- 「全員でつくっていく研修」にするために、めざす子どもの姿や職員の願いを主題やねらいの中に織り込む。
- 職員全員の意見を聴き合うために「KJ法」を用いる。
- 研修担当のコーディネーターは、研修を進める上で、(1) 雰囲気づくり、(2) 発言機会の確保、(3) 今日の着地点の３点を念頭に置いて共通認識を確認する。
- 子ども一人ひとりの姿を「こんなことができるようになったね」「ここの部分がおおきくなっているよね」など肯定的にとらえることに努める。

講師の立場から

- 本園は、「毎年度末に紀要を作成する」「人事異動を通して職員の変動がある」「園長は小学校教員であり必ずしも幼児教育に詳しいわけではない」など、公立幼稚園固有の特徴を有する。そのような中で本園は、たとえ園長や構成員が変わっても効果的な園内研修が継続するように、上記のポイントを通して、コミュニケーションや話し合いを重視する。それらを通して個々の職員が自らの課題に気付き、意欲的に取り組むとともに、園長、教頭、常勤職員、非常勤職員を問わず、みんなで研修をつくり上げているところが印象的である。

指導案と園内研修の感想

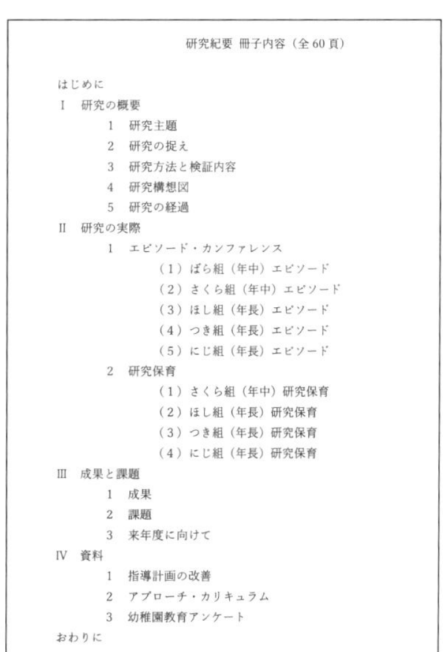

研究紀要 冊子内容（全60頁）

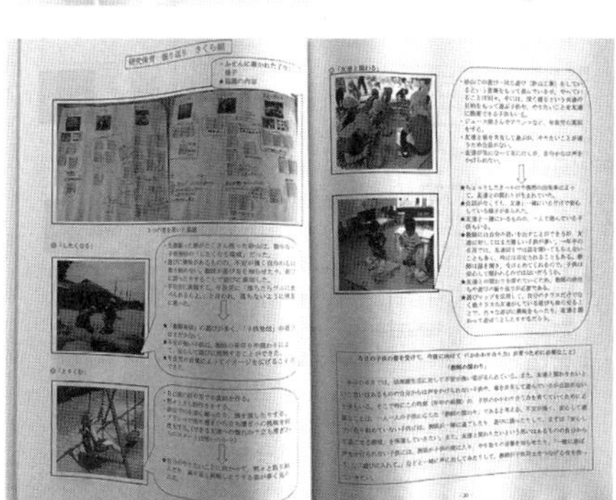

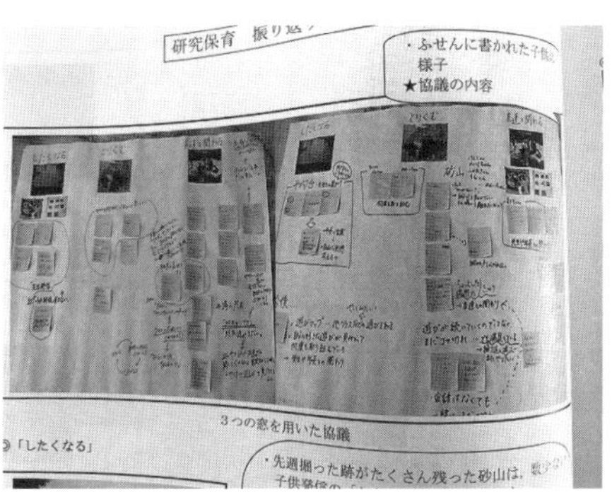

事例 2

同僚理解を大切にする研修

社会福祉法人順正寺福祉会順正寺こども園（広島県広島市）

園のプロフィール

私立こども園　園の規模●中
保育者の経験年齢構成●若手・中堅・ベテラン
園内研修の頻度●月１回
連続性●研修計画はあるが、テーマはその時々の課題にあわせて

目標
(1) 子ども理解を深める
(2) 語り合う中でほかの職員の良い所を見つける

＜ある日の園内研修（職員による記録を用いた場合の典型例）＞

[園内研修の流れ]

18：30-18：35　チェックイン（アイスブレイク）
18：35-18：40　会場準備（机を図のように並べる）
　　　　　　　　軽食を取って着席
18：40-18：50　映像（保育の記録）視聴
18：50-19：00　グループでの語り合い
19：00-19：15　グループでの語り合いについて全体発表（途中経過）
19：15-19：45　グループでの語り合い
19：45-20：10　グループで語り合った内容について全体発表
20：10-20：15　園長からの一言
20：15-20：25　メッセージ交換（写真）
20：25-20：30　会場を片付ける

写真
メッセージ交換後は各自のノートに貼る

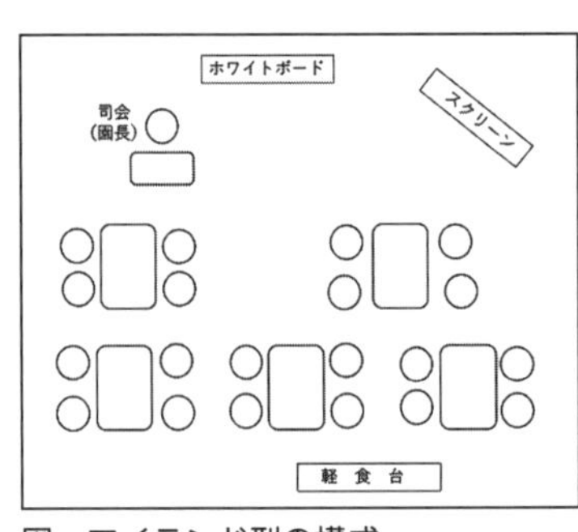

図　アイランド型の構成

【アイデア＆工夫】

[場のつくりかた]
・職員全員の参加
（常勤・非常勤問わず。栄養士・調理師も参加）
・３～５名のグループに分かれて
（役職、経験年数関係無く）
・１年を通して全職員と同じグループになるよう構成

[ツール]
・ホワイトボードにスケジュールを記載
・時計（司会用）
・必要に応じて模造紙や画用紙、マジックを用意
・付箋（メッセージ交換用）
・ノート（職員個人）
（語り合った内容の記録、メッセージを貼るため）

ツール

子どもの様子を記録し、まとめる（映像・写真・エピソード記述等）

３～５人グループごとに模造紙等に意見をまとめて発表

研修の最後に、付箋にメッセージを記入・交換し、ノートに貼る

楽しくなる、おもしろくなるポイント

- 職員全員が参加できるよう、時間帯を調整、かつ時間厳守での運営。
- チェックイン（アイスブレイク）では、ペアで30秒間話す活動を3回繰り返し、研修前の緊張感をほぐす。
- 職種や経験年数を問わないグループ構成によって、子どものとらえ方や見え方の違いに気づき、発見が生まれる。
- 司会役の園長は、タイムキーパー及び全体発表においては意見を引き出す役割に徹する。
- 研修の最後のメッセージ交換によって、職員が互いを尊重し合う風土をつくる。

講師の立場から

- 本園の園内研修は、園長ではなく、ミドルリーダーが中心となって、子ども理解だけでなく、職員同士の理解も深め合うなど、＜つなげる＞リーダーシップを発揮している点が特徴的である。シフト制のもとでは常に同じメンバーで保育にあたるわけではなく、職員同士がゆっくり子どもについて語り合い、交流を深める機会が少ない。そうした状況において、上記のポイントは、職員同士の共感（良さへの気づき・承認）を促し、互いを尊重しあう保育へとつながっていると考えられる。

研修の様子

・チェックイン（アイスブレイク）で研修前の緊張感をほぐす

・グループでの語り合いでは、研修に応じて付箋や模造紙、画用紙などを使用

・全体でのディスカッション

・研修の最後に、今日のグループのメンバー同士でメッセージ交換

事例 3

幼児のことばの力を育てるために

渡辺学園ながら幼稚園（岐阜県岐阜市）

園のプロフィール

私立幼稚園　　園の規模●小
保育者の経験年齢構成●若手〜ベテラン
園内研修の頻度●２か月に１回程度
連続性●研修計画とテーマに沿って継続的に

目標　お話づくりの時間に着目して保育を振り返る

＜ある日の園内研修（典型例）＞

ながら幼稚園では、幼稚園教育要領の改訂もあり、「言葉による伝え合い」「豊かな感性と表現」「思考力の芽生え」をどのように、園の中で育て、小学校につなげることができるかを考えていた。

その中で、『物語創作サイコロ』を用いながら、お話づくりの時間を保育の中に取り入れてきた。

＜ある日の園内研修＞

研修では、それぞれのクラスのお話づくりの時間を、園長、主任、教員、外部講師が参観をする。

その日の夕方、お話づくりの場面について、振り返りを行う。

スケジュール例　10：30〜10：50　年少組　お話づくりの時間
11：00〜11：20　年長組　お話づくりの時間
16：00〜17：30　園内研修

＜園内研修の流れ＞

1）担当の先生から今日の振り返り
2）見学していた先生からの質問や意見
3）主任・園長先生からのコメント
4）外部講師からのコメント

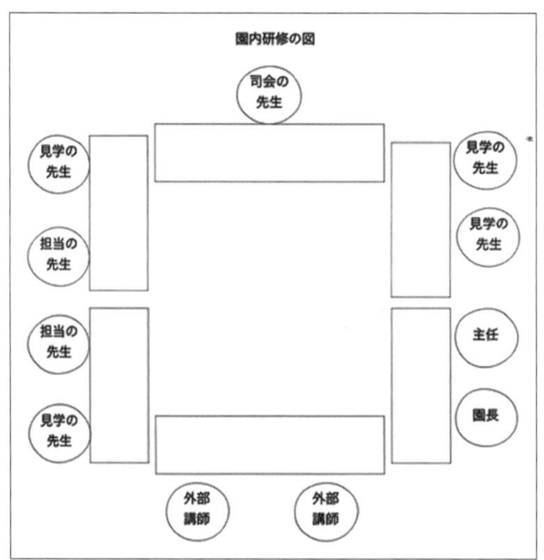

ツール　事前 研修の資料 ➡ 研修中 ビデオで撮影、筆記 ➡ 研修後 講評 ➡ 年間まとめ 外部講師とまとめる

楽しくなる、おもしろくなるポイント

- 園内研修では話が散漫にならないようにするために、話し合う活動を限定している。
- 言葉による伝え合い、というところに焦点化することで、その姿を中心として子どもの育ちの連続性をとらえることができている。
- 担当するクラスは異なるものの、場面が共通のため、ベテランが行っているかかわり方を参考にしやすい。
- 園長は俯瞰的な立場から話し合い全体の方向性を導くようコメントをしている。

講師の立場から

- 本園では、過去行っていた園内研修から、ここ２年、「言葉による伝え合い」をテーマとして、保育見学する場面、研修で話しあう場面を焦点化することで、話し合う内容に深みがでている。また場面が共通しているため、お互いのやり方を参考にすることができていた。

園内研修の一コマと指導案

お話づくりの場面

<当日配布される指導案の一部>

【環境設定】

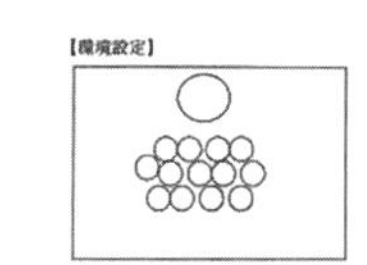

【展開】

時間	環境設定	子どもの活動	◎ねらい・教師のかかわり
11:00	床に座る	教師の話を聞く	◎教師の話を聞き、本時の活動に興味を持つ ・子ども達が興味を持てる様な声掛けをしたり、これから始まる活動に意欲が持てる様な雰囲気作りをする。 ・話を聞く姿勢が出来てから、話を始める ・前回の活動を振り返り、子ども達の意見を聞く
11:05		キューブ選び おはなし作り① 質問タイム	◎おはなしの世界をイメージして自分の言葉で伝えたり、友達のおはなしを興味を持って聴き、楽しさを共有する ・楽しい雰囲気で活動が始められる様に、掛け声等を子ども達と行う ・皆の前で話す事が難しかったり、普段は消極的な子を意図的にあて、皆の前に出るきっかけ作りをする ・自信を持って発表出来る様、励ましの声掛けをする ・個々の意見に大げさに共感したり、発言出来た事への認めの声掛けをする事で、皆が自信を持って発表出来る様にする ・発表出来た際には、拍手をして互いに頑張りを認め合える雰囲気作りをする ・発表する子が戸惑った際には、一緒に答えを考えてみたり、必要に応じて援助を行う ・その子なりの着眼点を認めたり、発表出来た事を認める
		おはなし作り② 質問タイム 挑戦中の子 か・ゆうな、ともえ、はるか 話す事が苦手な子 散漫になりやすい子 きょうたろう、ななせ、れいと	・様々な子の意見を聞ける様、きっかけ作りをする ・様子を見てキューブの数を増やし、キューブが増える事によっておはなしが膨らんでいく楽しさを味わえる様にする ・キューブの数や質問内容をおはなしに入れていく事で更におはなしが広がっていく事を伝え、子ども達のおはなし作りのきっかけとなる様にする ・気持ちを受け止めながらも、自分なりの発表が出来る様、励ます ・発表出来た時には大いに認め、今後の自信につながる様にする ・発表出来なくてもその子なりの参加として認め、他児の話に耳を傾ける事で、おはなしを作るきっかけ作りになる事を伝え、興味を引き付ける ・他児の頑張りを認め、自ら気付く事が出来る様にする ・状況を見ながらおはなし作りを繰り返し行う
11:25 11:30		話を聞く	◎今回の活動に満足感を味わい、次回の活動に期待が持てる様にする ・話を聞く姿勢が出来たのを確認してから話をする ・おはなしを作った感想や、友達のおはなしを聴いて感じた事を話し、今回の活動を皆で振り返る ・最後に１つおはなしをして、おはなしが膨らんでいった楽しさ等を具体的に伝え、子ども達と共有する ・子ども達の頑張りや良かった姿を認め、本時の活動に満足感を持って活動を終える 終了

第５章　楽しく・おもしろくする園内研修の工夫

事例 4

私やってみます

社会福祉法人佳陽会東住吉保育園（福岡県福岡市）

園のプロフィール

私立保育園　園の規模●中
保育者の経験年齢構成●若手～ベテラン
園内研修の頻度●年に１・２回
連続性●研修計画はあるが、テーマはその時々の課題にあわせて

目標　参加者全員で保育について語り合う

<園内研修実施の背景>

保育所保育指針の改定を機に、今までの保育を見直す過程で保育所保育指針や子どもを中心とした保育への理解について職員間にバラつきがでたことや、一部の保護者の反発などがあったことから、設置者および保育者間で互いの保育観を理解し合い、質の高い保育を目指す同僚性を培いたいという園長および副園長の願いに基づいて外部講師が招へいされた。外部講師には保育者主体の園内研修となるための助言が期待された。

<ある日の園内研修>

保育終了後の午後６時から８時まで、全職員参加で園内研修を行った。本研修では保育者一人ひとりの『お気に入りの写真』を事前課題として準備し、それらを用いて小グループで実践を語り合い、その中の１枚をグループのお気に入りとして選び、最後にその理由を含めて発表する形をとった。グループ編成は、「この先生の保育が知りたい」「平素、あまり接することがない」保育者同士で組むこととした。また、同僚性を育むという本研修の目的を鑑み、園長・副園長は意図的に話し合いには入らなかった。活動終盤、各グループが話し合った内容を全体で共有する際、最初のグループの発表は外部講師が司会をしたが、「どなたか司会を？」と振ると「私やってみます」と間髪入れずに中堅の保育者の手があがり、以降、保育者主導による研修が展開された。

<園内研修の風景>

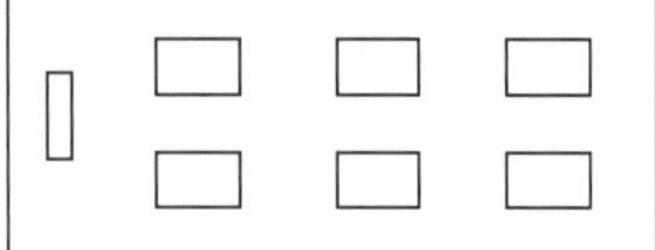

各テーブル４名編成（6グループ）

グループ内での話し合い

「私やってみます」

各グループの発表

<園内研修の流れ>

- ▶事前課題として伝えていた『各自のお気に入りの写真』を持ち寄り、これまでにあまり接触のない同僚を念頭に４名で１グループを編成(全部で６グループ：園長・副園長は保育者グループには入らない)。
- ▶各グループでそれぞれの写真について語り合う。グループの中で『お気に入りの写真』を１枚選出。
- ▶グループ全員が前に出てグループの『お気に入り写真』をホワイトボードに張り付ける。
- ▶前に出たグループは発表はせず、ほかのグループの質問を受ける。「なぜその写真が選ばれたか推察できるような質問をたくさんしてください」という教示に基づき発表グループへの質問をする。
- ▶その写真が選ばれた理由を発表側、質問側のQ&Aを通して推察し、発表グループ以外のグループが推察した理由を全体共有する（最初のグループへの対応は外部講師、以降、中堅保育者の司会進行）。
- ▶その後、本日の研修の所感を小グループで話し合い、それを全体で共有（司会進行は中堅保育者）。

ツール

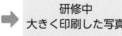

事前
お気に入りの写真

研修中
大きく印刷した写真

研修後
研修の振り返り

次回の研修課題

楽しくなる、おもしろくなるポイント

- 「お気に入り」「あれ？　これなんだろう？」「言葉があふれる場所」「子どもを笑顔にするところ」等など、お題を決めて写真を持ち寄ると保育者それぞれの感性が見えて楽しい。
- これまでに、一度も一緒に保育をしたことがない同僚、もしくは、「この人の保育を見てみたい」と思う同僚とグループになると、自分とは違った保育観に触れられておもしろいし勉強になる。
- 保育者だけの世界を生み出す必要がある場合、園長と副園長は敢えて保育者のグループに入らず、研修中も外部講師に促されるまで発言しない。外部講師も黒子に徹する。
- 外部講師やいつも決まった人ではなく、皆で持ちまわりで司会をして園内研修を進めてみる。
- 発表者にすぐに発表させるのではなく、その発表内容を聞き出す質問を保育者同士で投げかける。

講師の立場から

- 何か特定の内容を外部講師から教わるという園内研修のイメージから、自らで自由につくり上げる園内研修へと意識を転換する契機となった研修であった。「話し疲れたのでどなたか司会をしていただけますか？」と投げかけたところ、瞬時に「私やってみます」と手があがったことには嬉しさと驚きを感じた。この発言後、研修の雰囲気は一変した。誰か（外部講師）に尋ねられて答える研修ではなく、互いが尋ね合う研修が生まれた瞬間であったが、園長・副園長が敢えて見守る姿勢を貫いた意義は大きいと感じた。
- 保育者が学んでみたいことを保育者同士で学びたいように学べる手法を、園内研修を通して幾通りも経験していくことと同時に、あまり話したことがない（保育観がわからない）同僚を平素からなくしていくことの重要性が見えた研修であった。

研修の中で使用された『お気に入りの写真』と写真を撮った先生のコメント

「わくわくする瞬間」
　保育室に入ってすぐの写真を撮りました。この場所は保育室全体を見渡せる位置です。子どもたちがどんな表情をしているかな、どんな１日になるかなと楽しみにしながら保育室に入っているのでこの場所を選びました。

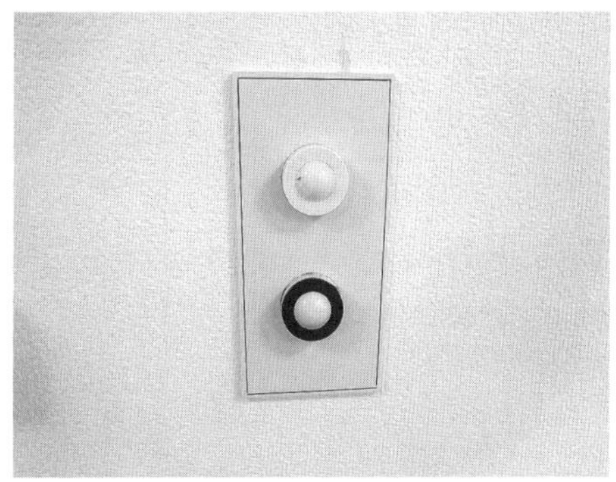

「お気に入りのスイッチ」
　これは電気がつくスイッチです。私は電気をつけたり消したりすること以外思いつかなかったのですが子どもたちはこれをウォーターサーバーに見立てて遊んでいました。この発想は思いつかなかったです。１つの玩具からいろいろな遊び方が見える面白い場所です。

<この事例に対する東住吉保育園の先生方からのコメント>

　職員間で活発に意見交換が行われたことに驚きました。同時に、普段の職員会議などでの静けさは、やり方が問題であると痛感いたしました。これ以降、互いに語ることは研修の重要なポイントであると考えるようになりました。

<東住吉保育園における現在の園内研修>

　コロナ禍ということもあり、長時間全職員で集まっての研修は控えています。短時間の職員会議（主に伝達のみ）と少人数での自主勉強会が主です。12月に全職員で「保育園のミッションについて」話し合う研修を予定しています。３グループに分けて、開催時間をずらし同じテーマを話し合う予定です。

保育が おもしろくなってきた！

福岡市立内野幼稚園（福岡県福岡市）
（2018年３月に閉園）

園のプロフィール
公立幼稚園　　園の規模●小
給食●なし（お弁当持参）
保育者の経験年齢構成●若手とベテラン
園長●小学校校長（兼任）
副園長●元小学校教頭
園内研修の頻度●毎月
連続性●研修計画とテーマに沿って継続的に実施

目標
（1）全教職員で子どもの姿・保育の省察を行い、共通理解を図る
（2）子どもの主体性を大切にした保育の計画を意欲的に行う

<ある日の園内研修（講師として参加した１日）>

【園内研修スケジュール】

9：00	保育　登園	研究保育
14：00	降園	（※講師：筆記記録、写真・ビデオ撮影）
14：30	研修会	開会の挨拶（研修会担当者、副園長挨拶） 研修ワークシートに記入 自評 写真・ビデオ視聴「子どもの遊びの姿と保育」 協議　（※園長先生は午前中の保育時間に来園）
16：30	終了	

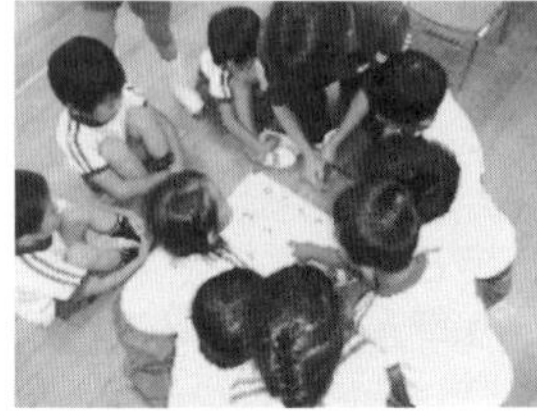
友達と語り合いながら活動する年長児

思い思いの遊びが園内のいろんな場所で展開

【園内研修　着座図】

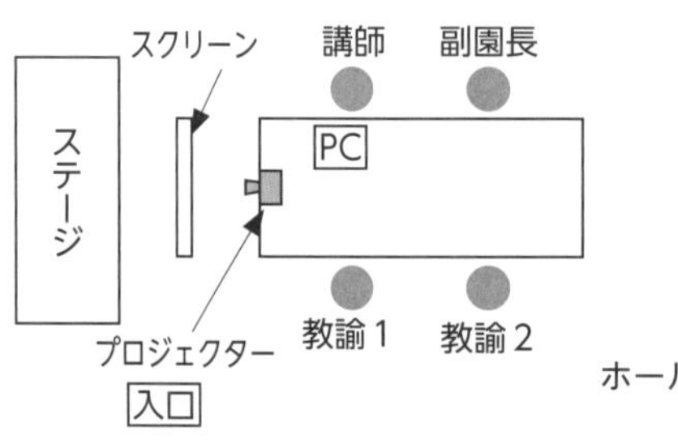

狭い園庭でも、思いっきりボールを投げられるよう工夫してつくられた遊具（網）⇒

ツール

- 園内テーマ研修の冊子（園の保育・最近の幼児の姿・週案・日案等）
- 課題：環境写真１枚撮影（電話＆メールで打合せ）

➡

- 園内テーマ研修の冊子
- 自評
- プロジェクター・スクリーン
- 研修ワークシート
- 保育記録ビデオ（保育を撮影）

➡

- 園内研修シート記入（加筆して講師へ送付）

➡

- 園内でのまとめ（１年間）
- 合同研修会で発表
- 論文化

楽しくなる、おもしろくなるポイント

- 毎年、研修のテーマを決め、“園内研修係”が講師への日案等の資料送付や研修会当日の進行も担うことによって、みんなの研修会という意識が生まれている（副園長先生は、極力発言を控え聞くことに専念されている）。
- 毎月園内研修会を開催する中、外部の目を入れようと年３回は講師とともにねらい・テーマに沿って協議を行う。
- 一人ひとりの子どもの育ちと、クラス集団としての学びの深まりの両方の視点を大切にすることを心がけ、研究保育時の写真・映像を観合いながら、どのような遊びがどこでどのように展開しているのか語り合い、共通理解を図る。
- 事前に各自が撮影した環境写真１枚を持ち寄ることとワークシートへの記入を副園長先生以下全員が行う。

講師の立場から

- 研究保育後に、本日の保育の中で一番印象に残った子どもの姿をワークシートに記入し、次にその時の保育者の援助や環境の再構成を記入した後に、写真・ビデオ記録を皆で観て、子どもの姿を語り合うことを続けていた。ある日、若手の教諭が「保育が面白くなってきた！」「明日の子どもたちの姿が楽しみ」と目を輝かせて発言し、継続して研修会に参加する意義を実感した。皆が意見を率直に述べられるような雰囲気づくりを心がけ、次の保育に繋いでいくための研修会という日頃の園の取り組みの姿勢が基盤となっていると感じた。

指導案と園内研修感想

[研修前に園から届いた研修資料の１枚：前週の週案]

週案（今週のねらい、内容、幼児の活動など）
5歳児　8組　10月　第1週　（10月2日 ～ 10月6日）

［園作成資料］冊子内容
（全11ページ）

写真付き表紙
Ⅰ．研究の基本的な考え方
1. 主題について
2. 研究目標
3. 研究仮設
4. 研究内容
5. 研究の方法
6. 研究構成図

・・・・・・・・

Ⅱ．研修日の保育について
1. 最近の幼児の姿
2. 期のねらいと内容
3. 本日の保育の展開
4. 週案（前週、今週）
5. 本日の保育の展開図

※研修前に保育資料冊子を郵送

どろんこ遊びを、一年中、楽しむ

友達と一緒に巧技台を組み合わせ、渡って跳んでくぐるなど、全身を動かしながら遊ぶ

<本年度の研修テーマ>総合的な運動スキルを高めるための保育実践～動きの多様化、洗練化を図る環境構成の工夫～

[研修ワークシート]

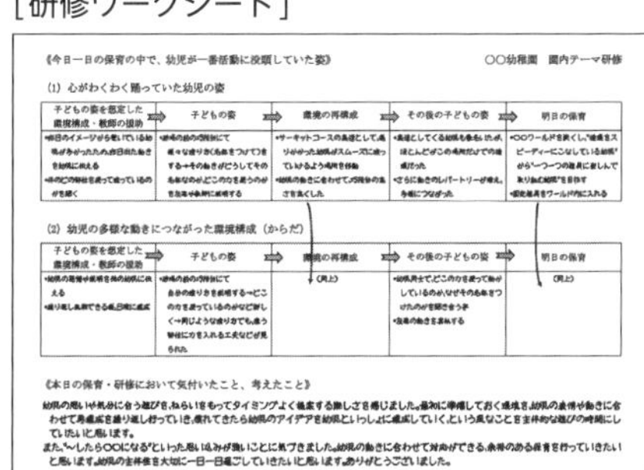

《今日一日の保育の中で、幼児が一番活動に没頭していた姿》　○○幼稚園　園内テーマ研修

(1) 心がわくわく踊っていた幼児の姿

子どもの姿を想定した環境構成・教師の援助	子どもの姿	環境の再構成	その後の子どもの姿	明日の保育
[illegible]	[illegible]	[illegible]	[illegible]	[illegible]

(2) 幼児の多様な動きにつながった環境構成（からだ）

子どもの姿を想定した環境構成・教師の援助	子どもの姿	環境の再構成	その後の子どもの姿	明日の保育
[illegible]	[illegible]	（同上）	[illegible]	（同上）

《本日の保育・研修において気付いたこと、考えたこと》

[illegible]

※研修ワークシートの(1)(2)の項目はその回の目的によって変更する。
※保育終了後に各自でワークシートに記入し、研修会内で発表し合う（書き上げて講師に郵送する）。

事例 6

自分たちのテーマに基づく年間を通した園内研修

荻須学園ひまわり幼稚園（愛知県名古屋市）

園のプロフィール

私立幼稚園　園の規模●大
保育者の経験年齢構成●若手とベテラン
園内研修の頻度●年４回
連続性●研修計画はあるが、テーマはその時々の課題にあわせて

目標　自分たちの保育を関心のあるテーマから振り返り、次の日の保育に繋げること

<ある日の園内研修（典型例）>

<年間のスケジュール>

園では４月に全体の園内研修スケジュールを立てる。
2019（令和元）年度では「主体性」「食育」「外遊び」「みんな」「思いやり」「つたえあい」であった。
各先生はどこかのグループに所属し、年間を通してそのテーマで保育を振り返る（図１）。

<ある日の園内研修>

研修は、年に３回、全員がどこかの日にちで担当する。
１日の流れ
　午前：保育の見学（全クラスの１／３が保育を行いそれ以外は見学する）
　昼食：園児はお弁当、その後降園（普段は給食）
　午後：園内研修

<研修の流れ>

1）クラスごとで今日の保育を振り返る（40分）
　クラスごとで話し合いながら、幼児の姿の記録（ストーリー型記録）を作成
2）６つのグループがそれぞれ発表（３分×６）
3）テーマごとによる振り返り（30分）
　１年を通したテーマに基づく保育の振り返りを行う
4）コメント

ツール　事前 研修の冊子、写真 → 研修中 ストーリー型記録 → 研修後 振り返りシート → 年間まとめ 講評

楽しくなる、おもしろくなるポイント

- ▶毎年のテーマは主任を中心に決定している。
- ▶研修の日の記録は、ストーリー型記録とし、その日の午前中の保育をみながら撮影したものを使い、A３用紙にまとめていくようにしている。
- ▶園長や主任、研究者も交えながら話し合いをする。
- ▶適宜、おかし、お茶を用意し、楽しく話しあえる時間づくりを意識する。

講師の立場から

- ▶ひまわり幼稚園での園内研修は７年目となる。当初は外部講師が中心となった研修のスタイルだったが、ここ２年は主任を中心としたグループがテーマを決め、外部講師はタイムキープとコメントを行う役割にシフトしつつある。理事長・園長は最後にコメントをするが、研修の間は席を外し話しやすい雰囲気をつくっている。自主的に園内研修ができるようになり、組織的な取り組みとなっている。

指導案と園内研修感想

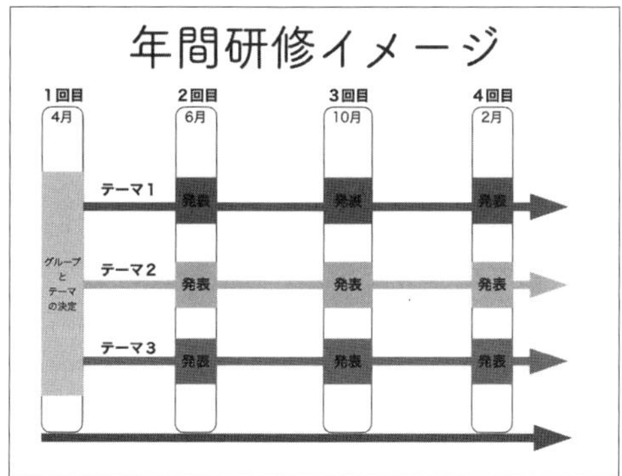

年間研修イメージ

本年度の感想

日を重ねていくと、友達関係が広がっていったので、取り組むことの楽しさや面白さも感じた（主体性・３歳・２年目）

１年間通して「伝え合う」までは難しかったのですが、自分の気持ちの相手に伝えようとする姿は1−3学期を通して多くなったように感じた（伝え合い・３歳・８年目）

園庭で色々な発見をしてほしいということをテーマとして１年遊んできた。クラスで育てた草花を観察したり、虫を見付けたり、砂が変わったことによる遊びの広がりがみられた（外遊び・４歳・６年目）

【みんな】

年少組では生活発表会を通して、みんなで踊る楽しさを感じていて、自分の踊りだけでなく、友達の踊りも覚えていた。２クラスずつの発表だったので、最初は○○組に負けないように上手に踊る・・・という思いだったのが、自分のクラスだけではなく、もう一つのクラスのことも気に掛け、"一緒に上手にできると嬉しい"という気持ちがだんだん芽生えてきていた。進級への期待も高まっているが、進級時のクラス替えで子どもが不安にならないように、他のクラスとも関わりを持ち、友達関係を広げられるようにしたい。

年中組では、何か話し合いをするときは、いつも同じ子がまとめ役になっている。ほとんどの子が自分の思いを伝えられるようになったので、相手の話を聞いたり、意見を聞いたりできるようにもなってほしい。遊びの中で、気持ちの伝え合いが上手にできているので、男の子と女の子の遊びが合わさって、大人数で遊んでいる姿が見られる。年長に進級した際も、年少・年中に対して話を聞きながら関わったり、遊んだりできるようになってほしい。

年長組では、運動会の際、目標達成ごほうび表を作って、クラスで達成感を味わえるように工夫した。１学期にさつき組で育てた「かぼちゃ」について、年中のだりあ組から質問があったので、グループに分かれてみんなで調べている。今までの行事を通して、仲間意識が強くなり、意見を出しやすい雰囲気になっている。話し合いの難しさを感じることもあると思うが、クラスのまとまりをさらに感じながら卒園してほしい。

【食育】

年少組では、全体的に食べる量が増え、野菜を残す子も減ってきている。給食の時間に使われている食材を４つの栄養素に分類分けをしているが、何の食材が使われているか、どの栄養素に分類されるかが分かるようになってきている。また、分類した後、その日のメニューのバランスがどうかについて友だちと一緒に考える姿も見られる。

年中組では、月ごとに旬の野菜についての話をしている。その野菜について知っている子もいれば、知らない子もいるが、形や色、どうやって食べるかなどを家に帰って家族と話したり、買い物に行ったときに実際に見たりしながら、いろんな野菜に興味を持つようになってきている。

年長組では、食べる量が全体的に増えている。粘土や砂遊びが好きな子が多く、友だちと一緒に食べ物を作って楽しむ様子が見られる。

どの学年も給食当番に意欲的に取り組む子が多い。年少児は、年長児がエプロンをつけて給食を運ぶ姿に憧れを持っていて、今から進級をとても楽しみにしている。

当日配布される資料の一部

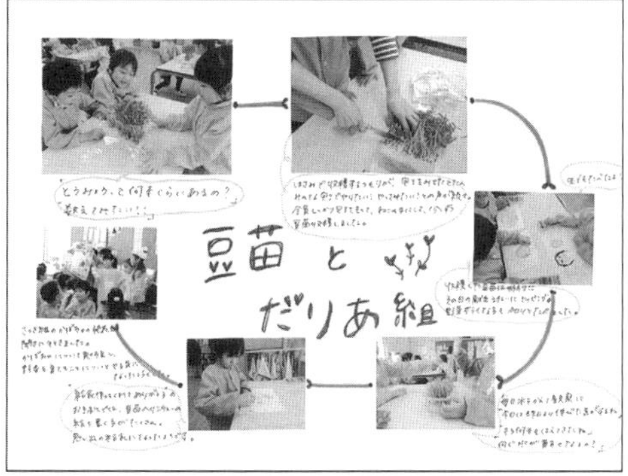

ストーリー型記録の例
みんなで共有し報告します。

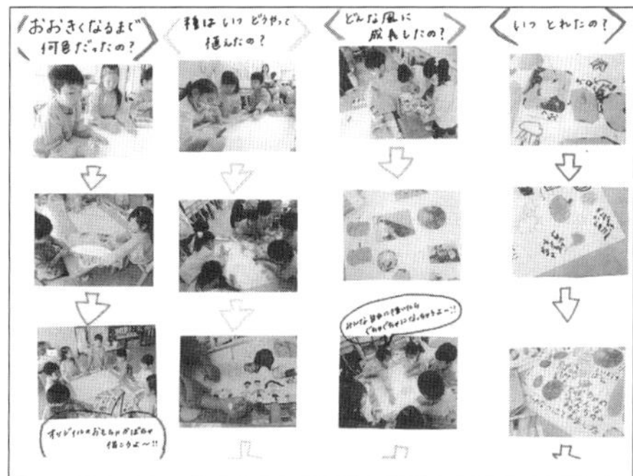

事例 7

子どもをみる視点の豊かさを分かち合う

品川区立小山台保育園（東京都品川区）

園のプロフィール

公立保育園　　園の規模●中
保育者の経験年齢構成●若手～ベテラン
園内研修の頻度●毎月
連続性●研修計画とテーマに沿って継続的に

目標 子どもの理解を共有する
環境と子どものかかわりについて理解する

＜ある日の研修の流れ＞

月に一度、全員が記録を提出。お互いに読み合い、話し合う。

研究保育当日　※講師参加
9：30　研究保育（園外保育　近くの公園）
11：00　研究保育終了 ※講師は引き続き参観
13：30　協議会
研究保育のクラス担任による実態の説明と自評
研究保育参加者からの感想・質問と対話
（記録の中の事例についての話も含む）
講師からの感想・質問と対話

着座図
スクリーン
机

- 研究保育では、観察対象児とその子を観察する保育者を決めておく（担任が、ほかの保育者に見てほしい子どもを決める）。講師は全体的に見る。

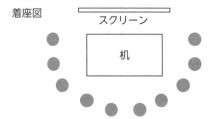

- 研究保育に参加できる人は各グループ（乳児低月齢・高月齢・幼児）につき１～２名なので、研究保育の写真を撮影しておき、協議会の際にはスクリーンに映した写真をみながら話をする。
- 研究保育に参加していなかった人も感想や質問を話す。

ツール

①普段の園内研修
文字＋写真記録（話し合い）
→
②研究保育
プロジェクター＋写真
①②を何度か実施
→
年間まとめ
研究発表会・報告書

楽しくなる、おもしろくなるポイント

- 文字記録を書く際に写真も一緒に入れることによって、その時の情景が思い出しやすくなるとともに、子どもの感情だけでなく保育者の感情も文字にしやすくなる。また、文字記録を共通のフォーマットにすることによって、保育者によって選ぶ場面の違いや、考察の仕方の違いが見えてくる。そのことがお互いの良さに気づくためのポイントになる。
- 文字記録に書かれた内容から、協議会で保育者一人ひとりの子どもへのまなざしの「良さ」について伝え合うことによって、お互いの子どもへの視点や保育の良さを認め合うことができる。
- 研究保育後の協議会では、研究保育で撮影した写真をプロジェクターでスクリーンに投影することによって、研究保育に参加できなかった保育者もその場面を想像することができたり、研究保育では気づかなかったことに気づくことができたりする。

講師の立場から

- 園の中に実践記録を長年書き続けている保育者がいて、若い保育者も刺激を受けて記録を書き始め、記録を書くことで子どもの姿がより浮かび上がってくる面白さが園全体に広まっていっていたように感じた。
- 公立園で職員の移動がありながらも、それぞれの保育者の視点を認め合う風土を保つことが園内研修（研究）の１つの目的となっていたように思う。
- 園の保育者全員が記録を書き共有することで、子どもと物や場とのかかわりの姿が、０歳児から５歳児までつながっていって、園で大切にしている子どもの育ちや保育者のかかわりが浮かび上がってきていた（例えば、「木の棒」については０歳児から５歳児までどの年齢の子どもも使っていて、遊びの中での使い方や持ち方などが年齢によって違う一方で、「木の棒」で遊ぶことへの保育者の思いに共通する部分が多くあった）。

記録の例と保育者のつぶやき

保育者の実践記録例

実 践 記 録

「５歳児のイメージを共有したあそびとは　」　（作成者 □ ）

子どもの実態

4月、遠足の利用許可証を子どもたちと一緒に『サービスセンター』に届けに行った際、サービスセンターのおじさんに『樹木マップ』というものをもらった。そこから、そのマップに載っている樹木探しが始まったが、様子を見ていると『樹木探し』に夢中というよりも『全部探したことを（サービスセンターの）おじさんに知らせに行きたい』という楽しみの方が勝っていたように感じる。その出来事をきっかけに、たびたびサービスセンターへ足を運ぶ機会が増えてきた。5月に入ると、子どもたちの大好きな　○○　広場では『さくらの実』が拾えるようになり、昨年同様に自然物を取り入れて遊ぶが多く見られるようになる。

実践記録

子どもの姿	保育者の気付き、援助
事例 1 4月26日(火) 【神様がいるところ】(□) 芝生広場で遊んでいる時、クスノキの木の下で□に声をかけられる。 □「先生、これ（木の枝）ひもで結んで！」 見てみると、10 本以上の枝がきれいに集められていた。 保「いいけど・・結んでどうするの」 □「□に運びたいから」 この日は、△ 広場の後に　○○　広場へ行く予定を子どもたちに事前に伝えており、それを□は覚えていての発言だった。紐は近くに落ちていたとのこと。 近くにいた □は、その□の姿を見て「薪を作ってるの？薪？」「※バーベキュー場に持っていく？」と□に尋ねていたが□は「ん～」と言葉を濁していた。 そこから□の言葉を受け保育者が紐結びを手伝い、その流れで遊び場を『　○○　広場』へ移動していった。 □までの移動中も、□は紐で縛られた木の束を持つ□介にくっついて歩いていた。 昨日、彼らが遊んでいた『バーベキュー場』の付近を通った時、□が「□ちゃんここでやる？」と言葉をかけたが、□はそれには応じず、黙って奥の方まで歩いていく。□もそのまま□に黙ってついていく。	・先に『紐』を見つけたのか、木を運びたいから運べる道具を探したのかは見逃し、実際はわからない。しかし、２つの物が揃ったとき、□の中で何かしら『創造力』が生まれたのだろう。 ・□は、昨日の遊び（下記参照）を思い出し、□の姿を見てそれを結びつけたのだろう。実際私もそう思っていた。 【↑4月25日 □・□□を含めた複数名の男児が作った『バーベキュー場』】 ・□は□している面白そうな遊び・姿に早速食いついていた。しかし、□は他児に知らせたり、遊びに誘ったりはしなかった。「ん～」と言葉を濁したのは、一人でじっくり遊びたかったから？まだ具体的なイメージがもてていなかったから？どちらだろう。

それぞれの実践記録を読み合う中で、その場面での保育者のかかわりについてお互いの保育で素敵だと思ったことを伝えあっていた。経験年数に関係なく、お互いの記録から学び合い、一緒に子どもの姿を共有していっており、子どもの話をする保育者はとても楽しそうだった。

実践記録に書かれた保育者の気づきが、つぶやきのようにその時の感情や疑問などを含んで書かれていることで、ほかの保育者も共感したり質問したりしているようであった。

どうしたら先生のように子どもたちがさまざまな自然物と出会って楽しめるような保育ができますか？

どうしてそんな風に子どもの世界をそっと見守ろうと思えたの？

うちのクラスの子どもたちは同じ場所をこんなふうに使ってるけど、年齢で遊び方が違うんだね。

いつも自分のかかわりがどうだったかを振り返って反省を書いているのが○○先生らしいよね。

事例 8

動いてみましょう

学校法人宝和学園認定こども園
白鳩幼稚園・白鳩保育園（佐賀県佐賀市）

園のプロフィール

私立幼稚園　　園の規模●中
保育者の経験年齢構成●若手～ベテラン
園内研修の頻度●年に２～３回
連続性●研修計画とテーマに沿って継続的に

目標　その場の保育環境を保育者全員で振り返り、各保育者の実践意識を高めていく

＜園内研修実施の背景＞

特定の保育者が引っ張っていく保育から、全体で学び合いながら各保育者が自立していく保育への転換を図り、園内研修を充実させたいという園長の依頼による。

＜ある日の園内研修＞

依頼を受けて５年目の研修で、５歳児担任より「保育室の整理ができない」ことが保育者間で共有され、それを全員の研修課題として取り組みたいと提案された。保育室およびその周辺環境を中心に、午前10時から午後２時半までの間（お昼休憩は除く）、どの観点で環境が整理されているのかを念頭において、外部講師がすべてのクラスを参観する。指導案は各保育者より事前に提出されている。 参観後、午後３時よりクラス担任と園長を交えての協議会。園長は協議会での発言は控えめだが、保育者の自発的行為や発言を指示されていた。

＜園内研修の風景＞

● 園長
● 保育者
● 講師

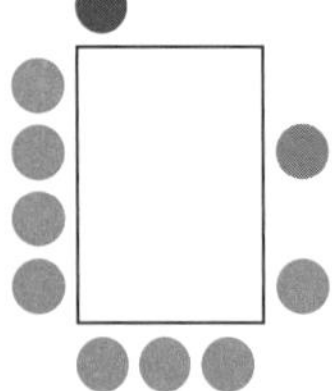

研修の様子

「動いてみましょう！」

・各保育室へ指導案をもって移動。
・保育室にて環境を見ながら協議。

＜協議の流れ＞

▶会議室で各自の指導案に基づく今日の保育のポイントを各保育者が１つだけ共有。
▶その１つのポイントについての実践保育者の所感と自己評価（願った姿、ねらった方向等）。
▶各々の指導案をもって、全員でそのポイントの保育場所に向かう（全クラス対象）。
▶例：保育室の整理整頓をどうすればよいのか？ → 保育室の中で保育者はどうしたかったのか。そこで何が起こったのか等、実践感を共有。立ったままその場で協議。さまざまな案を出し合う。その場で環境構成を全員で行う。中には園長の許可がいるものもあったが、その場でお伺いをして了承（運動会で使用した紅白だるまを倉庫に収納し、そこに新しい絵画ラックを購入設置）。園長了承のポイントは、子どもたちに向けた環境構成の視点がその先生から語られたため（「先生方から出された視点でとても良いことだと思った」）。

環境の再構成後の保育室前廊下

▶会議室に戻り「動く研修」について振り返り。

ツール

事前
指導案

研修中
プロジェクター・写真

研修後
指導案の修正

次回研修の課題
実践前後の写真

楽しくなる、おもしろくなるポイント

- 実践を理解する方法には決まりがないことがわかると面白くなる。話し合うことや記録を持ち合うことも重要だが、実践が展開されたその場に立って環境を捉えなおしてみると子どもたちの遊びの履歴が見えてくる。その日の振り返りを子どもたちの軌跡に則り、実際に動きながら行うと具体的な指導上の留意点に関するイメージがわきやすく、わくわくしてくる。
- その場を分析する。その場を感じる。その場を見る。明日からのその場で何が起こるか想像する。それをねらいながら環境を再構成する。時には教職員全員で動いてその場を再構成してみる。
- 実践は計画通りに上手くいかなくて当然であることを知る。上手くいったと思った時の感覚を隣のクラスの先生を巻き込んで（もしくは、ほかの誰かと）、一緒に動きながら身体で学ぶ。

講師の立場から

- 「なぜ、園内研修をするのか」「園内研修から何が得られるのか」への意識が芽生え、そのことが意識される度に先生方の表情が和むのが印象的であった。
- 実際に保育が展開された環境下に赴き、その場で環境を動かしてみることで、各保育者の持つ具体的な子ども像や実践感等が共有され、言葉で話し合う研修とは違う知識を共有できたようである。
- 後日、「毎日30分、伝達会という名の研修会を行うようにした」「できるだけ保育後に子どもたちの今日の様子を保育者同士で話すようにしたことで、子どもたちの話をする機会が自然と増え、その子らしさなど小さな気づきが増えた」と変化が生まれたことを報告されたことが望外の喜びであった。

指導案と園内研修感想

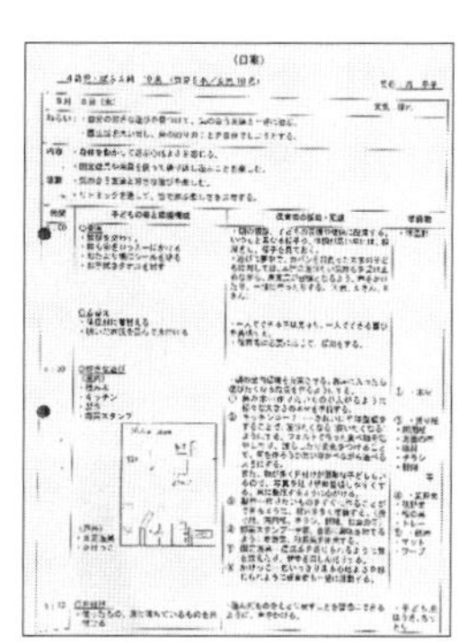

（年中クラス担任／当時５年目）当時、物が多かった保育環境。それを改善するため、実際に、保育室や子どもが生活するスペースに行き、必要性を考えたり、スペースが広くなることで広がる可能性を意見交換したりすることで、明日への保育に直結することができた。また、実際にその場で動く研修をすることで、イメージがわきやすく、経験年数が浅い保育者でも抵抗なく参加できたように感じた。外部講師の“子どもが触るもの、目に映るもの、感じるものすべてが環境である。”の視点は今までの認識とは異なり、それ以降、環境構成や整理整頓をする上での基本の重点となった。

（年少クラス副担任／当時１年目）室内環境で子どもの作品を飾るとき、その時の子ども達の人間関係に合わせたり、こうなってほしいなという保育者の願いを込めたりして配置しているクラスもあった。研修を行うことでクラスによっての工夫が見えて学ぶことができ、知り得ることができた。人間関係は直接関わって言葉を交わすことに限らずさまざまな視点、感覚、配置から見えてくることもある。自分のつくった作品や掲示物を見たときに、誰の隣にあるのかも注目してみていることを頭に今後配置をしていきたい。

（年少クラス担任／当時３年目）２階の廊下に複数の絵本の棚があった時は、通り道が狭くて見通しも悪く、その場が暗い印象を受け、ゆっくり絵本を選んだり読んだりしやすい場ではなかった。思い切って撤去したことで、廊下がすっきりし、子どもたちも保育者も過ごしやすく、遊びやすい環境をつくることが出来た。後日、その場に、空き箱や牛乳パックなどの廃材を収納するリサイクルコーナーをつくった。子どもたちが自由に廃材を使って製作を楽しんだり、家庭で集めた廃材を持ってきて種類分けして入れたりするなど活用している。

＜現在の園内研修＞

現在、幼稚園担任間で保育後週に２回の頻度で、伝達会を行っている。気になる子どもの話や保育者のかかわりで悩んでいることなど、全担任が発言できる機会となっている。子どもの話では、前年度の担任からの意見や送迎時の様子などを共有することで、多面的に子どもの姿や実態を知ることができるメリットがある。また、その他に、園の育てたい子ども像である“丈夫で素直で仲良しで 元気に遊ぶ良い子供　考える子頑張る子　伸びよ 大きくしらはとっこ”を、実際の子どもの具体的な姿に書き出し（付箋に書いて貼り、近い内容はまとめていく。）、その姿が５領域と10の姿のどの項目に当たるのか考え、保育の方向性を共通理解しようと取り組んでいる。

事例 9

子どもに「とことん」寄り添い共有する

板橋区立志村橋保育園（東京都板橋区）

園のプロフィール

公立保育園　　園の規模●中
保育者の経験年齢構成●若手とベテラン
園内研修の頻度●年に３回（他にクラスや学年グループでの話し合いの場を設けている）。
連続性●研修計画とテーマに沿って継続的に

目標　自然と子どもの関わりをみつめそれに寄り添い、遊びが継続できる環境構成を子どもの姿から立ち上げ考える。
子どもの「何だろう、不思議だな」「やってみたい」という思いに寄り添い、夢中になって遊ぶ意欲を大切にする。

＜ある日の園内研修＞

【園内研修　着席図】

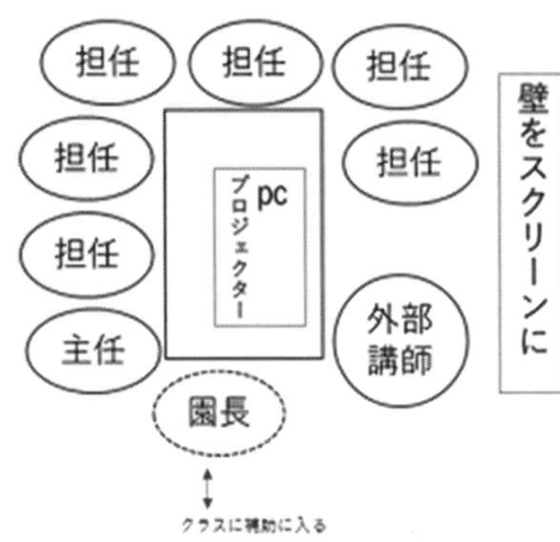

【園内研修スケジュール】
例①
保育見学、園長・主任との打ち合わせ等
13：00〜15：00
＊0・1歳クラス、2・3歳クラス、4，5歳クラスに分かれて担任からの報告
＊講師からのコメント（保育の写真使用）
＊研究グループチームとの打ち合わせ

例②
保育見学、園長・主任との打ち合わせ等
13：00〜15：00
講師からの保育へのコメント
保育の写真を元に、話し合い

＜工夫＞

- 全員での参加は難しいため、０・１歳、２・３歳、４・５歳クラスの年齢グループに分かれ、検討内容によって参加者や時間を調整する。研究の推進にあたって、主任を中心とした研究プロジェクトチームが行う。
- 子どもの環境とのかかわりを共有するため、カメラを用意し、写真をとり記録を作成する。

ツール

＜研修の前に＞
各クラスのニーズ・課題の把握、園の強みの共有
➡
＜研修中＞
保育・環境の写真の共有、振り返りシート（「創造性を育むためのチェックシート（日本教材文化研究財団発行）」）を用いた振り返り
➡
＜研修後＞
・掲示型記録の作成
・保護者のコメントを貼る参加型掲示の作成
➡
区の継続研究報告会での発表・展示

楽しくなる、おもしろくなるポイント

- 一人ひとりの保育に対する思いを共有する。そのための掲示型の記録を作成し、見合う。
- 今、現状でできること・保育士の興味関心から研究テーマを決め、一歩一歩取り組む。
- 地域資源の活用（自然豊かな土手での斜面すべりや散歩）を活用する。
- 主任を中心とした研究プロジェクトチームでテーマを決定し、進める。

講師の立場から

- 主任が中心となり、各自の課題意識とすり合わせながらテーマを決定していた。職員配置や時間を調整し、乳児、幼児担当保育士などのグループで研修に参加するようにしていた。
- 職員の入れ替わりにより新しいメンバーとなったが、園長がリーダーシップを発揮し、園の立地環境や地域資源の活用に目を向け、コミュニケーションをとることで職員をつなぐ配慮、子ども・保護者ともつながる配慮をしていた。
- 前年度は子どもの「ワクワク」を意識したが、今年度はさらに「とことん」を探究することになった。「とことん」を通して夢中になって遊ぶということを保育実践の中でどのように実現できるかが考えられ、継続研究のテーマとして盛り込まれ、また実践を意識化し振り返るためのキーワードとなった。
- それぞれの年齢により、またそれぞれの保育士にとって「とことん」の対象、素材や援助は異なっている。話し合いにおいても、捉えや実践にあたって、異なる観点がみられたのではないかと思うが、困難な時には、どうすれば子どものやってみたいを実現できるか、保育士たちがその都度考え工夫し、実践の具体化が見られた。
- ごっこ遊びや道具の貸し借りなど、異年齢間の交流が見られた保護者が素材を家から持ってきてくれるなどの協力があった。掲示の共有により、クラス内にとどまらない交流を意識する効果があったと考えられる。

掲示型記録の例

記録をつなげて、ほかの保育士や保護者と共有

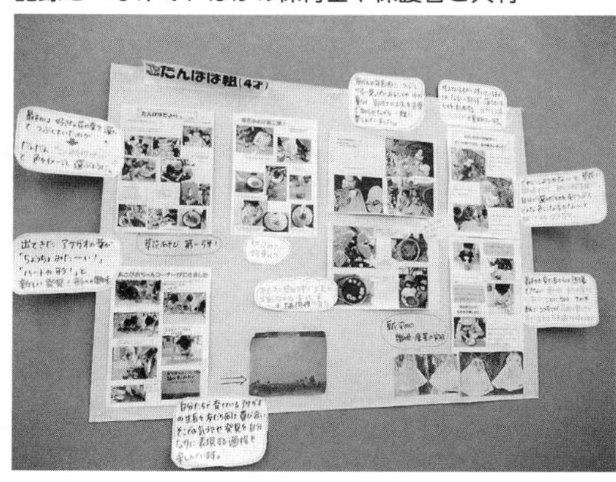

保護者も参加できるような掲示の工夫

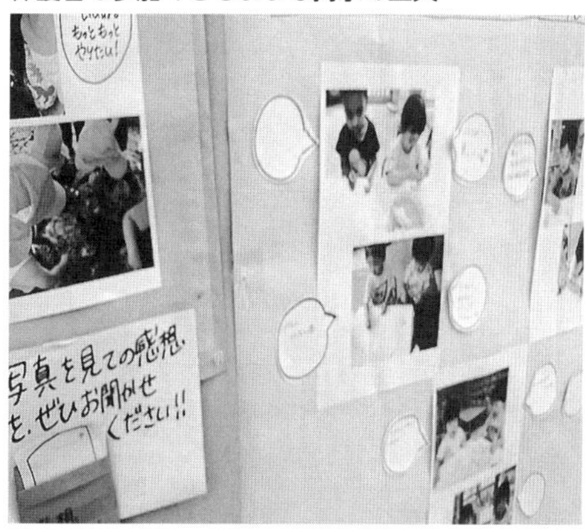

自分事として語り行動する ネットワークの場としての研修

静岡市立川原こども園（静岡県静岡市）

園のプロフィール

6年前からこども園に　園の規模●140名
保育者の経験年齢構成●若手〜中堅
園内研修の頻度●指定研修で1年目年3回、2年目年2回の公開研修と毎月の園内研修
連続性●2018－2019年2年間の指定園研修

目標　表現する楽しさが味わえる環境の工夫〜自己発揮する子どもを捉え、支える〜

＜ある日の園内研修（典型例）＞

ミニ園内研修（17：00〜17：15）園長の発案で「帰りの会」の時間をつくり、職員室ではなく保育室で車座になっての研修。シフトに入らない人が全員参加。1番目の人は何もしなくてよい。2番目に来た人が司会。当初はくじ引きも使用。自分の思いを自由に出せるような雰囲気を形成。月、火、水：クラスの遊びや悩みなどの伝え合い、木：園庭環境の話し合い（次週に向けて）、金：環境整備といった形で日々を研修の場としていく。

（着座図）

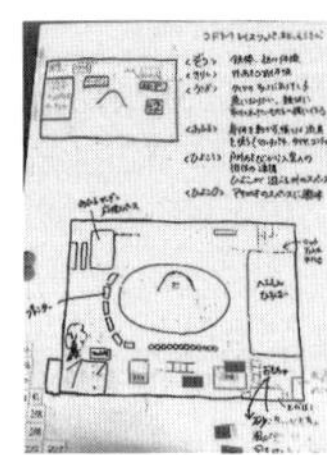

公開保育では、午前中の参観した保育をもとにして年齢別で語り合いをし、さらにその論点を深め合う研修を実施。その公開保育が市の初任者研修を兼ねており、実際の午前中の保育をみて昼にエピソードを整理して語り合う。市の指導主事等も参加して議論を協議し指導主事が寄り添う形で議論を焦点化。

園のビジョンとつなげ、『自分で考え自分の思いを表現する』姿の図づくりを通して、10の姿を参考にしながらも具体的な育ちに応じた姿をエピソードをもとにしてつくりながら考えていった。

＜0〜6歳までの保育者が参加して、図づくりを媒介にした話し合い＞

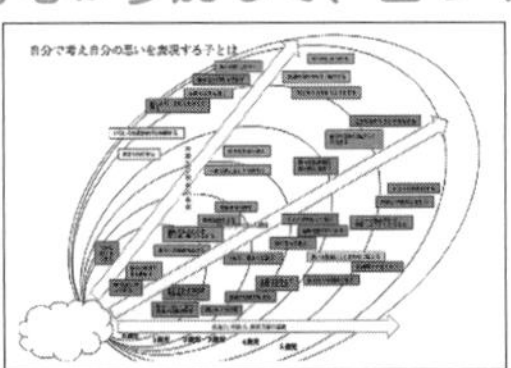

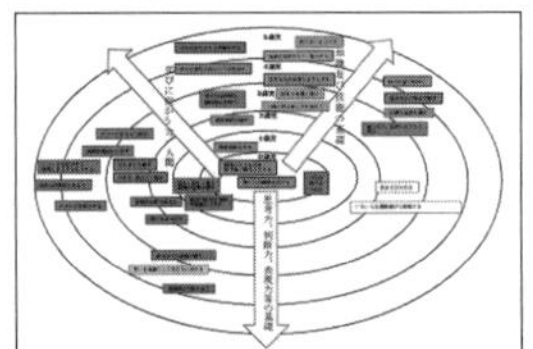

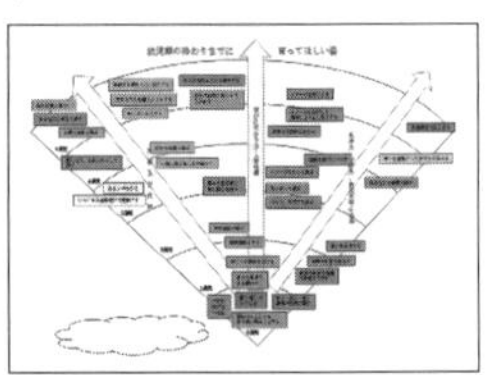

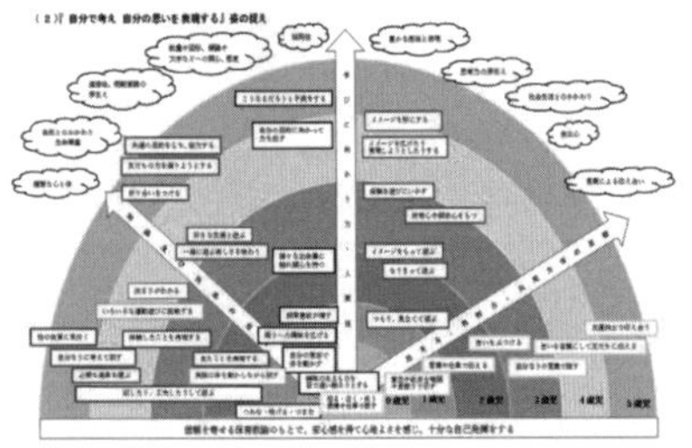

ツール

事前　環境構成図 → 研修中　写真や付箋でのエピソード共有 → 研修後　日誌などの記録の書式を工夫  年間まとめ　1年ごとに成果を外部にむけて公開報告

楽しくなる、おもしろくなるポイント

- 時間の工夫で、自由に話せるミニ園内研修をいれたことで研修の雰囲気が変わり各自の主体性や関与が高まった。
- 子どもの姿図づくりなど手を動かしての作業を通しての語り合いで、考えながら動き、見える化することによって、研究へのポジティブな姿勢が生まれてきた。
- 場の工夫として、職員室ではなく互いの保育室を見あったりなど研修の空間そのものに工夫があることで新鮮さが生まれた。
- 「環境」が研究テーマであることで、環境の変化に連動して子どもの動きにも変化が生まれ、それを写真や日誌等で記録していくことで、変化が如実に実感でき、その可視化からいろいろなアイデアが触発されることで、意欲が高まるサイクルが生まれている。

講師の立場から

- 園長先生が、園内での語り合いをするための工夫や環境づくりを行っており、「私は職員室の担任」というスタンスで、職員からのいろいろなアイデアを否定せず生かしていく方向を取ることで、いろいろな経験の人が役割を担う場が生まれてきている。市の指定となることで学びの機会が生まれている。
- 公開研修への必然性もあり、中堅の人たちの見方を共有し学びを広げたり、公開研修に来る人に意図や思いを説明することで、若手も活躍でき学びを深める機会となっている。保育の公開が多様な見方をとりいれるプロセスになっている。市の指定は２年間で終わりではなく、その園がその後の実践を語る場も設けて継続性を支えている。

以前と現在の園庭

２年前

現在

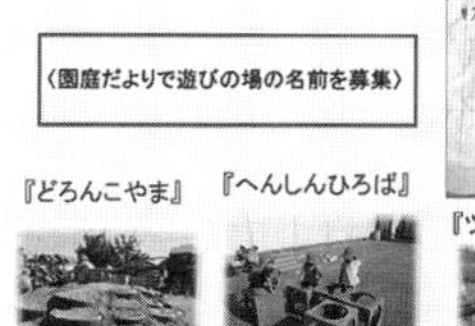

可動式用具の充実

　乳児の空間等も探索活動が十分にできるようにという見直しが生まれている。
　また自分で組み合わせられる、可動式のものを組み入れていくことで力動的な遊びが生まれるようになっている。環境構成は構成だけではなく、そこで自己発揮できているかという子どもの姿を継続的にとらえる視点へとつながっている。
　さらにその場等に名前をつけることで、保護者等もまきこみながら、愛着を生むような環境構成がなされている。

事例11

みんなで
子どもの姿を見て語る

品川区立大井保育園（東京都品川区）

園のプロフィール

公立保育園　　園の規模●中
保育者の経験年齢構成●若手～ベテラン
園内研修の頻度●毎月
連続性●研修計画とテーマに沿って継続的に

目標　子どもの理解を共有する　環境と子どものかかわりについて理解する

＜園内研修（園内研究）＞

月に一度、全員が事例をもとに話し合う（グループでの会議）

ある日の園内研修（公開保育）

研究保育当日　※講師参加
9：30　研究保育
　クラスで保育を見る順番を決めて交代で保育を見る

11：00　研究保育終了
　※講師は引き続き参観

13：00　園内研究の進め方の相談
　グループリーダーと講師
　（非公式）

14：00　協議会
・研究保育のクラス担任による実態の説明と自評
・研究保育参加者からの感想・質問と対話
・講師からの感想・質問
・研究保育のクラス担任の回答
・園長からまとめ

▶研究保育には、できるだけ多くの保育者が参加できるよう、約30分ごとに観察を行う保育者が交代する。
▶観察した子どもの様子から気づいたことについて、各自付箋に記入をする。
▶研究保育中の子どもの様子は写真を副園長と講師が撮影し、研究保育と協議会の間に指導計画を模造紙に貼る。
▶観察をした保育者は、協議会が始まる前に、記入した付箋を模造紙に貼る。

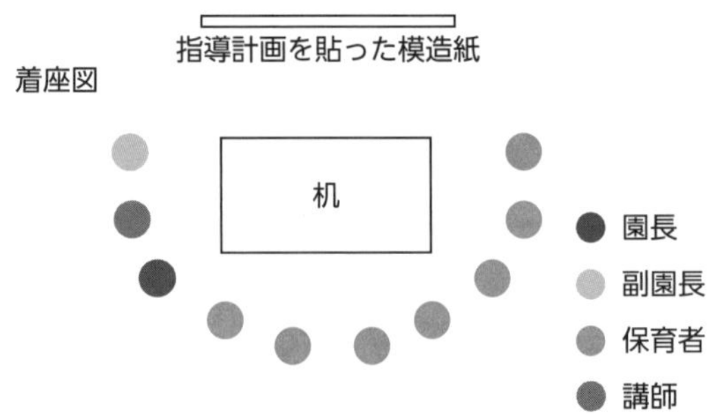

▶観察を行った時間帯ごとに、保育者が子どもの様子と気づいたことや感想を話す。
▶子どもの話を中心に話す。

ツール

①普段の園内研修
事例（話し合い）

②研究保育
指導計画＋写真＋付箋

①②を
数回実施

→

年間まとめ
研究発表会・報告書

楽しくなる、おもしろくなるポイント

▶ 短い時間でもできるだけ全員が研究保育に参加し、協議会で観察した時間帯ごとに話をすることで、観察した時間帯の前後の時間帯で、その場所やその子に何が起きていたのかについての話がつながっていく。そのため、「何故あの遊びをしていたのだろう」と疑問に思っていたことが、前の時間帯に観察した保育者の話によって、子どもが遊びを始めた背景がわかったり、「このあとどうなるのだろう」と思いつつ観察を終えたことが、後の時間帯に観察していた人の話から、その後の展開がわかったりし、保育の流れや気づきがつながっていく。

▶ 指導計画を模造紙に印刷し、そこに研究保育中の写真と保育者が気づいたことを書いた付箋を貼ることによって、協議会後に見て再度振り返ったり、ほかの保育者が協議会で語っていなかったこと以外のことを読んで学んだりすることができる。

講師の立場から

▶ できるだけ全員が短い時間でも研究保育を見ることで、子どもの姿について共通のイメージを描きながら話をすることができるとともに、そんなことがあったんだ！　という前後の様子への驚きや納得といった感情が生まれ、保育者同士の共感的な関係につながっていると感じた。

▶ 研究保育を行ったクラスの担任の振り返りの後、研究保育を見た時間の順番に話をしていくことで、経験年数等を気にすることなく、研究保育の時間での子どもの姿を語ることができていたように思う。

▶ 子どもの姿を中心にして語る園内研修の文化が根付いていて、子どもにとってこの環境や保育者のかかわりはどのような意味を持っているのかということが主な語りの中心となっている。研究保育以外の園内研修（研究）の事例検討をする際にも、子どもたちが興味関心を持っていることや感じていたであろうことなど経験に焦点を当てた話し合いが行われていた。

研修の成果

・場所ごとに、遊びの経過と子どもの動きや表情が見える。
・前日までの姿とのつながりを捉えやすい。

指導計画を模造紙に印刷し、研究保育で撮影した写真を紙に印刷して切り取り、指導計画の周りに貼る。

協議会の前に、研究保育を見て書いた子どもの姿についての気づきの付箋を写真の近くに貼る。

模造紙は研究保育後事務室に貼り、保育者が後から見ることができるようにしている。

場所や遊びごとに付箋（気づき）がまとまっているので、ほかの保育者がどのように感じたのかを比べて学ぶことができる。

事例12

ミドルリーダーが育つ・育てる風土をつくる

学校法人鈴蘭台学園
認定こども園いぶき幼稚園（兵庫県神戸市）

園のプロフィール

私立幼稚園　園の規模●大
保育者の経験年齢構成●若手と中堅（10年程度）
園内研修の頻度●講師招聘・年５回
連続性●2018年３月から2020年現在継続中

（１）園内研修で育てたい子どもの姿を共有し、主体的で対話的な保育を進める
（２）ミドルリーダーを育て、自律した組織づくりをする

＜ある日の園内研修（典型例）＞

（着座図）

3、4、5歳、預かり・未満児のグループ

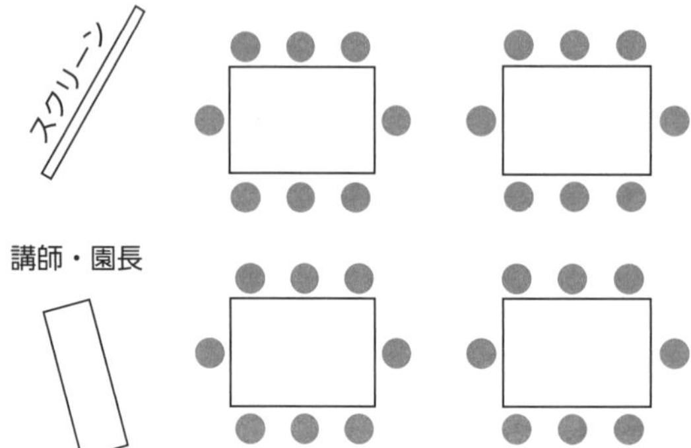

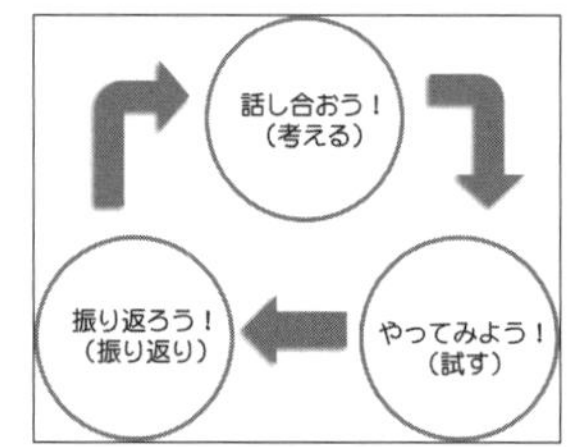

先生たちが考えた主体的・対話的な活動を支えるサイクル

先生たちが話し合う姿と、子どもたちが話し合う姿が鏡になっている。

午前中：講師による保育参観
15：30～17：30：園内研修

- それぞれの学年チームで、付箋を使って子どもの良いところを出し合う。
- KJ法でまとめ、グループ化してタイトルをつけ、構造化する。
- 目指す子どもの姿や手立てを、付箋を使って出し合い、同じようにKJ法でまとめる。
- 各グループから発表を行い、明日からの保育に向けて振り返る。
- 普段の保育を子ども発信の活動にするよう、日々の活動を考えている。また、固定化した行事を、「保護者と子どもの成長を喜び合う場」として捉え直し、子どもが自分たちで考えて創る行事にした。
- 運動会は年長５クラスから代表が集い、定例会をもって合議の上、運営が行われている。
- コロナ対策も子どもが考え、自分たちで消毒液を設置したり、男子トイレに壁をつくったりするなど、主体的な活動をしている。

楽しくなる、おもしろくなるポイント

- 園長がしっかりとした保育理念をもってリードしている一方で、副園長が職員間の関係をとりもっている。
- 経験年数10年程度のミドルリーダーが各学年に配置され、新任をはじめ、それぞれの担任のサポートに携わり、日々の振り返りや研修時のファシリテーター的役割を担っている。
- 子どもの「やりたい」を実現する、という理念や、「考える→試す→振り返る」のサイクルを共有しつつ、子どもの興味関心と担任の得意なことを掛け合わせ、各クラスで違ったテーマで探究的な活動をしている。
- 行事を大幅に見直し、音楽会を廃止して「フェスタ」という名の文化祭に変えた。そこから、各クラスでそれぞれ好きなテーマを決め、自分たちで保護者を招待して楽しんでもらう会にした。また、運動会も５歳児が中心となって子どもたちで運営するようにした。その方向性を全体研修で決めると同時に、保護者にもその内容をお便りで伝えるようにしている。

講師の立場から

- リーダーとしての園長の理念がはっきりしていたこと、ミドルリーダーを育てようとしていたことが全体としての研修をうまく進められた主因であると考えられる。「最近、もう僕がいなくても進んでいくんですよね」という言葉にそれが表れている。
- 講師として入るまでは、園長が苦心して主体的な保育に転換しようと孤軍奮闘していた。具体的な方法がわからないこともあり、外部講師としては、方向性を示すことと、具体的な方法を伝えることが役割であった。それまで悩みながら進めていたところに、「こういうやり方もありますよ」というのが、幅を広げることにつながった。これまで積み重ねられた努力があったので、アドバイスをしてもすぐに実現し、それ以上の成果があがってきている。先生方一人ひとりが「まずは子どもの‘やりたい’を実現させたい」と考えていること、講師としてはその具体的な方法を提案するだけで、全体が自律して保育を考えられるようになったのが喜びである。

付箋を使って話し合った結果を園内研修で発表

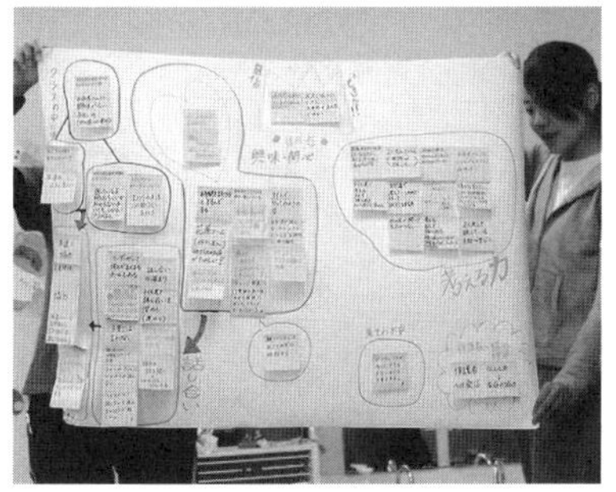

ドキュメンテーションをもとに保護者へお便り

にじぐみのきらきらでぃずにーらんどができるまでの道のり★

先月のお便りでもお伝えしましたが、にじ組の子ども達はラーメン屋さんを開き、試行錯誤しながらも自分達でお店を開くことの楽しさや、お客さんが来てくれる嬉しさを味わってきました。そんな子ども達から「いぶきわくわくフェスタって何するの？」「プーさんのハニーハントやってみたい！」という声が上がり、他の子ども達にも話をしてみると「え！やってみたい！！」「でも、他のお店もしてみたいな～」と様々な反応が返ってきました。そこで、どんなお店を開きたいかや何店舗お店を開くのかなど、少人数での話し合いを繰り返し行いました。皆の前で発表し合ったり、伝え合ったりしました。話し合っていくうちに「にじ組をディズニーランドにしたらいいやん！」という素敵な意見が出てきたことから、さらに話し合いがグッと深まり、**「プーさんのハニーハント」「スイーツ屋さん」「お土産屋さん」**の３店舗を開くことになりました。そして、名前も**「にじぐみのきらきらでぃずにーらんど」**に決まりました！

お店が決まってからは、担当するチームごとに集まって「何を作るのか」「材料は何にするのか」などに意見を出し合い、話し合いながら進めています。話し合いをしていく中で、思うように話し合いが進まず、困ることや意見がぶつかることもあります。ですが、その分以前よりも自分の思いを伝えたり、友達の意見を受け入れて認め合ったりする姿も増えてきています。

５歳児保育の成果をまとめ、資料を作成して小学校へ伝達

◎特別活動

・話し合いの工夫

視覚的な援助
- ホワイトボード
- iPad、PC等のメディアの使用
- マグネット

少人数(2～3人)→グループ(5～8人)→大人数30人
子どもが司会、板書

・代表チーム（クラスリーダー）の話し合い

➡説明することで、学びの内容の定着を図る

◎生活（生活科）

・家庭と連携した調べ学習・実験
　スライムづくり、泡作り、釣り（浮き沈み）
・植栽の観察ノート作り
・カエルの飼育
・植栽の収穫、調理
・お店屋さんごっこでの店舗見学

<話し合いの姿>

保育者２年目：「自分の考えてることを１回整理できるし、ほかの先生方の考えてることも、普段お話を聞いているんですけど、具体的な部分を聞けるいい機会になっています。」

保育者５年目：「取り組み方もクラスの興味も全然違うので、ほかのクラスのことがわかって面白いです。」

→経験年数にかかわらず、共感したりお互いに認め合ったりする雰囲気ができている。

うちのクラスでも こんな工夫ができそう

社会福祉法人湘北福祉会あゆのこ保育園（神奈川県厚木市）

園のプロフィール

私立保育園　　園の規模●園児　約120名
一時預かり、病後児保育、地域子育て支援事業
保育者の経験年齢構成●若手～ベテラン
園内研修の頻度●研修講師訪問年３回（短大保育学科教員との連携研修等は別途実施）
連続性●研修テーマをもって10年以上継続的に実施

目標　育ちをつなげる環境、保護者とつなげる、保育所保育指針とつなげる（保育の質の向上）

＜ある日の園内研修（講師として参加）＞

【園内研修スケジュール】
17：40-18：00　事前打ち合わせと環境参観
18：00-18：05　最初の説明（司会は副園長）
18：05-18：45　事例報告
18：45-19：05　グループ討論
19：05-19：15　各グループからの報告発表
19：20-20：00　講師からのコメントと関連した話

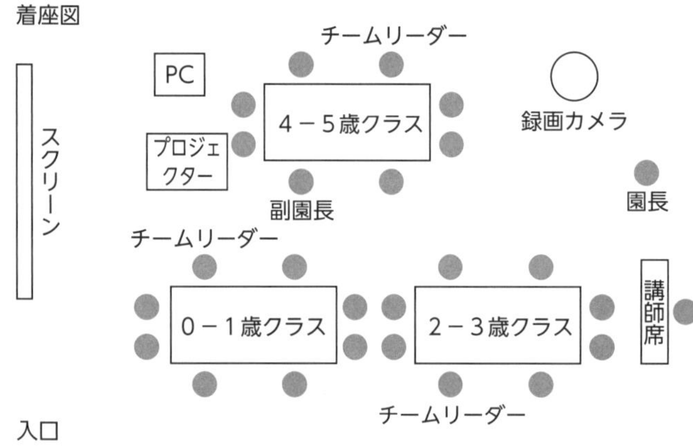

クラス担任以外に、園長、副園長、地域子育て支援室や一時預かり担当保育士等がいずれかのテーブルに参加。全員が、毎回「保育所保育指針」を持参。

子育て支援室で年齢別に３テーブルで資料を共有しながら事例報告の後話し合う。司会進行、ノートテークなどを分担し合うことでいろいろな年代層が役割をもって参加している。講師や園長は後ろに座り、発表者が前に出て報告する。

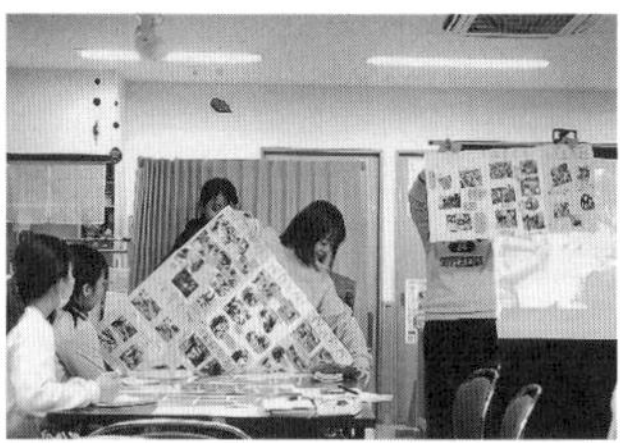
事例報告

グループ討論

ツール

学年はじめの回のみ　勤務1、2年の人からの「いいね写真」の提示とそれに基づく話し合い

→

・日頃からのドキュメンテーション
・課題：０－６歳の各クラスがテーマにつながる写真

→

・各クラスの事例の写真、壁面掲示等、実物
・プロジェクター・スクリーン
・保育所保育指針
・講師による他園の事例等の紹介

→

事後研修振り返りシート

楽しくなる、おもしろくなるポイント

▶ミドルリーダーの、研修でのリーダーシップ：副園長が司会、グループ話し合いはミドルが各グループで進行し若手の話を聞くことで自分事の参加意識が高まると同時に相互に質問がしやすいので理解が深まる。
▶焦点の当て方：「育ちをつなげる環境」をテーマにしつつ毎年、副題を決めて取り組んでいるため研究が積み重なるので達成感が高まる。
▶発表内容が写真に基づく他クラスのエピソード（ドキュメンテーションがそのまま使用されることが多い）なので、自分のクラスだったらどのようにできるかを学び深め討議の中で考えることにつなげられる。そのため個人を超えた学びの共有や伝播による広がりが生じるのでつながり感が生まれる。前回の研修からどのようにつながっているかを語り、振り返る機会があるので一人ひとりの中に学びのつながり感が生まれる。
▶研修会後に一人ひとりが振り返り報告を出す。（手書き：目的と明日からの保育に具体的にどのようにいかすか、自己チェックをして翌週に出す）シフトの関係で参加できなかった人は録画をみて振り返りを記入して提出する。広がりとしての園としての一体感と研修以外の時間にも研修とつながる学びの深まりが生まれる。
▶講師等の継続性：年に３回。初回は新任の「いいね写真」を使用。10年間の中で雰囲気が醸成されている。発表に合わせて即興的に関連する他園の事例などを紹介することでの新たな出会いのワクワクも可能。

講師の立場から

▶研修園が遠くまた時間も限られている中なので、講師が保育を参観する時間も限られているため、SICSやPEMQなど環境の工夫を写真等で発表することから始めた研修である。環境から生まれた出来事が長く持続的に語られつながることで、工夫や育ちのつながりがよく見えたり、動画もそこに含まれたり、地域や家庭とのつながりなどへとつながっている。何と何がつながっていったのかという「園内の多職種間や保護者・地域とのつながり」および「その子らしさ」を考えるの２点がキーワードとなって事例も出されている。手作り教材の工夫などが、他クラスの若手保育士にも参考になっている。

研修報告書のシートに記入される項目
各自手書き

1．研修日時
2．研修の名称、育ちをつなげる環境
3．講師など
4．研修の目的・概要（各自で書くので書いている内容は若干異なる）
5．園の方針との関連で明日からの保育に使えると感じた内容はどのようなものですか？また具体的にどのように生かす予定ですか？（できるだけ具体的に）
6．自己チェック（上記の内容が実践できたかどうか、どのような形でチェックしますか。）
7．添付資料　　　　このシートに園長や副園長が目を通してコメントをされたりしている

自己チェックの記載例

Ｘ保育士：日々の保育の中で園児全員の姿が思い出せるか、伸ばしていきたいエピソードを１つでも多く覚えているかを振り返っていく。
Ｙ保育士：子どものトラブルに丁寧に向きあっているか、子どもの心に寄り添い、子どものやりたいことができる環境がつくれているか、子ども自身が自分で考えようとする環境をつくれているか。
Ｚ保育士：個別計画に写真やエピソードを記入することで、振り返った時に成長が感じられるようにしたい。

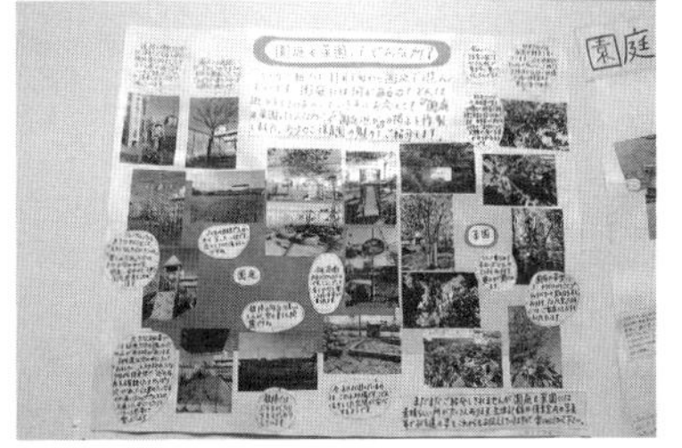

上記は「保護者、家庭とつながる」ということで、廊下に掲示されていたドキュメンテーションをもとにした研修の発表時の資料

事例14

小学校と連携する

社会福祉法人八木保育園 認定こども園八木保育園
（兵庫県姫路市）

園のプロフィール

私立保育園　　園の規模●中
保育者の経験年齢構成●若手と中堅
園内研修の頻度●公立小学校との研修は年１回
連続性●2012年から継続して保小連携研修会を実施

目標 小学校への接続を意識して保育を振り返る

＜ある日の園内研修＞

この日は、年に１回の小学校との合同研修日であった。2020（令和２）年度は、新型コロナの影響で、午後からの５歳児活動を参観。小学校の先生も交えて、30分～１時間ほど子どもたちの話し合い活動を見る。内容は、お泊まり保育に向けて、自分たちで何ができるかをグループに分かれて相談するところ。その後、１時間ほどの振り返りのセッションで、感想を述べ合い、保育内容と小学校のつながりについて考えた。

＜これまでの経緯＞

園内研修を重ねて保育内容を考える中で、公立小学校の先生方を招いて内容を知ってもらうことが、連携に一番役立つということで、毎年、保小連携研修会を行っている。通例は夏休みの午前中ないしは午後に２時間ほどの予定で保育参観と振り返りの会を行っている。近くの小学校からは、毎年ほとんどの先生方が参加し、活発に議論を行っている。

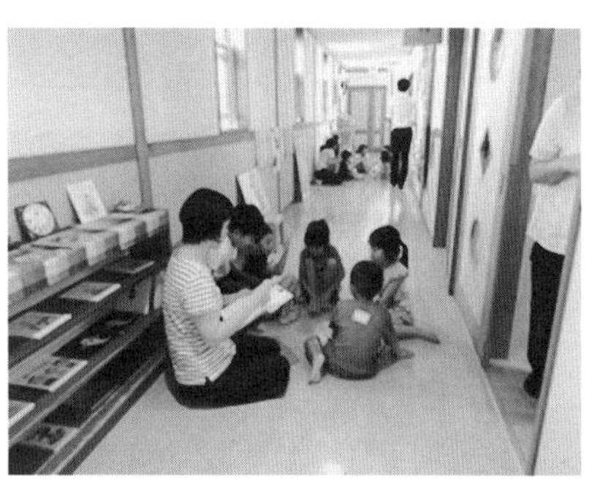

2012（平成24）年あたりから、この研修会を毎年行っているが、園長先生の提案で、小学校の年間計画の中に位置づけられており、校長先生が異動で変わられても、行事として位置づいているために、途切れることなく継続している。そこでの議論をもとに、園内で振り返って、小学校への接続を考えている。

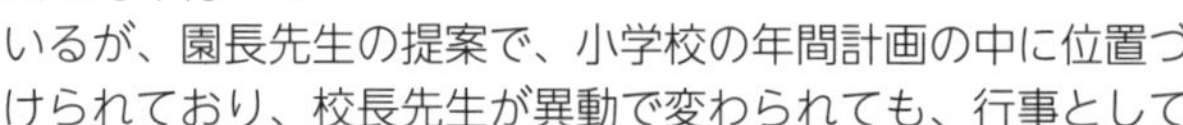

日々の保育については、日頃から蓄積しているドキュメンテーションを掲示し、保育のねらいや子どもたちの活動の経緯などについて説明をしている。特に、異年齢での保育のあり方や、５歳児のみが行う活動について、子どもの育ちを見通してどのように構成されているかが中心となっている。

ツール

事前
小学校への接続を意識しながら保育内容を検討
➡
研修中
小学校教員を招いて保育公開・協議
➡
研修後
園内で振り返って保育の改善へとつなげる
➡
年間まとめ
子ども

楽しくなる、おもしろくなるポイント

- 小学校の先生に入ってもらうことで、保小の接続という視点が明確になり、どのような子どもの育ちを意図しているかをしっかりと説明しようと意識づけされてくる。
- 若手の保育者が担当になることにより、責任感と意欲が湧いてくる。
- 小学校側も、保育者の待つ姿勢や、環境の整え方・保育の進め方について、新たな発見をすることができる。そこから小学校での実践へ、振り返って考えることが促されることになる。
- 通常はほかの保育関係者も招いて研修が行われている。他園の視点も加わって豊かなものになっている。

講師の立場から

- 本園ではハンガリーのコダーイ保育に学び、異年齢混合保育を行っているため、小学校へ入学してから学年制の環境に慣れることが課題となっていた。家庭的な雰囲気の中で、子どもたち主体で生活しているところから、小学校の学習環境へスムーズに移行するために、夏休みに卒園児を招いて交流したり、環境の中にランドセルや教科書を置いたりするなど、模索を続けてきている。その上で、小学校の先生方に保育のあり方を理解してもらうこと、接続の視点をもって研修することの大切さに気づいて、保小連携研修会を行うことにしたことは、学ぶべき点であると考えられる。

お泊まり保育に向かって　　樋口可菜（きりん組担任・お泊まり保育担当）

26日の年長活動は、お泊まり保育に向けての５回目にあたり、チームごとに仕事内容の相談を行いました。八木小学校の先生方にはその様子を30分間、観察してもらいました。

年長児は６チームにわかれて、お泊まり保育の中で自分たちのチームはどんなことをできるか、どんな物が必要なのか等を話し合い、最後に話し合いで出たことを全員の前で報告をしました。仕事内容の相談は初めてで、話があまり進まないチームもありましたが、それぞれのチームに付き添った保育士がうまく問いかけることで、知っていることや気持ちを友達に伝えられるようにしました。

年長児が各クラスに戻った後、質疑応答の時間を約１時間持ちました。八木小学校の先生から「年長児にとってお泊まり保育は未経験のはずだから、自分たちだけでイメージをして話を進めるのは難しいのではないか」というご意見がありました。

去年までのお泊まり保育の写真など、子ども達が参考に見る機会も提供しながら、子供たちからできる事、やりたいことを引き出し、お泊まり保育のねらいになる「友達と一緒にできた楽しさ」や、「自分たちで考えたことができた達成感」を感じられるように年長活動を進めていきたいです。

保小連携研修会に参加して　　三枝由佳子先生（八木小学校１年担任）

今年も八木小学校の職員８名が研修に参加させていただきました。

参観前は、「園児の話し合い活動ってどんなふうになるのだろう。できるのかな？」と思っていました。小学校では、１年生から国語科で話し合いの仕方を系統的に学んでいきますが、園児にとっては難しいのではないかと思っていたからです。

お泊り保育でのグループの仕事についての話し合いでしたが、自分の考えを一生懸命説明しようとする子、先生のアドバイスを聞いてイメージを膨らませようとする子など、穏やかな雰囲気の中で話し合う姿をほほえましく見せていただきました。小さいころからこのような話し合い活動を経験することによって、自分の思いを相手に伝えようとする力や、違った意見が出たときにうまく折り合いをつけようとする力が育まれていくのだと感じました。きっと、小学校に入ってもこのような経験が生かされると思います。

先生方の園児を温かく見守る「待つ姿勢」も大変勉強になりました。ありがとうございました。

（「2020年９月　園だより」より抜粋）

これまであげられてきた14の事例では、さまざまな工夫が見られました。これらの事例に共通するものとは、いったい何でしょうか。そこで、事例の「園内研修の取り組みの詳細」「楽しくなる、おもしろくなるポイント」「講師の立場から」の３つの記述内容からテキストを抽出して分析を行ってみました。その結果、以下のような語のまとまりが明らかとなってきました。

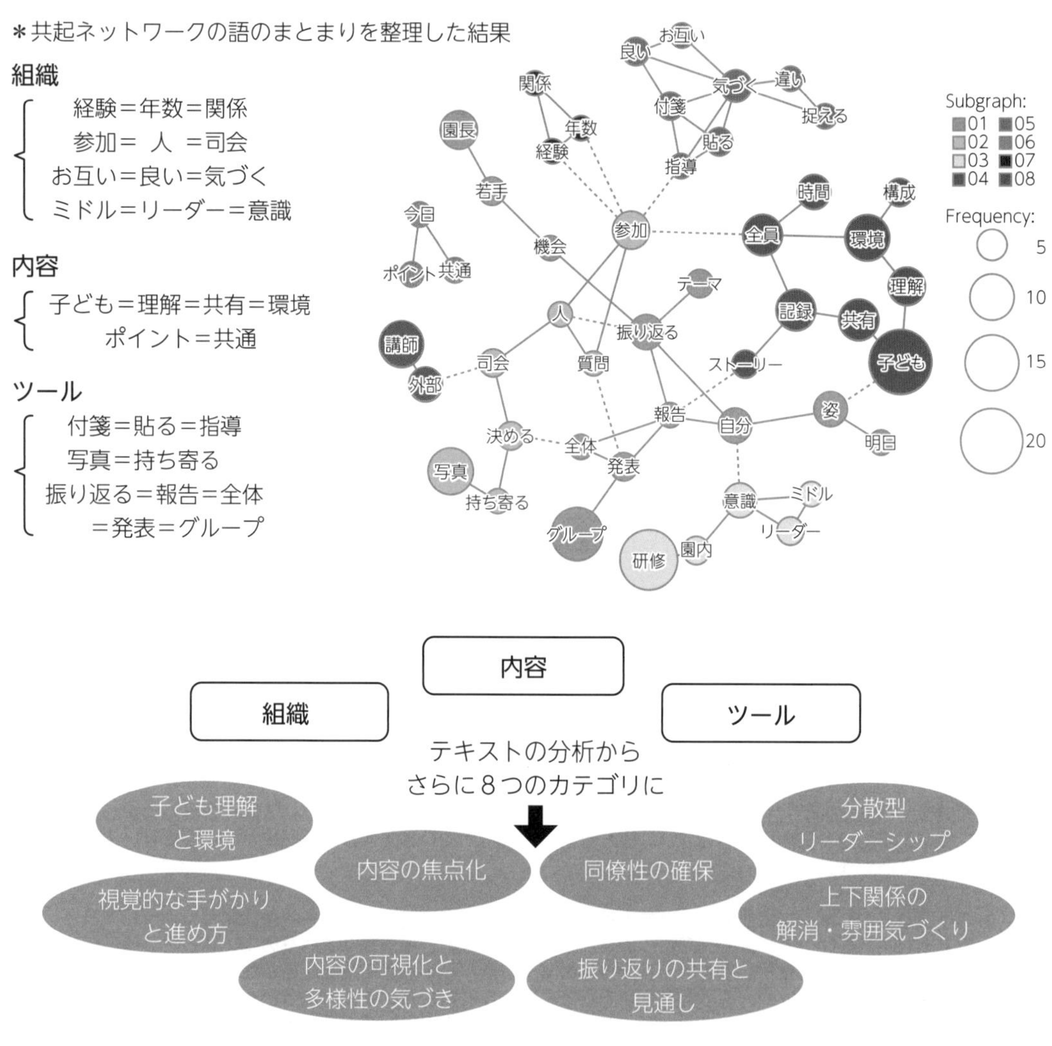

これらの「組織」「内容」「ツール」について、詳しく見ていきます。

2 学び合える「組織」をどのように組んでいくか？

まず、学び合える「組織」づくりとして、【同僚性の確保】【上下関係の解消・雰囲気づくり】【分散型リーダーシップ】のカテゴリが抽出されてきました。ここでは、その一つひとつについて事例をあげながら考えていきます。

【同僚性の確保】～それぞれの良さに気づき、お互いを認め合う関係づくり～

例えば、東広島市立八本松中央幼稚園では、研修担当コーディネーターが（1）雰囲気づくり、（2）発言機会の確保、（3）今日の着地点の３点を念頭に置いて研修を進めています。コミュニケーションや話し合いを重視することと、自らの課題に気づき、意欲的に取り組んでいくと同時に、園長・教頭・常勤職員・非常勤職員を問わず、みんなで研修をつくり上げていこう、としています。それには、「人事異動を通して職員の変動がある」「園長は小学校教員であり、必ずしも幼児教育に詳しいわけではない」といった、公立園としての特徴から、コミュニケーションの必要性を感じられていることにその根本があります。

また、順正寺こども園では、研修の最後にメッセージ交換を行うことによって、職員同士がお互いに尊重し合う風土をつくるように心がけています。まず研修に入るチェックインの時間に、緊張感をほぐすようにアイスブレイクをしています。そこでは柔らかなテーマについて、ペアで30秒間話す活動を３回繰り返し、お互い笑い合いながら話をする雰囲気がつくられています。

映像の保育記録を視聴した後、グループでの話し合いになるのですが、職種や経験年数を混ぜて、多様な見方ができるようになっています。

研修の終わりには、付箋にメッセージを書き込み、お互いの良さや認め合うコメントを入れることで、共感的な関係性を築いていっています。

荻須学園ひまわり幼稚園では、研修の際におかしやお茶を用意し、楽しく話し合える時間を演出しています。こうしたちょっとしたことで、ほっとできる雰囲気が出てくるのです。

【上下関係の解消・雰囲気づくり】～トップが出ない、黒子に徹する工夫～

園内研修の課題にあげられていたように（第１章参照）、研修の妨げとなるのは若手の保育者がなかなか発言ができないという雰囲気でした。それは上下関係がはっきりしていたり、発言すること自体、周りの目を気にしてできなかったりといった、安心感の欠如がもたらすものといえます。事例の中では、そのようなことにならないようにさまざまな工夫がなされています。

まず、トップとしての園長・副園長の役割や位置どりです。園内研修の際に、どこに園長が座っているか、また発言を独り占めしていないか、ということが雰囲気づくりの鍵になってきます。例えば川原こども園のように、「園長は職員室の担任」という立場で、発言を否定しない、引き出す方向で役割を担っているケースもあります。また、あゆのこ保育園のように園長が後ろの席で、副園長が司会を担当していることもあります。

【分散型リーダーシップ】～ミドルリーダーが間に立ってつなげる役割を担う～

いぶき幼稚園では、ミドルリーダーが小グループでのワークを主導しています。園長は時折グループの様子を見てコメントする程度で、メインの話し合いは各学年についているミドルリーダーがリードしています。あゆのこ保育園でも、話し合いは主にミドルリーダーの先生方が進めていっています。志村橋保育園でも、研究は主任を中心としたチームが展開していて、ミドルリーダーが重要な役割を担っているのです。

こうした分散型のリーダーシップは、園内研修を効果的に進めようとした際に、自然な流れとして組織の中にあらわれてくるもののようです。ミドルリーダーが元気な園では、楽しい園内研修が期待できるということでしょう。

3 どのような「内容」を深めていくか？

では、園内研修の内容とはどのようなものでしょうか？ここでは【子ども理解と環境】【内容の焦点化】という２つのカテゴリが出てきました。

【子ども理解と環境】全員で時間を確保し、子ども理解と環境構成について記録し共有すること

研修のテーマとして最も多くあがってきたのが、子ども理解と、子どもたちの活動を支える環境のあり方についてでした。子ども一人ひとりの理解については、写真やエピソードをもとにみんなで話し合うことで、それぞれの異なった解釈や、新たな視点を得るのに研修の重要なポイントとなりうるものです。また、環境については、白鳩幼稚園・保育園のように、実際にその場に行って、ものを動かしたりしながら考える、といったことも行われています。会議室ではなく、現場で起こっていることを現実に操作することで、実のある研修となっています。

【内容の焦点化】共通して考えるポイントを決め、話し合いを焦点化すること

事例にみられる研修は、内容伝達型のものよりは協働型のものが多く、その内容は子どもの理解と環境の改善に充てられるものが主流でした。これからの保育を考えていく際に、主体的・対話的な活動をどのようにしていくか、そのための適切な環境とはどのようなものかなどが、重要なポイントとしてあがっています。研修の中では、そうし

た具体的でかつアイデアが出しやすいものをテーマとして選び、焦点化することで話し合いがスムーズにいくようになっています。

4 どんな「ツール」を手がかりに進めていくか？

園内研修の雰囲気づくりや内容の深化は、「同僚との一体感・共感」と「気づきや対話による深まり」につながります。そこで「園内研修はおもしろい！」と感じるためには、効率的で効果的な方法が必要です。つまり、適切なツールを用いることによって、よりわかりやすく、定着しやすい研修を進めることができます。

事例を分析したところ、【視覚的な手がかりと進め方】【振り返りの共有と見通し】【内容の可視化と多様性の気づき】の３点がカテゴリとしてあがってきました。【視覚的な手がかりと進め方】の代表的なものは、写真や動画をもとにしたものでしょう。PEMQなどはその好例です。それを進行するにあたっては、司会を決める、お互いに質問するなどして、具体的に行動し参加できるような工夫がありました。また、【振り返りの共有と見通し】として、グループでの話し合いをした後、全体に向けて発表すること、そして自分で振り返ったことを明日の姿につなげていくことがあげられます。研修の内容を深めていくという点では、【内容の可視化と多様性の気づき】として、付箋を使って話し合ったりして内容の可視化を目指すこと、そしてお互いの良さに気づいてそれを交流し、さらに見方やアプローチの違いに気づくことを通して、多様性に目を向けることがなされていました。

特に付箋を使ったワークでは、それを分類してまとめ、図式化することで誰の目にもわかりやすくなってきます。その中に、多様な考えやアイデアの広がりが目に見えるように工夫すると、研修の成果がより実感でき、達成感を感じられるとともに、研修自体が楽しくなってくるといえます。何か目に見える成果が残ることで、研修が積み上がっていく実感がえられるのではないでしょうか。

5 園内研修を楽しく・おもしろくするために

ここでは、楽しくなる、おもしろくなるポイントを、冒頭で述べた【つながり】【気づき】の２つの軸で、さらに簡単にまとめてみました。

【つながり】＝職員同士の対話の質

研修は、保育者が積極的に取り組めないと効果が半減します。そこで、いろいろな工夫がなされています。

まず、全員が参加できること。時間を区切る、シフトを組む、交代制で保育参観する、時間厳守、夜間を利用するなど工夫されています（順正寺、川原など）。そして「誰もが意見を言える雰囲気」「聞いてもらえる場づくり」をして一人ひとりが発言できるようにすることが大切です。そのためには、安心できる雰囲気、発言が否定されない、ルール化して相槌を打つようにする、などが良いようです（内野、川原）。全体での話し合いは難しいので、小グループになってミドルリーダーが司会する、ときには経験年数別のグループにする、などの工夫も見られます（八本松、東住吉、志村橋、いぶき、あゆのこなど）。園長などの管理職は、できるだけ前に出過ぎないと意識することも大切です（東住吉、いぶきなど）。これまで発言を妨げてきた上下関係の解消と分散型リーダーシップの発揮が求められます。その上でお茶やお菓子などで和やかな雰囲気にしたり、お互いの良いところを見つけ合ってメッセージにするなどの工夫（順正寺、ひまわり、あゆのこなど）で、子どもも保育者も一人ひとりが尊重される場となることが重要です。

【気づき】＝個々人の気づき、学びの深まり

保育者が気づき、学びを深めていく過程で、まずは子どもについて理解しよう、環境や保育者のかかわりについて考えてみよう、とすることが大切です。そのためにさまざまなツールを使うなど「手がか

り」と「見える化」を工夫しています。

まずは日々の文字記録に加えて、写真・動画・実際の環境に行くことなど、誰もがそれについて語りたくなるものを用意します（ながら他）。そこで付箋やワークシート、ホワイトボード、写真と付箋を模造紙に貼るなどして目に見える形で振り返ることができるようにします。お互いの良さを文字にすることも見える化の１つです（内野、小山台、白鳩、大井など）。

手がかりから保育や保育者の思考の見える化を行い、それをKJ法などで構造化し（いぶき、八本松など）、継続的に使ったり、報告書や紀要・ドキュメンテーションにまとめたり、発表したりして、【振り返り】【見通し】につながっていきます（内野、大井、ひまわり、川原、八木など）。

各園では、気づきを深めるために、なぜこのような工夫をしているのでしょう。それは子どもの思いや願い、育ちのありようをさまざまな視点から再発見することが、保育のおもしろさにつながるからです。自分の視点だけでは見方が固定化してしまい、保育の発展は見込めません。しかし、その時はわからなくても、研修を通して「考え続けること」で、深く見えてくるものがあるのです。 保育技術やかかわりのレパートリーを増やすこともありますが、研修で最も重要なのは、「新たな子どもの発見」を探ろうとすることです。それが明日の保育につながり、「研修をやってよかった」というインセンティブが得られます。そうして保育を担う「私」の存在価値に気づき、さらに研修に取り組みたいと思うことが、保育の質の向上につながっていくのです。

6 おわりに

「はじめに」と「工夫のまとめ」に記した通り、楽しくなる、おもしろくなる園内研修を行うためには、「職員同士の対話の質」と「一人ひとりの気づきの深まり」の２つを軸として、「学びへの意欲が生まれる」→「学ぶ中で気づきが生まれる」→「つながりが生まれる」→「次への見通しがもてる」というサイクルを生み出すことが大切です。これまで紹介した園は、地域、歴史、職員や子どもの数、保育内容や方法、保育環境、保育者の年齢構成など、どれも異なっており、多種多様に映るかもしれません。しかし､注意深く眺めてみると､サイクルを生み出すための共通のヒントを２つ見つけることができます。

第一に、事例の園は、いずれもコミュニケーションを大切にすることで「職員同士の対話の質」を保証しており、個々の保育者が自分の感じたことや考えたことを率直に述べたり、胸襟を開いて語ったりすることのできる雰囲気がうかがえます。安心して誰もが認められ、語れる居場所として園内研修が機能しているのです。

第二に、事例の園は、いずれもツールなどを介して対話することで「一人ひとりの気づきの深まり」を生み出しており、それによって子どもを見る眼差しが変化したり、自らの考えを再構築したりしていることがうかがえます。保育者の中にあった子ども理解の偏りを洗い出し、子どもの内面を再発見する場として園内研修が機能しているのです。まとめるならば、事例の園は、コミュニケーションを大切にすることで「職員同士の対話の質」を保証し、ツールなどを介して対話することで「一人ひとりの気づきの深まり」を生み出すという２つを軸とすることで、個々の保育者が専門家としてお互いに育ち合う文化が生まれてきます。このようなサイクルが生み出されるとき園内研修は笑顔にあふれるものになっていくでしょう。

さあ、あなたの園でも、楽しくなる・おもしろくなる園内研修のサイクルを生み出してみませんか。この事例集が多くの保育関係者の目に触れ、子どもや保護者のために、同僚と学び合い、共に歩む「園文化」を創り出すことに少しでも寄与できるとしたら、こんな幸せなことはありません。

最後に、園内研修を「さらに楽しく、おもしろくする工夫」のポイントを示しておきます。これらの項目から、もし身近に感じられるものがあったら、そこから研修を始めてみるのも良いでしょう。きっとより良い園内研修のためのヒントが見つかると思います。　■

さらに楽しく、おもしろくする工夫

参加と対話
- 若手に発言の機会を与える
- 園長も若手も常勤・非常勤を問わず一緒に対話
- 若手から発言する
- 1 人が長く話しすぎない
- 新任や異動者が話しやすいよう話し言葉だけではなく文字でのコメントも大事にする

対話の場や空間
- 小グループ
- 小グループ活動のあと全体で共有する
- 同じテーブルを囲み、座る場所は回によって変更
- 各グループの話が対話中もなんとなく聞こえてくるける距離
- 職員室ではなく環境も語れる保育室で
- 時には経験年数毎のグループにする

場の設定の工夫
- 安心感のある雰囲気
- スクリーンを使用
- 壁にドキュメンテーションなどを貼って振り返り

対話のルール
- 副園長が司会
- 発言を否定されない
- 話が脱線しても良い
- 質問やコメントには、必ず具体例や改善策をつけて話す
- 相槌やうなずきを大切に
- 会話ルールのあいうえお「ああ、いいね、うんうん、えーっつ、おおー」

時間や回数
- 無理なく参加できるよう研修を録画
- 時間は 2 時間（ほぼ厳守）
- 保育時間終了後 30 分から開始
- 時間の延長は原則無し
- シフトの人は順に抜けてもよいことで保育と研修のめりはりを
- 夜の研修は園で手当てを別途出す

時間や進行の工夫
- 全員が進行表を共有
- 研究主任が冒頭で研修の流れを説明し全員で確認
- 園長の決めたタイムスケジュールを、教諭たちと話して変更
- 園長はほとんどタイムキーパーに徹する

同僚間の役割
- ミドルリーダーがグループ司会
- 研究主任がミドルリーダーの立場で司会
- 研修係が準備・司会進行を担当
- 聴く姿勢を共有

リーダーの役割
- 準備であり本番は発表者に任せる
- 園長も保育者と一緒に語り合う
- むしろリーダーシップを発揮しない
- 年間のまとめを論文化へ指導
- 園長は職員の語り合いに対して批判や評価はしない
- リーダーとして学んだことのポイントは最後に発表

多様な参加者と情報交換
- 看護師や調理員など多職種の人が参加
- 外部講師を定期的に呼ぶことで振り返る
- 参加できなかった人に対してメールなどの共有できるツールを活用して周知する

本頁は参加のための方法の工夫です。

記録や道具
- 録画
- 付箋、模造紙
- 園内の環境構成図
- 日頃の記録
- ファイリング
- 研修用の特別の準備ではなく日誌や日頃の写真等を活用

仲立ち支援共有
- 実物をもってきて発表
- したくなる環境
- とりくむ環境
- 友だちとかかわる環境
- 事前に各自が撮影した環境写真をもとに発表

文字、写真、動画
- 写真によるドキュメンテーション
- 写真とエピソード記録
- 筆記記録、写真撮影、動画撮影

思考の見える化
- 時間がないので記録者中心の記録
- 付箋にコメントを書いて模造紙に配置（KJ 法）
- 付箋に書いて環境構成図に貼り出す
- みんなの考えをまとめる際、ホワイトボードやスクリーンに書き出し共有する

ひといきアイテム
- 軽食を用意する
- コーヒーや紅茶など各自で好きな飲み物を用意する

気づきを増やすために
- 工夫や良さを紹介
- 付箋が貼られた模造紙（KJ 法）を全体で共有
- 研修ワークシートに記入し、まず各自でその日の子どもの姿や保育を振り返る
- 研修の最後にその日のグループの職員間でメッセージを交換し合う（互いの保育観の素敵な所や日頃の感謝の気持ち）

確信を高めるために
- 過去の事例とつないだ話題
- 日々の保育の積み重ねが子どもの育ちにつながっていることを実感する
- 当日の子どもたちの遊びの様子を観る（写真・動画）

上段の 7 つは研修のツールやメディア、気づきを深めるための工夫です。

やりっぱなしにしない
- メールや電話で事前事後に話す、年間 3 回は講師も参加
- 1 週間以内に研修報告
- 簡単に書ける定形フォーマット
- 紀要の進捗に反映

下段の 3 つはさらに持続可能な研修になるための工夫です。

外の研修とつなぐ
- 話題の中で
- 常につながりながら

実践につながるために
- 発表を聞いてできそうなことを記載
- 子どもの姿を肯定的に見る
- 反省事項が出たら、必ず、明日はどうするかを皆で案を出し合って終わる
- 実践したことを即座にドキュメンテーションなどにして掲示し共有
- 研修の通信やニュースレターの発行

第6章

より持続可能な園内研修のために

はじめに

保育の質及び保育者の質の向上のために現職研修が重要であることは、幼稚園教育要領、保育所保育指針、幼保連携型認定こども園教育・保育要領においてもうたわれており、特に、近年では継続的な現職研修（CPD：Continuous Professional Development）が最も保育実践の質を上げ、子どもたちの育ちにも影響を与えることが実証研究によって明らかにされてきています（OECD 2017)。海外諸国でも、CPDは保育の質の向上には不可避であるとして、積極的に現職研修を導入する動きが進んでいます（国立教育政策研究所 2020；2021)。その一方で、園の中で保育者が日々の保育を振り返りながら同僚の保育者たちと話し合う形態をとる、いわゆる園内研修を行っている海外の事例報告は少なく[＊1]、日本が伝統的に保育者専門研修の一環として実施してきた園内研修を捉えなおす価値があるといえます。

そこで本章では、園内研修と呼ばれるすべてを取り扱うのではなく、筆者らが行ってきた「保育者の学習過程を支える園内研修とリーダーシップの検討」[＊2]研究の中で継続して園内研修に取り組む事例から、持続可能な園内研修の特徴やその実際、そして持続可能な園内研修がもたらす学びの様相について考えてみたいと思います。

＊1
台湾では2006年より教育省が予算付けをした専門の研修プログラム（園内研修）が実施されている。

＊2
JSPS科学研究費（基盤研究（A）課題番号16H02063「保育者の学習過程を支える園内研修とリーダーシップの検討」代表秋田喜代美）の成果物である『つながる園内研シリーズ1：園内研修事例集』(2021)を用いる。

第1節 持続可能な園内研修にみる特徴

幼稚園教育要領解説において、文部科学省（2018）は、園内研修の定義を「日々の保育を共に振り返ることで、教師が一人では気付かなかったことや自分とは違う捉え方に触れながら、幼稚園の教職員全員で一人一人の幼児を育てるという視点に立つことが重要である。このような教師間の日常の協力と話し合いを更に深め、専門性を高め合う場が園内研修である。」（p.43）とし、教師間の協力体制を培うために重要であるとその意義を唱えています。保育所保育指針解説において、厚生労働省（2018）は「園内研修」という用語は用いてはいませんが、「職場内での研修は、一人一人の職員が、日々の保育実践において子どもの育ちの喜びや保育の手応えを共有し合うことを通して、自分たちの保育所の保育に求められる知識や技能を、自身あるいは同僚の実践事例から、意識的かつ意図的に学び、修得し、更に向上に努める場」（p.368）であり、「職員が自分たちの保育所のよさや強みを意識して誇りに思い、また、更なる保育の質の向上につなげるための保育の課題を考えることができる機会」（p.368）であると位置づけています。また、幼保連携型認定こども園教育・保育要領解説（2018）においては「保育教諭等は園児一人一人に対する理解や指導についての考え方を深めることが大切であり、そのためには、互いの指導事例を持ち寄り、話し合うなどの園内研修」（p.91）が重要であるとし、教諭間での話し合いの場として園内研修を捉えています。

保育者間のつながりを深め、互いの実践から学び合い、互いのよさや課題を話し合う場としての園内研修を日々の保育の中で継続的に取り組むために各園はどのような工夫を行っているのか。以下の項では、『つながる園内研シリーズ1：園内研修事例集』（2021）で取り上げられた継続して園内研修を実施する14園の事例[＊3]を参考にしながら、継続の必要な要素を探ってみたいと思います。

＊3
各研究メンバーが何らかの形で外部講師として関与している園（閉園した園も含まれる）を事例対象として取り上げたが、各園は2021年1月の段階でメンバーのかかわりに関係なく継続して園内研修を実施していた。

1 園内研修制度の位置づけ

教育公務員特例法第22条（研修の機会）では「教育公務員には、研修を受ける機会が与えられなければならない」と規定されています。公立幼稚園の先生には、したがって、国や地方自治体が提供する法定研修（初任者研修、10年経験者研修）が義務づけられますが、自治体によっては私立幼稚園・保育所・認定こども園等の保育者が法定研修に受講することを認めている自治体もあります（受講は任意）。保育所における職員研修は、まず、児童福祉施設の設備運営基準第７条の２第１項において「児童福祉施設の職員は、常に自己研鑽に励み、法に定めるそれぞれの施設の目的を達成するために必要な知識及び技能の修得、維持及び向上に努めなければならない」として、職員の積極的な研修への関与を促しています。次に、児童福祉施設の設備運営基準第７条の２第２項において、「児童福祉施設は、職員に対し、その資質の向上のための研修の機会を確保しなければならない」とあり、施設長の責務として職員の研修機会の確保が位置づけられていますが、研修への参加はあくまでも任意で、専門性向上に向けた研修の制度的な体系は未だ整備されていません。

また、これら法令では、どのような研修をどの程度の頻度でどのように提供するのか等、研修計画の細目までは規定されていないので、各自治体、各保育団体、各園の独自の取り組みによるところが大きいといえます。園内研修、園外研修のいずれにおいても難しいといわれているのが、人・時間・空間の確保です。誰が、いつ、どこで研修に参加するのかを調整するのは容易なことではありません。人の手当て、時間の捻出、場所の確保等、経済的・物理的障壁への算段が立たなければ任意実施で構わない研修に二の足を踏むのは致し方ないといえるのかもしれません。

この困難は、いずれの園においても共通の課題といえますが、公営・民営・保育施設の違いによってはその度合いは違いそうです。園内研修に限っていえば、園が実施主体ですので、その展開の仕方は園の数だけ存在するといっても過言ではありません。次の項では、継続的に園内研修を行っている園では、どのような工夫がなされているのかを概観し、実際の園内研修で各園がとっている工夫から見えてくる特徴について考えてみたいと思います。

2 実際の研修からみえてくる園内研修の手立て

先にあげた継続して園内研修を実施している14園（表6-1-1）が、園内研修で凝らしている工夫をまとめてみました（表6-1-2、表6-1-3、表6-1-4）。

調査に参加した園は、公立幼稚園（２）、私立幼稚園（４）、公立保育園（３）、私立保育園（３）、公立こども園（１）、私立こども園（１）で、規模は小規模（定員100名以下）が３園、中規模（200名以下）が９園、大規模（200名以上）が２園でした。経験年齢構成は、若手からベテランまでが満遍なくいる園が多く、また、園内研修の頻度は毎月実施するところもあれば、年に１・２回のところまでさまざまでした。どの園も研修計画を立てており、研修テーマ（テーマは課題にあわせながら）に沿って園内研修を行っていました。研究指定を受けて継続研修をしている園もあれば、１つのテーマを10年以上続けている園もあり、園内研修を実施する目的も多様であることがうかがえます。

誰を対象として園内研修を行うのかも、今回の事例ではさまざまでした。園長も含めた職員全員で対話をする園もあれば、若手と中堅だけでの園内研修もありました。また、誰がどのように園内研修を進めるのか、役割が決まっている園もあれば、その場で進行役を決めるところもあり特段の決まりはないようでした。これらの事例からは臨機応変に園内研修を展開できる風土やルーティンのように実施できる園など、園内研修の熟達度のようなものが読み取れます。

また、発言者を若手とする園もあれば、司会者に任せるところや園

表6-1-1 ◆ 継続して園内研修を行っている14園

設置形態	園の規模	保育者の経験年齢構成	園内研修の頻度	連続性
公立幼稚園	小	若手とベテラン	毎月	研修計画とテーマに沿って継続的に
私立こども園	中	若手・中堅・ベテラン	毎月	研修計画はあるが、テーマはその時々の課題にあわせて
私立幼稚園	小	若手～ベテラン	年に６回	研修計画とテーマに沿って継続的に
私立保育園	中	若手～ベテラン	年に１・２回	研修計画はあるが、テーマはその時々の課題にあわせて
公立幼稚園	小	若手とベテラン	毎月	研修計画とテーマに沿って継続的に
私立幼稚園	大	若手とベテラン	年４回	研修計画はあるが、テーマはその時々の課題にあわせて
公立保育園	中	若手～ベテラン	毎月	研修計画とテーマに沿って継続的に
私立幼稚園	中	若手～ベテラン	年に２～３回	研修計画とテーマに沿って継続的に
公立保育園	中	若手とベテラン	年に３回	研修計画とテーマに沿って継続的に
公立こども園	中	若手～中堅	毎月（指定研修の公開研修５回は別）	２年間の指定園研修
公立保育園	中	若手～ベテラン	毎月	研修計画とテーマに沿って継続的に
私立幼稚園	大	若手と中堅	年５回	現在継続中
私立保育園	中	若手～ベテラン	年３回	研修テーマをもって10年以上
私立保育園	中	若手と中堅	小学校とは年１回	2012年から継続して保小合同研修

出典：JSPS科学研究費（基盤研究（A）課題番号16Ｈ02063 「保育者の学習過程を支える園内研修とリーダーシップの検討」 代表　秋田喜代美）成果物「つながる園内研シリーズ１：園内研修事例集」（2021）から筆者が作成

表6-1-2◆継続する園内研修の特徴（人の役割）

参加者（人）	進行役（人）	発言者（人）	リーダーシップ（人）
・全員 ・若手と中堅 ・若手とベテラン ・参加できるときに ・（外部講師）	・ミドルリーダーが小グループの司会 ・研究主任が全体の司会 ・名乗り出た人が司会 ・研修係 ・副園長が司会 ・（外部講師）	・若手から ・全員で対話 ・順番に ・司会に任せる ・園長は聞き役 ・（外部講師）	・準備は手伝うが研修では裏方 ・一緒に保育者と語り合う ・リーダーシップをあえて発揮しない ・批判をしない ・リーダーとしての学びは最後に発表 ・年間のまとめを指導

出典：表6-1-1と同じ

表6-1-3◆継続する園内研修の特徴（空間・対話の風土）

対話の場（空間）	雰囲気（空間）	対話のルール
・保育環境がある保育室で行う ・全体と小グループを往還する ・隣のグループの声が何となく聞こえてくる距離感 ・毎回違ったメンバーで ・小グループ（経験年齢別・クラス別・適当等）	・安心感がある ・顔が見える ・スクリーンが媒体	・発言を否定しない ・話が脱線してもOK ・会話ルールのあいうえお「ああ、いいね、うんうん、えーっ、おおー」 ・相槌やうなずきを大切に ・質問やコメントには、具体例や改善策を入れる

出典：表6-1-1と同じ

表6-1-4◆継続する園内研修の特徴（時間と進め方）

時間	進行	情報共有
・約２時間（ほぼ厳守） ・保育時間終了後30分から開始 ・時間の延長は原則なし ・順に抜けてもよい ・夜の研修は手当あり	・全員が進行（計画）表を共有 ・研修の流れや目的を最初に確認 ・タイムスケジュールの変更あり ・園長がタイムキーパー	・参加できなかった人にメール、記録の共有 ・外部講師を定期的に呼んで振り返り ・当日の録画記録

出典：表6-1-1と同じ

長は発言しないという園もあり、発言者への配慮の仕方からも園内研修の位置づけが見えてきます。園内研修に参加する園長の立ち位置からは、保育者と同じ立ち位置で発言をする、発言は最後で聞き役に回る等、あえて前面に出てこないリーダー像がこれらの園の園内研修の特徴の１つといえそうです。

園内研修が提供される空間にもさまざまな工夫がありました。例えば、座学だけではなく、指導案をもって保育室に出向いて保育環境を見ながら行う園内研修やあえて隣のグループの声が聞こえる距離で話し合いを行う空間構成や顔が見えるように座ったり、皆の考えが可視化されるような媒体の導入など、園内研修のテーマや対話を促すための空気感を大切にする特徴がありました。こうした工夫が、相手の意見を尊重し、相槌や表情といったノンバーバルな要素が対話のルールとして取り入れられることでさらに好循環の作用をもたらしているといえます。

研修時間の確保が研修を行う上での大きな障壁になっていることから、園内研修の時間の確保や効率のよい進め方において、各園の創意工夫が見られました。決めた時間を超えることはしない、すべての時間参加しなければならないわけではないなど、園内研修当日の働き方や参加者の負担を軽くするような措置がとられています。また、参加者が当日の園内研修の進め方や計画を知っていることやその計画が変更される柔軟性をもったものであることなど、当事者意識を持って研修に参加できることやできるところまでをできる範囲で行う時間設定となっていることなどが見えてきました。また、園内研修に参加できなかった人のための情報共有が提供されることからも園内研修が園の職員全体のために提供されていることがわかります。

この他にも、テーマ設定は主任を中心に行ったり、数年間のテーマ（園の課題に即した）を全員で考えたり、園長の関心事をテーマとして共有したりと、テーマ設定１つをとってみても、参加者の園内研修への参加プロセスがトップダウン式で行われているのか、ボトムアップ式で行われているのかがわかります。また、そのテーマにどのような方法で取り組むのかも千差万別です。それぞれがケースを持ち寄って話し合いをしたり、そのテーマに則った保育参観を実施したりと、園内研修で取り組む内容へのアプローチもさまざまです。どのようにしてテーマを見出し、そのテーマに対してどの方法で挑むのか。その参加プロセスによって園内研修での学びの様相が変わってきます。次節では、園内研修を持続可能なものにする当事者の意識について考えてみたいと思います。

3 持続可能な園内研修における当事者の意識

園内研修の参加者を園長（リーダー）、保育者（主たる参加者）、そして外部者（外部講師）に大別し、この当事者としての意識が、継続して園内研修を実施している14園の中でどのように作用しているのかを概説します。

園長（リーダー）の意識

園内研修を開催するか否かの最終決定権は園長・施設長にありますが、その開催者である園のリーダーには「一人一人の教師が生き生きと日々の教育活動に取り組めるような雰囲気」（文部科学省 2018 p.43）を提供し、「教師同士が各々の違いを尊重しながら協力し合える開かれた関係をつくり出していく」（文部科学省 2018 p.43）ことが求められます。また、「特定の職員に偏ることなく行われるよう配慮」（厚生労働省 2018 p.373）し、「保育の課題やそれぞれの職員の適性等を踏まえ、計画的に研修の機会を確保する」（厚生労働省 2018 p.373）ことが大切だとされています。

この調査に参加した園長（リーダー）達は、「園の保育理念を明確にしながら」（私立幼稚園）、「職員室の担任」（公立こども園）という意識で保育者の声を拾い、「極力発言を控えながら聞き役やタイムキーパー役に徹し」（公立幼稚園・私立保育園・私立こども園）、「俯瞰的な立場から話し合いの方向性を導くコメントをする」（私立幼稚園）など、リーダーとして前面に出て研修をリードするタイプではありませんでした。園内研修の継続には、主たる参加者である保育者の自立と主体性が尊重されるべきであると認識していることがわかります。誰もが参加できるアクセス権の確保に加えて、参加のプロセスや場の提供の仕方など、保育者主体の園内研修をつくり上げようとする意識が見えてきます。

保育者（主たる参加者）の意識

園内研修では「日々の保育実践記録を基に多様な視点から振り返り、これからの在り方を話し合っていくことを通して、教師間の共通理解と協力体制を築き、教育の充実を図り」（文部科学省 2018 p.43）、「幼児に対する理解や指導についての考え方を深めることが大切」（文部科学省 2018 p.97）だとされています。また、「主体的・協働的にその資質・専門性を向上させ」（厚生労働省 2018 p.7）、「自らの職位や職務内容に応じて、組織の中でどのような役割や専門性が求められているかを理解し、必要な力を身に付け」（厚生労働省 2018 p.7）、「自身の保育を振り返り、自らの課題を見いだし、それぞれの経験を踏まえて互いの専門性を高め合う努力と探究を共に積み重ねる」（厚生労働省 2018 p.7）ことが大切だと明示されています。

主たる参加者である保育者は、「一人ひとりの保育に対する思いを共有し」（私立保育園）、「具体的な指導上の留意点に関するイメージがわき」（私立幼稚園）、「お互いの良さに気付き」（公立保育園）、「みんなの研修会という意識が芽生え」（公立幼稚園）、「意欲が高まるサイクルがうまれてくる」（公立こども園）といった意識を持つと報告されています。「明日の保育が楽しみ」「早く子どもたちに会いたい」など、その日のテーマに沿ってその日までの保育を振り返ることで明日の保育という未来への期待が持てる経験を重ねていくことこそが園内研修が継続していく重要な要素であり、その継続が保育者に当事者性を芽生えさせ、園内研修に参加する意義を見出させると考えられます。

外部者（外部講師）の意識

日々の保育の中で行われる園内研修に、外部からの講師を招いて保育カンファレンスや子育て支援などを展開することは珍しくはありません。例えば、幼児教育アドバイザー事業は保育の専門家を園に派遣して園内研修を促進させる手立てとして推進されたものであり、また、ファシリテーター養成事業は園内における研修を豊かにする役回りを学ぶことを意図しており、共に園内研修を第三の目を入れることで活性化させることをねらっています。保育所保育指針解説では、「保育所外部の専門家を交えたカンファレンスを行うことも大切である。同じ保育場面でもその捉え方は様々であり、自分の保育が同僚や他の専門家にどう映るのか、自分と異なる子どもの理解や保育の視座に出会うことは、保育士等が保育の視野を広げ、自らの子ども観や保育観を見つめ直す機会となる」（厚生労働省 2018 p.64）と外部専門家が園内研修に参加する意義をうたっています。

今回の事例集では、外部講師として園内研修にかかわった８名の研究者の声があげられており、継続する園内研修の中に何を見出し、何を学んだのかが書かれていますので、いくつか抜粋してみたいと思います（表6-1-5参照）。

これらのコメントからは、園の中にある環境から生まれた出来事や研修テーマ、公開保育という研修の形態といった要素を継続の鍵として認識したり、かかわりの観点や同僚性の向上、研修への主体的な参加姿勢といった保育者の意識に着目したり、外部講師としての役割やその変化について言及しており、継続する研修に対してどのような視点を持って外部講師がかかわっているのかが見えてきました。

この他にも、持続可能な園内研修になるための工夫として「やりっぱなしにせず報告にまとめる」「外の研修とつなぐ」「実践につながるために（実践できること）」などが具体的にあげられています。

次の節では、それぞれが独自性を持つ園内研修の詳細に着目し、筆者自身がこれまでに継続してかかわってきた園内研修の実際をリーダーへのインタビューからひもとき、持続可能な園内研修であるため

表6-1-5 ◆ 継続する園内研修に対する外部講師のコメント（抜粋）

〈研修を継続させる要素〉
・「環境から生まれた出来事が長く持続的に語られ、つながる」（私立保育園）
・「継続研究のテーマとして盛り込まれたキーワードが、保育を意識化し振り返るためのキーワードとなった」（公立保育園）
・「保育の公開が多様な見方をとりいれるプロセスになっている」（公立こども園）

〈保育者の意識や関係性〉
・「子どもにとってこの環境や保育者のかかわりはどのような意味を持っているのかということが主なかかわりの中心となっている」（公立保育園）
・「あまり話したことがない（保育観がわからない）同僚を平素からなくしていくことの重要性が見えた」（私立保育園）
・「自らの課題に気付き、意欲的に取り組むとともに、みんなで研修をつくり上げている」（公立幼稚園）

〈外部講師の役割〉
・「方向性を示すことと具体的な方法を伝えることが外部講師の役割」（私立幼稚園）
・「当初は外部講師が中心となった研修のスタイルが、ここ２年は、外部講師はタイムキープとコメントを行う役割にシフトしつつある」（私立幼稚園）

の具体について見ていきたいと思います。

第2節 より持続可能に学び合う園内研修の実際

本節では、筆者が長年にわたりかかわりを持ってきた２園を取り上げ、園内研修を持続可能にする要素についてより詳細な検討を行います（各園のプロフィールについては表6-2-1を参照）。各園のリーダーへのインタビュー[＊4]を行い、リーダーの視点から持続可能な園内研修のあり方を探ってみたいと思います。

＊4
今回、本書の企画趣旨について説明した上で、実名・インタビュー内容について掲載することについては両氏ともに承諾済み。

表6-2-1 ◆ インタビューを行った園及び協力者について（2022年５月30日現在）

園名	学校法人宝和学園白鳩幼稚園・白鳩保育園	学校法人西南学院早緑子供の園
保育理念	自分の足で歩いて人生を切り開ける大人になって欲しい	神様に愛され守られて成長していく一人ひとりの子どもを大切に
調査協力者（職位）	山田美千子（副園長）	土田珠紀（副園長）
筆者と園との関係	平成25（2013）年８月開催の教師研修大会鹿児島大会で白鳩幼稚園が発表する主題『保育の計画と実践と評価』〈問題提起園の研究主題〉「園行事の取り組みと幼児・保育者の育ち」の指導助言を依頼され平成24（2012）年10月より園内研修に入るようになる。以降、筆者の長期不在期間を除いて年に数回のペースで研修に参加している。	同じ学校法人内の同僚として授業や研究を通しての交流を始める。平成19（2007）年～平成20（2008）年まで副園長として勤務し、毎月の園内研修に参加。以降も合同研修や助言者として研修に時折参加する。平成20（2008）年～令和２（2020）年までは大学院生と指導教員（修士・博士課程）の間柄でもあった。
定員	270名	90名
職員数（令和４年４月時）	正職が14名（園長入れて15名）、非常勤が13名	正職が11名（園長入れて12名）、非常勤が16名
園のHP	https://www.howa-shirahato.com/home	https://www.seinan-gu.ac.jp/hoikuen/

1 『どんな研修からでも学びたい』白鳩幼稚園

『私はこの先生から学ぶ』という関係性

「昔から、幼稚園というのは園内研修をするものだと思っていますから、ずっとしています。ただ、どれもうまくいきません」。研修は継続して実施するものであるというこの見解が、オンラインインタビューで園内研修についての現状を聞いた時、山田先生が開口一番に仰ったことでした。中学校国語教諭の免許を使う間もなく、同族経営の法人園に入職して以来、半世紀近く副園長として園の運営を任されている山田先生は「幼稚園免許を持ちませんから、運営そのものの前に、まず、保育室に入れてもらってお手伝いという形で一から保育のことを教えてもらいました」と当時のことを振り返り、「何より、主任の先生が偉かったです」と感慨深げに話してくださいました。保育の見方や子ども理解の重要性などを繰り返し説き、創始者の娘としてではなく一緒に保育を考える人として山田先生のことを扱った主任がいたからこそ、「幼稚園はどの段階の保育者も関係なくみんなで一緒に考える場所」という理念をもつに至ったと回顧されました。また、保育をわかろうとして悩んでいる山田先生の姿を認めて、わからないところを応援しながら前進できるようにと励ましてくれる主任の先生の存在が「私はこの先生から学ぶ」と思える信頼関係を築くことの大切さを山田先生に感じさせたそうです。「どの保育者にも支えてくれる保育者が必要で、その学びから得られる安心感があって初めて長く保育者として仕事ができるんじゃないでしょうか」と、まずは信頼できる保育者との出会いが保育者としてあり続ける鍵であることを示唆されました。

また、保育の場では何があっても先生たちが個々の判断をもって動かなければならないという現実があり、その難しさを研修で支えたいと思って研修を位置づけているけれども「なかなかうまくいかない」と吐露されました。「先生たちは、皆一生懸命なんですよね。なのに『この先生から学ぶ』という先生たち同士になり切れない。続かない。何かがいかんとでしょうね（いけないのでしょうね)」。

こうした山田先生の言説からは、保育者間で助言しあえる関係性を育てる難しさが見えてきます。「私はこの先生から学ぶ」の『この先生』は、おそらく園で１人のカリスマ的保育者を指しているのではなく、山田先生にとっての『この先生』が主任であったように、それぞれの先生にとっての『この先生』と思える位置づけの先生が同僚の中にいることの大切さを指しているのだと思います。このメンタリング機能の重要性はこれまでにも明らかにされています（野口 2022, 片岡 2014, 平林 2019）が、特にメンティーである新任や保育歴の浅い先生方にとってはメンターである『この先生』の存在が大きいことは、山田先生の語りからも読み取れます。山田先生が園内研修を継続して提供しようとする目的の１つには、このメンタリング機能を作用させることがあげられます。

「自信がない」からの脱却

山田先生が研修を継続すべきであると思っている理由は、以下の回答にも映し出されています。

> 昔の研修は、２週に１回、外部の講師に来てもらって研修をしていました。それは研修会というよりは勉強会という感じで、近くの大学の先生にお越しいただいていました。その先生も大学の先生たちの勉強会をうちの園でやるという感じで何人も大学の先生が来ていたし、その先生たちの知り合いの園の先生たちもやってきて。にぎやかに園内研修をしていました。うちは園を提供する代わりに、子どもたちを理解するための助言を頂いていましたので、外部から先生達と触れ合いながら研修をするものだという園の風土がありました。
>
> 園にとって、外部の先生方に来てもらうのは理論の後押しが欲しいから。これが直接というものはないけれど、現場がその場だけで判断してしまっていることを、教育学なり心理学なりの裏打ちをもって確認したい。自分たちに自信がないんですよ。自分のしていることがこれでいいのか。私たちがやっていることは大丈夫なのか。ちゃんと子どものためになっているのか。その不安が私だけではなくうちの先生たちの中にもある。その気持ちは私もよくわかるので、それを拭ってあげたい。それが拭えれば先生たちは辞めないと思います。

園内研修をしないという選択肢がない山田先生の感覚は、第一に外部からの講師がやってきて園内研修をすることが習慣化していたことから育まれていたのだと知りました。園内研修を継続することについては、当たり前のこと過ぎて考えたこともなかったというのが山田先生からの率直な回答でした。また、講師としての大学教員やその研究仲間、そしてその研究者が親しくしている他の園の先生たちとの園内研修が月に２回の頻度で実施されていた時代が基準であるとするならば、今提唱されている園内研修の風潮に対しては周回遅れの感すら覚えるのかもしれません。他方、複数の外部講師や他の園の保育者たちとの研修は保育者にとっては刺激の多いものであったでしょうが、これを可能にした背景として、保育時間の短さ・保護者の理解と協力・研修時間の確保・定員充足に伴う研修費用の予算化等、研修を円滑に行うため（国立教育政策研究所 2020）の必要条件が整っていたことがあげられます。「今は時間との闘い。労働時間を厳守する中で研修をどう入れ込むか。昔のような感覚ではだめだけれど、先生方の業務内容はむしろ増えている。経営者も保育者も効率よくなんてなれない」と保育者の働き方が変わる中で、研修を継続して実施する難しさの中で苦悩する姿も見えてきました。

山田先生にとって外部からの講師を招いて継続して研修をすることの意義は、先生方の不安を拭うことにあります。それは自分たちの実践を俯瞰的に眺め、理解するためには、他者の力を借りる必要があるという認識に基づいています。実践者がやっていることに意味づけをするのは内部の人間では不十分であり、外部の専門家によって理論的に実践解釈がなされることで保育者が自身の実践の意義に気付き、改善へと向かう。このサイクルが保育者を離職から守る手立てであると同時に質の高い保育者を育成する質の継続性へとつながり、引いては安定した質の高い幼稚園運営へとつながると考えられています。

「でもね。こうした先生たちに一体感をもって学んでほしいという考えって暑苦しいのかしら？　今の若い先生たちは望んでいないのかしら？」。ここにも研修の継続と園運営の狭間に苦悩する山田先生の姿がありました。

「とにかくやってみるしかありません」の精神で

「今時、就職してくれるだけで御の字よ。先生たちも忙しいから研修もほどほどに」と知り合いの園長先生に言われた山田先生は、効率よく運営はできないと思いつつも、知り合いの先生方から「この研修よかったよ」と勧められた研修を取り入れて検討を重ねてきました。例えば、未満児保育を導入することになった際、「うちはこの研修を取り入れてうまくいった」と勧められて導入したケースについて、

> ○○[*5]保育も知り合いの先生から推薦されたので１年勉強してみました。講師の先生は月に２回から３回来られる。それをまずは１年間やってみようということでお願いをしました。本当に困っていましたから、先生たちが学べるならと思って来ていただいていましたが、何かが違っていたのでしょうね。結局、講師の先生が来なくなると続かなくなって止まってしまいました。私が違うと思ったのは、子どもたちがやらされているように見えたんですね。例えば、未満児さんがご飯を食べるのも子どもが食べさせられることになっているように見えて。先生たちも講師の先生の指導通りにやっているからやらされていると思ってしまうみたいで。指導方法が固定化されるんですね。私はその子を大事にしてくれたらもうそれだけでいい。その子の気持ちを大事にしてくれたら。まずその子の意見を聞いて、うなずきながらどうしたのと確認してあげて。それでいい。でも、それだけではだめなんですね。だめなんだといわれました。これまで以上児ばっかりやってきたから、未満児保育で何をやっていいのかわからず、なんか藁をもつかむ気持ちで勉強しようとしたけれど。結局、幼稚園（以上児）の感覚で保育を見てしまうのが抜けきれなくて、それがだめなんでしょうね。

と振り返っています。

法人の改組で幼保一体型の認定こども園となり、一から未満児保育について学ばなければならない中、勧められるものは少しでも取り入れてみようと月に３回程度の研修を１年間やってみたものの、子どもや保育者の主体性をどう育んでいくのかがわからなくなり、保育者の先生たちと相談をして研修を中断したとのことでした。研修を止めてみて、「ある一定の基本を教えて頂けたのはありがたかった」ので、それを自分たちのやり方で継続する方法を模索しつつ、今は未満児における主体的な保育の展開をテーマに研修を計画しなおす予定だと話してくださいました。

＊5　○○はある特定の保育内容を示すためこの表記とした。

「うまくいきません」は、課題に対して取り組んでみた人の発言であることに今更ながらに気づかされます。山田先生にとって「うまくいくこと」とは、先生たちが不安なく、楽しみながら子どもと生活をすることであり、そのためにはさまざまな研修を計画する柔軟さをもって、うまくいかなくても園内研修し続けることが大切であると語られていました。筆者が白鳩幼稚園と行っている園内研修の事例は、『つながる園内研シリーズ１：園内研修事例集』に掲載されていますのでこの紙面では割愛しますが、その事例からも「研修をしないという選択肢がない」園文化を根付かせる意味を考えさせられます。園内研修の持つ可能性に対する信頼と願いを考察する助言をもらえたインタビューでした。

2　３種類の園内研修で保育士のニーズに応える早緑子供の園

保育士の働き方にあわせた研修を用意する

西南学院大学第二附属早緑幼稚園（のちに舞鶴幼稚園に統廃合）の中にあった早緑国児園[*6]を母体に1949年に認可保育所となった早緑子供の園は、早くから園内研修の実施にあたっています。今回、インタビューに応じてくれた土田先生によると、現在、実施されている園内研修は３種類あり、それぞれに目的や対象者にあわせた内容で展開されています（表6-2-2）。

＊6　早緑国児園
終戦間近、早緑幼稚園内に設置された戦災や引き揚げ孤児となった子どもたちを預かる児童福祉施設的役割をもった施設。

【園内研究会】

【園内研究会】と呼ばれる月１回の園内研修は、土田先生によると少なくとも36年間継続されてきており、研修費用が予算化された常設の園内研修として先生方に提供されています。各クラス単位で実施される園内研究会は、まず、研究会の２週間前に主任が観察対象となるクラスの観察をし、それを基にクラス担任とミーティングを開き、クラスの悩みを中心に課題を見出し、そこから考えられる改善策を講

表6-2-2◆早緑子供の園における３つの研修

名称	頻度	目的	対象	内容・手立て
園内研究会	月１回	クラスの保育を助ける	【被観察者】 クラスリーダー（担任保育士） クラス保育士（若手） 【観察者】 副園長 主任 近隣のクラスから（２～３名）	各クラスの課題を洗い上げ、その課題に沿って観察者が午前中に観察し、午後の時間に被観察者との協議を行う。月に１クラスずつ実施する（各クラス年に２回程度の研修となる）。
保育内容検討会	１回２時間程度 月１回	全体での共通理解	【参加者】 副園長 主任 クラス担当保育者全員（非常勤含） 非常勤の短時間保育士は任意	副園長や主任がその年の構成メンバーを勘案して内容と方法を検討し、園全体で必要な情報を共有し、課題に取り組む。
お昼のワークショップ	１回15分 月２～３回	保育技能の向上	【参加者】 非常勤の保育者を中心に 希望者は誰でも参加できる	わらべ歌、お話、詩、読み物等、園の理念に沿った保育技能向上に資する内容を楽しみながら取り組む。

じます。主任は、クラス担任達との話し合い結果を副園長に報告し、他の観察者が当日の観察の視点を持てるように２人で協議します。研究日の当日は、午前11時から11時半頃まで保育観察を行い、観察者は一度保育に戻り、午後１時から２時半頃までクラス担任を交えての話し合いが行われます。研究会後約１か月程度はフォローアップの期間として、その課題がどのように変化したかを見守り、直近の【保育内容検討会】にてクラス担任が報告をする流れをとっています。

【園内研究会】の目的は各クラスの保育を互いに助け合い、向上させることですが、この研修を通して保育士同士が互いを助け合う存在になっていることに気づきました。観察に入った近隣クラスの保育士は、観察することで観察する力が備わるだけでなく子どもの発達や経験のつながりを理解し、自分のクラスの保育につなげることができる。観察された側の保育士たちは、観察者の保育記録からクラスの子どもたちや保育の実際を俯瞰的に理解することが進み、抱えている課題にどのように取り組めるかの視点や情報が得られる。それらを基に

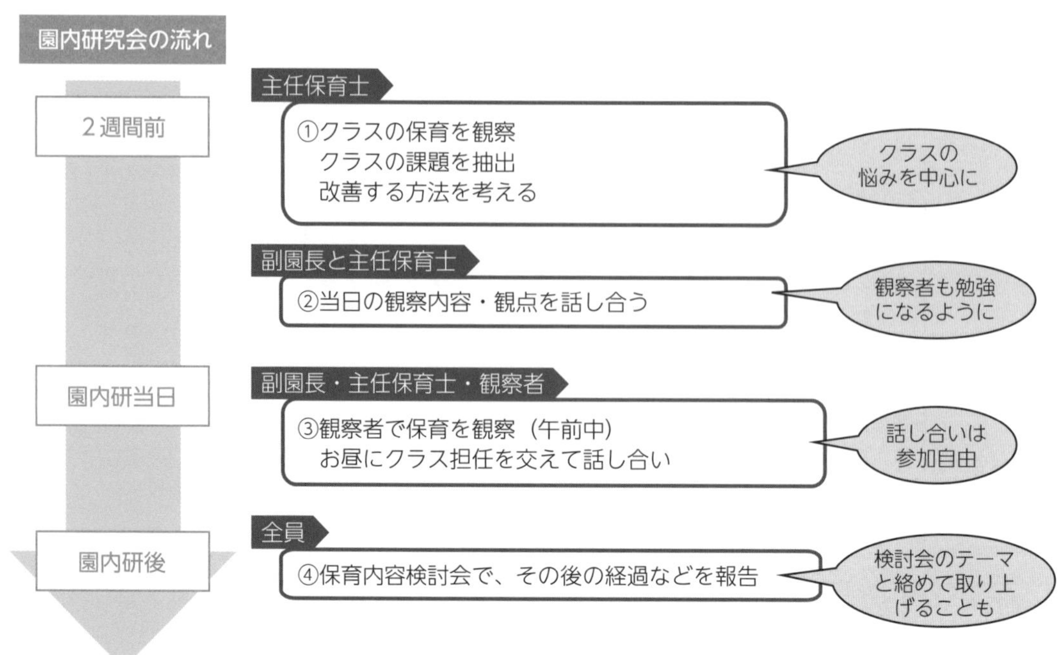

図6-2-1 ◆ 園内研究会の流れ（資料提供：西南学院早緑子供の園　土田珠紀氏）

全員で話し合うことで、クラス間（保育士間）で互いの保育観や指導方法などが理解され、同僚性も高まる。副園長・主任が観察者として参加し、クラス担任と一緒に考えることで信頼関係も深まり、【保育内容検討会】で報告をすることでそのクラスの課題や現状を全体と共有することができる、といった専門家としての保育士を互いに育成し合うプロセスが織り込まれているといえます。

【保育内容検討会】

【保育内容検討会】と呼ばれる研修は、月に1回、非常勤の短時間保育士以外全員が参加する園内研修[*7]で、保育終了後に約2時間行われています。この研修の目的は、園全体で園の保育観・子ども観・保育方針や保育方法などを共通理解することにあります。手順としては、まず、副園長と主任が前年度の終わりにその年の振り返りを行い、次年度の大きなテーマを決め、各月の内容の大枠だけを提案します。例えば、2021年度は『園の全体的な計画を実践と結びつけて確

＊7
非常勤が参加する場合は超過勤務手当で補充している。専任保育士の参加は任意。

認する：目指す子ども像を子どもの具体的な姿に見つける』がテーマでしたが、副園長と主任はその年の構成メンバーの特性や経験年数などを考慮して、それをどのように園全体で共有していくかの具体的な方法を検討します。

この研修は毎回の参加者が15～16名いるため小グループで話し合うことも多く、保育士同士が話をする機会として位置づけられています。保育士同士が新たな情報を得たり、園の保育理念への理解を深めたりする場であることはもちろんですが、副園長・主任のリーダーシップを研鑽する場としての意義も大きいことに気づかされました。２人のリーダーは、【保育内容検討会】の年間計画を立てる段階で保育士一人ひとりのことを念頭に、そして、今保育界が置かれている現状を踏まえて、園全体として何を共通理解している必要があるかを洗い出しています。いかに園全体で学び合う風土を築き、各保育士が安心して保育を行えるか。そのためには、各検討会の方向性を見定める力、検討会の目的を参加者に伝える力、参加者が目的や内容を把握できる構成力や企画力、検討会での学び合いが充実するようなコミュニケーション能力等、全体会である【保育内容検討会】の運営を通して、園内研修の目的や形態に合わせた柔軟な指導力が育成されていく意義が見出せます。

【お昼のワークショップ】

月に２～３回（１回につき15分程度）行われているこの研修は、その日に勤務していてお昼に出られる保育士を対象としていますが、非常勤の保育士が参加することが多い研修とされています。少しでも保育の引き出しが増えていくようにと、わらべ歌、お話、詩、読み物などを習得する技能研修的な役割を担っています。「先生たちが楽しみにしている研修の１つだといわれると嬉しくて」と土田先生が話すように、保育士にとっては楽しみながら実践力を高めることが実感できる場となっているようです。資料はクラス担任が準備し、保育者同士で主体的に保育技能の向上を図っている研修といえます。

【園内研究会】【保育内容検討会】【お昼のワークショップ】といっ

た三者三様の園内研修を保育士に提供することで、個々の保育士やクラスの保育を重視し、そこを基軸に保育実践を安定させる、そして、その個別課題とは違った園全体での共通理解を図ることで保育士自身が置かれている保育の現状を保育士自身が俯瞰的に把握することができ、観察やわらべうた等の保育技能を習得することで日々の保育実践がスムーズに行えるようになる。これらのことを相互作用的に機能させようとする工夫を知るにつけ、勤務形態の違いや保育経験の違いを勘案した研修を体系立てて提供していることが、無理なく園内研修を継続させていく一因であるといえます。

「10年前と何が違うかというと、保育士一人ひとりが研修に出られる体制や時間を工面して調整をするようになったと思います。子どもの数が少ないときは観察の練習をしている保育士を見たことがありますし、こうした主体性が育まれている姿や日々の保育時間の組み立て１つを見ても保育者の成長がわかるようになりました」と、副園長が保育士の育ちを喜ぶことができる研修体制の持つ意義について、更に構造を解明する必要があると感じています。そして、保育士だけではなく副園長としての自身の変化については、「副園長になって観察が上手になって、アイデアがたくさんわくようになりました。少し引いて保育を眺めることで、躍起になってここをよくしようとか思わなくなりました。もっと長い目で見えるようになった気がします。本人が楽で、何かに気付いてくれる方がいいなと思うようになりました」と考察しています。土田先生ご自身が観察記録に基づく研究をしていることから既に観察のエキスパートなのですが、その先生をして「観察が上手になった」と言わしめる研修の持つ本質とは何なのか。外部からの講師をここ10年は招いていないこの園で実施されている「園ですることが当たり前になっている」園内研修からは、園内研修というシステムがもたらす影響を多角的に検証することが示唆されたといえます。■

第3節 持続可能な園内研修がもたらす学びの様相

本章では、持続可能な園内研修に備わっている要素や要因について、その全体的な構造を『つながる園内研シリーズ1：園内研修事例集』で扱った14園から俯瞰し、また、そこで実践されている園内研修の裏側を実施者である２人の副園長の語りからひもとくことで、その要素や要因がもたらしている意味について考えるきっかけを取り上げてみました。以下、持続可能な園内研修において発生している化学反応ともいえる３つの現象について触れてみたいと思います。

1 日常になる

今回、検討したすべての園において、園内研修は半ば強制的なシステムの一環として位置づけられていました。そこには、園内研修が園にもたらす良い影響を実感し、また、信じて導入しているリーダーの意識が見えてきます。そして、「園内研修とは業務の一環としてあるもの」という無機質にもとれるシステムが、保育者をして「面白い」「少しわかるようになった」と言わしめる有機性をもたらすそのプロセスを解明することが園内研修がなぜ持続するのかを理解する１つの手がかりになると思いました。

研修がそこにあるという現実が、研修はするものなのだという認識におちいるという過程を経て、研修から継続して何かを得る対象となりうる。そう考えると、日常性や習慣化をキーワードに園内研修を検証することが必要だという考えにたどり着きました。園内研修を無機的に習慣化させることで、参加者の研修への意識が、させられるもの➡するもの➡したいものへと変容を遂げるのか。その過程を経る保育者とそれが遂げられなかった保育者とでは一体何が違うのか。無機的な行為が化学反応を起こすことでもたらす有機性に着目することは興味深いといえます。

実際、今回研究に協力して下さった園は、時間を決めて、その場で参加できる人が参加できる多様な研修形態を導入しようとするなど、無理のなさを提案することによって日常化を図る工夫をしています。研修に参加する保育者も無理のない範囲で何かをし（例：観察をする、記録をとる、話をする）、日々の保育の一環としてそれをこなすところから入るのかもしれません。その何かをするという行為そのものが当たり前になる日々の鍛錬にも似た一種のトレーニング効果として、無理のない範囲を押し広げ、少しの余裕ができたところで自身の保育について思うという有機性を生むのかもしれません。

2 柔軟になる

「いつでも」「どこでも」「誰とでも」の柔軟性が持続可能な園内研修には充満しているようです。勤務形態や経験年数、担当クラスや保育指導形態等、同じ園に勤務していても保育者の働き方は多様で、その一人ひとりに合った研修を提供することは極めて難しいといえる中で、研修を継続して行っている園では研修システムに柔軟性をもたせて対応しています。例えていうと、準備された形や色の違う器（研修の枠組み）には、色とりどりの野菜（研修内容）が入っていて、「今日はどれを食べる？」と相談しながら、今日食べるものを選び、食卓を一緒に囲んで食べます（研修の参加方法）。器の好みや野菜の好き嫌いはあるし、好きなものを好きな器で好きな時に食べられることはないかもしれないけれど、その時の自分の体調に合ったものを選べる柔軟性を重視することが、継続して園内研修を行っている園の特徴といえそうです。

短いお昼の時間を使って２・３人で行う園内研修もあれば、共通の記録様式に則った記録を持ち寄って保育の課題を保育者全員で２時間かけて協議する研修もあります。また、ホールで体を動かしながら子どもの経験を追認する内容もあれば、保育室の保育環境を１つずつ確認しながら進めていく方法もあります。与えられた限りある時間を、利用可能な場所で、集まれる人たちだけで進めていく研修は、同時に、その中で語られる言説に対しても柔軟に対応しています。誰の考えでも、誰の発言でも、誰の課題でも、その場にいる人々で理解し、共有するための工夫がとられています。参加者によって可変される計画、リーダー然としないファシリテーターや実践の意味づけを図ってくれる外部講師、付箋や写真といったさまざまなツールや、まずは共感することから始めるコミュニケーションルールなど、研修が限りなく柔軟であれるような工夫が凝らされています。園内研修が持続可能である要素としての自由度に着目することで、柔軟になっていく園内研修のプロセスを多角的に捉えなおす意義について考えさせられました。

3　共有する

そして最後に、継続している園内研修では、さまざまなものが共有されていることにも気付きました。限られた研修時間、研修目的、対話の場、そこで提示される情報やリソース、対話のルール、同僚の思いや声、安心感や不安などは、いずれも研修の場で共有されているものとしてあがっていたものです。「環境から生まれた出来事が長く持続的に語られ、つながる」（私立保育園）でも現れたことですが、今回、山田先生と土田先生へのインタビューから見出された知見の中に「研修はするものだ」という園内研修の存在が日々の保育の中に埋め込まれている認識がありました。継続のための鍵を探るためのインタビューでしたが、何十年もの間、習慣として位置づく園内研修を前にして「考えたことがなかった」という無意識を考えさせた感がありました。この目に見えない園内研修という実態が「そこにある」という園文化を、時間を超えて園の中で共有されてきたものとして捉えなおしてみる必要があると痛感しています。その時や、その場で、その人々と共有されるものだけではなく、そこに至るまでの時間や経験を基にその場を何度も再構成しながら、そこにいた人々が築き上げてきたものが、今、共有されているという認識です。

園内研修は、各園の文化を表出した代表作品のようなものです。「同僚で学びあう場があれば、それを園内研修と呼ぶ」とすれば、どの園にも園内研修は存在するはずです。研修の何が脈々と共有されてきたのか。何のために研修を行い、どのようにして研修を日常の保育の中に住まわせるのか。何を受け入れて自由な学び合いを手に入れるのか。目に見えない要素にも着目しながら、持続可能な園内研修のあり方を探っていくことは興味深い探求行為であるといえます。 ■

引用文献

- OECD, *Starting Strong V.*, 2017.
- 国立教育政策研究所『幼児教育・保育の国際比較 OECD国際幼児教育・保育従事者調査2018報告書――質の高い幼児教育・保育に向けて』2020.
- 国立教育政策研究所『幼児教育・保育の国際比較 OECD国際幼児教育・保育従事者調査2018報告書第２巻――働く魅力と専門性の向上に向けて』2021.
- 文部科学省『幼稚園教育要領解説』2018.
- 厚生労働省『保育所保育指針解説』2018.
- 内閣府『認定こども園教育・保育要領解説』2018.
- JSPS科学研究費（基盤研究（A）課題番号16H02063「保育者の学習過程を支える園内研修とリーダーシップの検討」代表　秋田喜代美）成果物「つながる園内研シリーズ１：園内研修事例集」2021.
- 野口隆子「保育者の専門性と成長――メンタリングに関する研究動向」『人間文化論叢』第５巻，pp.331-339，2002.
- 片岡元子「保育者の「葛藤」とメンタリングに関する研究」『香川大学教育実践総合研究』第28巻，pp.137-150，2014.
- 平林祥「新任保育者の成長に寄与する同僚保育者のメンタリング」『保育学研究』第57巻第１号，pp.67-78，2019.

第7章

園長・ミドルリーダーのリーダーシップをめぐる事例

第1節 ミドルリーダーがミドルリーダーになるプロセス

1 注目されるミドルリーダーの役割

①ミドルリーダーのリーダーシップが求められる背景

今日、保育を取り巻く状況は、以前と比較にならないほど変化しています。例えば、女性の社会進出とよりいっそうの活躍に対する期待を背景に、保育の低年齢化、長時間化、長期間化が進むようになりました。また核家族化や都市化の進展を背景に、家庭の養育力低下が指摘されるようになり、子育てに不安を感じる保護者が増加しています。さらにグローバル化の進展を背景に、外国籍の子どもや保護者を受け入れる機会がかつてないほど多くなりました。これらはほんの一例に過ぎません。こうした保育を取り巻く状況の変化と向き合うためには、保育者が個人単位で課題解決するのは難しく、同僚と手を携えて学び合い、支え合うことが大切です。園という1つの組織がチームワークを形成し、非常勤職員、事務職員、栄養士等も含め、全員が持続的に成長することが求められるのです（中坪 2018）。

園が組織として学び合うためには、リーダーがリーダーシップを発揮する必要があります。リーダーといってすぐに想起されるのは、園長や施設長などのトップリーダーと呼ばれる人たちでしょう。もちろんトップリーダーが積極的にリーダーシップを発揮することで、即座に園全体の意思統一を図ることができます。とはいえ、園が組織として学び合うためには、トップリーダーのリーダーシップだけでは不十分です。なぜならほかの保育者は、トップリーダーに従うだけの受動的立場になってしまい、それぞれが主体性を発揮しながら成長することにはつながりにくいからです。

そこで求められるのが、ミドルリーダーのリーダーシップです。同僚と手を携えて学び合い、支え合うためには、複数のリーダーがそれぞれリーダーシップを発揮することが必要です。シラージら（2017）は、これを「分散型・共有型リーダーシップ」と表現しました。今、保育におけるリーダーシップのモデルは、トップリーダーによるリーダーシップから、ミドルリーダーを中心としたリーダーシップへの変換が求められており、そうすることで保育者同士の学び合う風土が形成されるのです。

②ミドルリーダーの定義とリーダーシップの内容

それでは、園の中のミドルリーダーとは、誰を指すのでしょうか。その定義は必ずしも明確ではなく、各園の状況に依存しています。例えば、園長や施設長の下に位置する管理職やそれに近い立場の保育者（幼稚園であれば副園長、教頭、主幹教諭、保育所であれば主任保育士など）をミドルリーダーと位置づける園もあれば、そうした保育者の下に位置する中堅保育者（幼稚園であれば指導教諭や学年主任、保育所であれば副主任保育士など）をミドルリーダーと位置づける園もあります。場合によっては、新人と管理職以外は誰もがミドルリーダーと位置づけられる園もあるようです。

このように園におけるミドルリーダーの存在は、それぞれの園を取り巻く状況や職員の人員構成によってさまざまです。また、ミドルリーダーという用語自体、必ずしも各園で定着して用いられるわけではありません。ちなみに野澤・淀川・佐川・天野・宮田・秋田（2018）は、日本の保育におけるミドルリーダーについて、特定の職位や経験年数のみによって規定されるのではなく、園長と他の職員の中間に位置し、リーダーとして必要な実践の知恵や力量をもつ中堅保育者と定義しています。

そうしたミドルリーダーですが、具体的にどのようなリーダーシップが求められるのでしょうか。その内容も多岐にわたります。例えば、「園内研修を組織する」「個々の保育者の主体性を引き出す」「個々の保育者をケアする」「保育に関する実践的知識を他の保育者と共有する」「実践を省察的に検討する」「率先して保護者対応をリードする」など、例をあげれば枚挙に遑（いとま）がありません。野澤・淀川・佐川・天野・宮田・秋田（2018）は、Boe & Hognestad（2017）が示したhybrid leadershipという概念を紹介しています（表7-1-1）。

表7-1-1 ◆ ミドルリーダーのhybrid leadership

（1）情報の共有・やりとり (total informational)	ミドルリーダーが「神経中枢」として、できる限りの情報を同僚間で広めること
（2）要求や懇願 (request and solicitation)	同僚の要望や懇願に専門的知識や経験をもって応えることで、日々の仕事を支え、良い協働的関係性を築くこと
（3）人材の配置 (resource allocation)	保育が円滑に行われるよう、一日の流れの中で、人材を適切に配置すること
（4）非公式の打合せ (informal meetings)	同僚との予定にない打合せをするための手軽な、非公式の接触
（5）全体に関する意思決定 (total decision-making)	一人のリーダーとして（同僚に相談せず）、意思決定すること
（6）専門知の開発を導く (leading knowledge development)	めまぐるしい日々の中でも、状況やニーズに応じた学びの機会を生み出し、知の充実をはかること
（7）ケアと配慮 (care and consideration)	ケアと配慮によって、すべての関係性に支えられた活動（仕事）の基礎をつくること

Boe & Hognestad（2017）をもとに淀川作成（野澤・淀川・佐川・天野・宮田・秋田，p.397，2018.）

これは、ミドルリーダーのリーダーシップを階層的観点と非階層的観点から捉えるものであり、ミドルリーダーは、その役職において個人として発揮するリーダーシップ（solo leadership/positional leadership）と、同僚と協働しながら民主的に発揮するリーダーシップ（dialogue-oriented leadership/democratic leadership）の両方があることを表しています。

2 事例：ある保育者がミドルリーダーとしてのやり甲斐を得るまでのプロセス

以下では、ある保育者（豊田先生：仮名）へのインタビュー調査をもとに、彼女がミドルリーダーとしてのやり甲斐を得るまでのプロセスについて、4つの期（第Ⅰ期～第Ⅳ期）に分けて紹介します。

豊田先生は現在、認定こども園（平和こども園：仮称）の指導保育教諭であり、園の中でミドルリーダーという用語は用いられないものの、歴としたミドルリーダーです。豊田先生は、平和こども園に20年以上勤務しており、就職して９年目のときに園長から副主任（＝ミドルリーダー）の役職を命ぜられ、以降、ミドルリーダーとしての役割に葛藤する日々を過ごしたそうです。現在は、ミドルリーダーとしての気負いもなくなり、経験年数や立場にこだわらず、個々の保育者が主体性を発揮できるような風土を創出していくことにやり甲斐を感じているそうです。

①第Ⅰ期「こだわり期」：ミドルリーダーの役割を果たすことにこだわる

就職して９年目、心づもりがない中で突然副主任となった豊田先生は、プレッシャーを感じながらも自分が理想とするミドルリーダー像を追い求めていたそうです。それまでは自分の保育のことだけを考えていればよかった立場から、同僚の保育のことも考えなければならない立場へと変わったことで、自分もスキルアップしなければと思うようになり、専門書を購読したり、積極的に外部研修に参加したりするようになったそうです。インタビューの中で豊田先生は、当時のことを次のように述べています。

豊田：とにかく（ミドルリーダーの）役割を果たすことばかり考えて、保育に対しても職員の思いを変えてやろう…みたいなところがあって。おそらく今までの自分の保育に対する自負もあったので、とにかく職員に教えなければ、指導しなければというこだわりが強かったですね。

平和こども園はこの時期、豊田先生以外にも２名のミドルリーダー（役職名は副主任）がおり、３名が主任と連携しながら若手保育者をリードしていたそうです。その中で豊田先生は、３～５歳児クラスを担当する若手保育者４～５名のリーダーでした。

豊田：この時期、若い職員と常にやりとりしていました。当時の私は「職員の育成＝園内研修」と単純に捉えていて。園内研修を単に情報伝達で終わらせるのではなく、若い職員に対する勉強会みたいにできれば育成にもつながるのではないかと考えていました。

豊田先生は、当時「エピソード記述」（鯨岡 2005）に関する外部研修を受講していたこともあり、若手保育者にもエピソードの記述を求め、それをもとに相互にやりとりする園内研修を行うことで、若手保育者の育成を企図したのです。

②第Ⅱ期「押しつけ期」：自らの価値観を押しつける

その後豊田先生は、自分の下にいる若手保育者に対して、「子どもとのかかわりはこうしてください」「明日からはこうしてください」など、自らの価値観を押しつけるようになっていきます。

豊田：ミドルリーダーとして頑張りたい自分を園長も理解してくれて。だから保育を変えたいと思ったんです。でもどう変えたらいいのか、どう子どもを見たらいいのか、自分も悩んでいて。園長も色々な研修を紹介してくれて、そういう研修に行けば行くほど、学んだものを持ち帰って職員に押し付ける、そんな感じでした。

こうした豊田先生のリーダーシップに対して若手保育者は、成長するよりもむしろ自信喪失に陥ってしまいます。そして自ずと人間関係も悪化し、平和こども園を退職する保育者も出たそうです。

豊田：この時期に職員が辞めていって。私自身も試行錯誤というか、もがいてもがいて。

このように豊田先生は、この時期が最も苦しかったと述べています。責任感が強く、勉強熱心であるが故に、豊田先生にとって「保育者の自信喪失」「保育者同士の人間関係の悪化」「一部の保育者の退職」という出来事は、相当の苦労があったに違いありません。

③第Ⅲ期「転回期」：黒子として支えるようなミドルリーダー像を追求する

ミドルリーダーを担うようになって４年後、豊田先生に転機が訪れます。「園内研修コーディネーター養成講座」を受講した豊田先生は、個々の保育者が安心して自分の悩みを吐露したり、励まし合ったり、いろいろな意見を出してアドバイスし合ったりなど、常勤や非常勤、職位や経験年数にとらわれず、互いに胸襟を開いて語り合うような園内研修を組織することが若手保育者の育成につながると学んだのです。この学びは豊田先生にとって目から鱗であると同時に、ミドルリーダーとしての自分の役割について新たな展望を拓くきっかけとなりました。

豊田：私はそれまで、子どもには凄く目が向いていたけど、職員の気持ちには目が向いていなかったことにハッと気付かされて…。先生方の気持ちや互いの関係性が重要だというお話しが衝撃的でした。そこから、これはもう私自身が考え方を変えなければと思うようになり、主任や副主任と相談して、私たちのスタンスを変えていこう、まずは園内研修の進め方を変えてみようということになりました。

この講座の受講を通して豊田先生は、保育者同士の関係性の大切さを痛感するとともに、自らのリーダーシップのあり方を見直します。若手保育者が安心して参加し、率直に語り合えるように、園内研修の進め方を改めることにしたそうです。具体的な改革の１つが園内研修の最後に取り入れた「メッセージ交換」でした。これを通して豊田先生は、保育者同士が肯定的に認め合うことを企図したのです。

豊田：職員同士が互いの良いところを見つけるようなことをしたくて。以前私が４歳児クラスの担任だったとき、子ども同士で互いの良いところを見つけるということをしたらクラスがどんどん変わっていったんですよ。その経験があったので、人に認めてもらって嬉しいのは子どもも大人も一緒だと思って発案しました。

「メッセージ交換」とは、園内研修の終わりに同じグループのメンバーに対して、語り合う中で印象的だった発言や、素敵だと感じた考え方、日頃言いたくても伝えられない感謝やねぎらいの言葉などを付箋に書いて渡し合うというものです。この「メッセージ交換」を通して豊田先生は、保育者同士が互いの存在を丸ごと受け止め、尊重し合える関係になれるような状況づくりに取り組みます。実際に保育者は、交換したメッセージを自分のノートに貼り付けて大切に保管するようになり、気持ちが落ち込んでいるときや自分の良さを見失いそうになったときなどに、読み返して励みにしているそうです。

こうして豊田先生は、自らが黒子となって若手保育者を支えるようになり、自らの役割も「一人で奮闘するミドルリーダー」から「ともに頑張るミドルリーダー」へと変貌を遂げます。個々の保育者の多様な見方や考え方を尊重し、それぞれが肯定的で前向きになれるような雰囲気づくりに尽力するのです。また、若手保育者と他園の公開保育に参加したり、逆に他園の保育者に自分たちの保育を公開したりするようになります。インタビューの中で豊田先生は、当時のことを次のように述べています。

豊田：前みたいに「私が教えなきゃ」という気負いはないです。けれど、じゃあミドルリーダーの役割を意識していないかというとそうではなく、黒子というか、さり気なく支えていくようなミドルリーダー像は追求しているかもしれません。

④第Ⅳ期「発展と模索期」：やり甲斐を感じながら新たな課題に取り組む

こうして、平和こども園における保育者同士の関係性は改善されていきます。とはいえ、万事順調というわけではなく、関係性の発展とともに、新たな課題に対する模索が始まります。

豊田：（職員同士の関係性の）土台ができたら、そのままもうシュッと行くと思っていたんですけど大きな間違いでしたね。職員も成長しているから一歩進んで、でも一歩戻って。「もう、うちの園はうまくいく」と高（たか）を括っていたんですけど、職員の姿からそうじゃないことに気づかされて今に至りますね。今、私はどこを目指したらよいのか、再び悩んでいるのかもしれません。

新たな課題について豊田先生は、「個々の保育者が園のことを自分事として捉えることの難しさ」「語り合う園内研修だけでは、何となく不十分であることの自覚」「経験年数の異なる保育者同士が対話することの難しさ」「固定化された自らの役割を打破することの難しさ」をあげてくれました。このことは、豊田先生のミドルリーダーとしての成長が決して右肩上がりのハッピーストーリーではないことを示しています。それでは一体、豊田先生は今の自分の役割をどう感じているのでしょうか。

豊田：それでも今は、ミドルリーダーとしての仕事に滅茶苦茶やり甲斐を感じてますよ（笑）。楽しいです。最初の頃は私が教えなきゃって思っていたのが、そうじゃなくて、いろいろなことに気づかせてもらえて。自分の考え方がどんどん変わっているのがわかって、視野も広くなっています。保育って正解がないから、若い職員と一緒に、「今日のあの子、どんな気持ちだったんだろうね」などと語り合うのはとても楽しくて。

このように豊田先生は現在、新たな課題に直面してはいるものの、ミドルリーダーとしての仕事にやり甲斐を感じていると述べています。

3 事例から学ぶもの

このように平和こども園は、複数のリーダーが役割を発揮する「分散型・共有型リーダーシップ」を具現化していることがわかります。そうした中、ミドルリーダーがミドルリーダーになるプロセスについて、上記の事例から、私たちは何を学ぶことができるのでしょうか。

①ミドルリーダーがミドルリーダーになることの難しさ

ミドルリーダーの役割を命ぜられてからの豊田先生は、その重責を痛感し、自己研鑽に励むようになります。このことを、既述したhybrid leadershipの概念（Boe & Hognestad 2017）（表7-1-1）に即して述べるならば、ミドルリーダーが「神経中枢」として機能するために、言い換えれば、できる限りの情報を同僚間で広めたり（「情報の共有・やりとり」）、同僚の要望や懇願に専門的知識や経験をもって応えたり（「要求や懇願」）するために、豊田先生は、自身の力量を高めることが何よりも大切であると捉えたのかもしれません。確かにこうしたミドルリーダーの自己研鑽は、若手保育者を触発し、フォローしたいという気持ちにつながります。ミドルリーダーがその役職において、階層的観点から個人としてのリーダーシップを発揮する場合、自身も不断の努力を重ねることが互いに学び合う風土を創出するのです。

他方で、上記の事例は、第Ⅰ期と第Ⅱ期に見られるように、階層的観点から発揮される個人のリーダーシップの偏重では、若手保育者からフォローを得ることは難しく、むしろ人間関係の破綻を招きかねないことを私たちに伝えています。１人のリーダーとして意思決定をしたり（「全体に関する意思決定」）、目まぐるしい日々の中でも状況やニーズに応じた学びの機会を生み出し、知の充実を図ろうとしたり（専門知の開発を導く）することは、場合によっては、若手保育者の自信喪失を誘発することにもなるのです。

②ミドルリーダーがミドルリーダーになることで得たやり甲斐

上記の事例の場合、第Ⅲ期に転機が訪れ、その後の豊田先生は、ケアと配慮によって全ての関係性に支えられた活動（仕事）の基礎をつくるようになったり（「ケアと配慮」）、同僚と良い協働的関係を築いたり（「要求や懇願」）するようになります。言い換えれば、非階層的観点に基づくような、同僚と協働する民主的なリーダーシップを通して、互いに学び合う風土を創出するのです。このことは、ミドルリーダーがミドルリーダーになるためには、階層的観点から発揮される個人としてのリーダーシップ以上に、非階層的観点から発揮される民主的なリーダーシップが大切であることを示しています。そして何よりも、ミドルリーダーが民主的なリーダーシップを発揮することで、自身もその役割にやり甲斐を感じている点が注目に値するといえるでしょう。

ミドルリーダーが若手保育者と協働し、互いに学び合う風土が創出されたなら、自ずと保育が円滑に行われるようになったり（「人材の配置」）、同僚との予定にない打ち合わせをするための手軽な、非公式の接触（「非公式の打ち合わせ」）が行いやすくなったりすることは、想像に難くありません。上記の事例は、園の中に存在する複数のミドルリーダーが、個人としてのリーダーシップと、同僚と協働しながら民主的に発揮するリーダーシップを両輪として機能させることで、園という組織がチームワークを形成し、持続的な成長につながることを私たちに伝えているといえるでしょう。

③ミドルリーダーをいかに支えるのか

ところで、上記の事例は、ミドルリーダー固有の苦悩も私たちに伝えています。豊田先生がインタビューの中で吐露した「私自身も試行錯誤というか、もがいてもがいて」という言葉は、聴き手である筆者にとっても胸が痛む思いでした。

ミドルリーダーは、その名の通り、トップリーダーや管理職と若手保育者をつなぐ中間に位置する存在であるとともに、園と家庭や地域をつなぐ中間に位置する存在でもあります。このことは、ミドルリーダーがハブ（Hub）の役割を果たしていることを表すものであり、リーダーシップの内容が多岐にわたり、枚挙に遑（いとま）がないのもそのためといえます。ここでいうハブ（Hub）とは、例えば、トップリーダーと折衝したり、若手保育者を育成したり、子どもを保育したり、保護者に対応したり、地域の人々と連携したりなど、園を取り巻くすべての人々と円滑なコミュニケーションをとるとともに、互いに話しやすい雰囲気づくりに努めなければならないことを意味します。

園を取り巻くそれぞれの、立場の異なる人々の目線に立ち、彼（女）らの気持ちに共感したり、慮ったりすることが求められるミドルリーダーには、気疲れ、気苦労、気働きなどが生じやすく、固有の苦悩や孤独感が伴いかねません。しかしながら、そうした苦悩や孤独感の内実や、ミドルリーダーをケアし、支えるための具体的方法などについては、先行研究でも十分検討されているわけではありません。上記の事例では、幸いにも豊田先生に転機が訪れたことで、現在はミドルリーダーの役割にやり甲斐を感じることができていますが、すべてのミドルリーダーにそうした転機が訪れるわけではないことはいうまでもありません。ミドルリーダーをいかに支えるのか、この点については、今後検討しなければならない課題の1つといえるでしょう。■

第2節 ミドルリーダーのやりがいと葛藤

1 園におけるミドルリーダーとは？

1）はじめに

幼稚園・保育所・認定こども園等（以下、幼稚園等）において、保育の質をたかめていくためには、園長のリーダーシップが重要であることは広く知られてくるようになってきました（例えば、秋田他2016など）。幼稚園等の組織を考えていく上で、必ずしも有能な園長が職員を引っ張っていくようなリーダーシップのありようだけではなく、保育者同士が学びあい、質の高い保育を実践していく「教育のリーダーシップ（Pedagogical Leadership）」（秋田他 2016）が重要であり、そのためには「分散型・共有型リーダーシップ」が特に重要となるでしょう。

この「分散型・共有型リーダーシップ」は、「専門職の垣根を超えてリードし、職員チームすべてにリーダーシップを分散する」（シラージ他 2017）ものといえます。しかし、実際には、すべての職員が均等にリーダーシップを発揮することは難しく、分散するとしても、さまざまな職務を割り振ったり、サポートする人が重要な役割を担っているといえます。幼稚園等では、この役割を主任や学年リーダーと呼ばれるミドルリーダーが担っているのではないでしょうか。

2）ミドルリーダーとは？

幼稚園等におけるミドルリーダーとは、誰を指しているのでしょうか。それぞれの園において、この人だろうという大まかなイメージはすぐに想像できると思いますが、定義づけるとなると整理しにくいものとなっています。幼稚園や保育所において、それぞれ関連する法令や制度上の定めはありませんが、野澤ら（2019）によるとミドルリーダーとは「組織のトップである園長・施設長と他の職員の中間に位置する」役職の人のことであり、必ずしも具体的な職務を指し示すものではないと述べられています。

従って、単に「主任」などの役職にある人や経験年数の最も長い人をミドルリーダーとするのではなく、園長・施設長と職員との間で、保育現場に影響を及ぼしている人と捉えられるでしょう。

3）本節の目的

本節の目的は、ミドルリーダーの中でも私立幼稚園の主任教諭に焦点をあて、保育を行う幼稚園の職員集団に対して、主任が自身のリーダーシップをどのようなものと捉えているのか、そこでのリーダーシップの役割と葛藤はどのようなものであるのかを、インタビュー調査を通して明らかにすることです。

2 調査の方法

1）研究協力者

私立幼稚園に勤務しており、ミドルリーダーとして園長から紹介していただいた、いわゆる「主任」（園によって主任、保育主任、保育リーダー等の名称が用いられている）の教諭９名です（表7-2-1）。調査は、2016年12月から2017年９月にかけて行われました。研究

表7-2-1 ◆ 本調査の研究協力者

	保育経験年数	主任歴	インタビュー時間
A	26年	13年	35分
B	11年	5年	42分
C	22年	11年	46分
D	29年	19年	68分
E	30年	25年	70分
F	24年	3年	97分
G	29年	22年	41分
H	18年	3年	56分

協力者には、該当園の理事長・園長に依頼をし、許諾を得た上で、本人に対しても説明をし、文書で許諾を得ました。

2）インタビュー

インタビュー調査は、主任教諭の勤務する園で実施し、同意を得てICレコーダで録音をしました。１人あたり約30～100分のインタビューから得られた主任教諭の語りを、「M-GTA（Modified Grounded Theory Approuch：修正版グラウンデッド・セオリー・アプローチ）」と呼ばれる手法で分析を行いました（木下2003、分析手続きの詳細については本書を参照してください）。

3　主任教諭のリーダーシップと葛藤

1）結果の概要

幼稚園に勤務する９名の主任教諭の語りを、M-GTAによって分析したところ、3つの〈コア・カテゴリー〉（大きな中心となる概念）、９つの［カテゴリー］（コア・カテゴリーを構成するカテゴリー）、25の「分析概念」（カテゴリーを構成する語りの特徴）が生成されました（表7-2-2）。また、得られたコア・カテゴリー、カテゴリーを図式化し、わかりやすくしたものが図7-2-1となります。

以下、３つのコア・カテゴリーに沿って、主任教諭のリーダーシップの役割と葛藤についてまとめます。

2）職員集団を〈まとめる〉リーダーシップ

①保育運営への支援

主任教諭としてまず心がけていることは、職員集団を〈まとめる〉ことでした。私立幼稚園で主任となる教諭は、やはり５年目以上の方が多く、園の運営方針ややり方に慣れてきています。主任教諭が中心となって、日々の保育を調整したり、行事進行を管理したりすることが役割としてあげられます（語り１）。

表7-2-2 ◆ M-GTAによる分析概念一覧

コア・カテゴリー	カテゴリー	分析概念	定義	A	B	C	D	E	F	G	H
つなげるリーダーシップ	運営連帯感	保育観の対話による共有	園長の保育観などを話し合いによって共有する	○		○	○		○	○	○
		主任職務の連帯感	主任としての役割を相談したり、教えられたりすることで運営している連帯感を感じる				○	○	○		○
	最終責任者としての園長認識	最終責任者としての園長認識	園全体の責任者として園長をみている	○	○	○	○	○	○	○	
	相互伝達	園長意図の伝達	園長の考えをそれぞれの職員に伝え共通理解する役割のこと	○	○		○	○		○	
		職員希望の伝達	職員からの希望を園長に伝達する	○		○	○	○	○		
板挟み感	主任としての葛藤	園長ー職員板挟み感	園長と職員間の何らかの認識のずれをどうするかに悩む	○	○		○	○			
		主任としての孤独感	主任としての役割を教えられたり相談することがない				○	○			
		主任役割の掌握葛藤	園長、副園長等との役割の棲み分けが難しい			○			○		
		保育からの遠距離感	クラス担任を持たないことで、子どもとかかわることが少なくなり、主任としての役割に孤独感を持つこと		○	○	○		○		
		幼児とのかかわり減少による寂しさ	担任を持ち、幼児とかかわっていたいが、主任となることでそれが少なく感じられることへの寂しさ		○		○		○		○
	主任としてのやりがい	職員連帯達成感	個別や全体の職員と連携し、一体感を感じられることにやりがいを感じる		○	○	○	○			
		保護者認められ感	保護者から園や保育者を認められることにやりがいを感じる				○	○			
まとめるリーダーシップ	職員集団の統括	職員への柔軟な対応	主任としての役割や職務が多様であり、柔軟に対応する	○			○	○			○
		職員の見本	職員の見本になりひっぱっていく	○	○		○			○	○
	職員の成長期待	自立的成長の願い	職員が自分で考えできるように育って欲しいという願い	○			○	○			
		他視点からのアドバイス	保育観や方法について他の視点や考え方もあることを伝える	○	○	○	○				○
	人間関係的支援	職員への目配り	職員一人一人に目を向けて様子や調子を読み取る	○		○	○	○	○		
		職員への後方支援	職員の仕事に対して背中を押したり、バックアップをしたりと後方から支援する	○	○	○	○	○	○	○	○
		職員への心理的支援	職員の思いに共感し、心理的な面で支援する	○	○	○	○	○		○	
		職員人間関係の調整	職員間の人間関係を円滑にする役割のこと	○	○		○		○	○	
	保育運営的支援	カリキュラムの調整	園の教育方針のもと、各クラスのカリキュラムが共有化されるように調整を行う	○	○	○	○				○
		職員への介入的指導の葛藤	職員に一方的にならないように配慮しつつ、どこまで指導するのかを悩む	○	○		○	○	○	○	
		職員への補助的支援	それぞれの先生の手が届かないところを手助けする		○	○	○				
		職員への介入的指導	職員に対して厳しく指導していく		○			○			○
		職員全体の業務調整	職員全体の仕事の把握、分配、管理を行う		○	○	○	○	○		

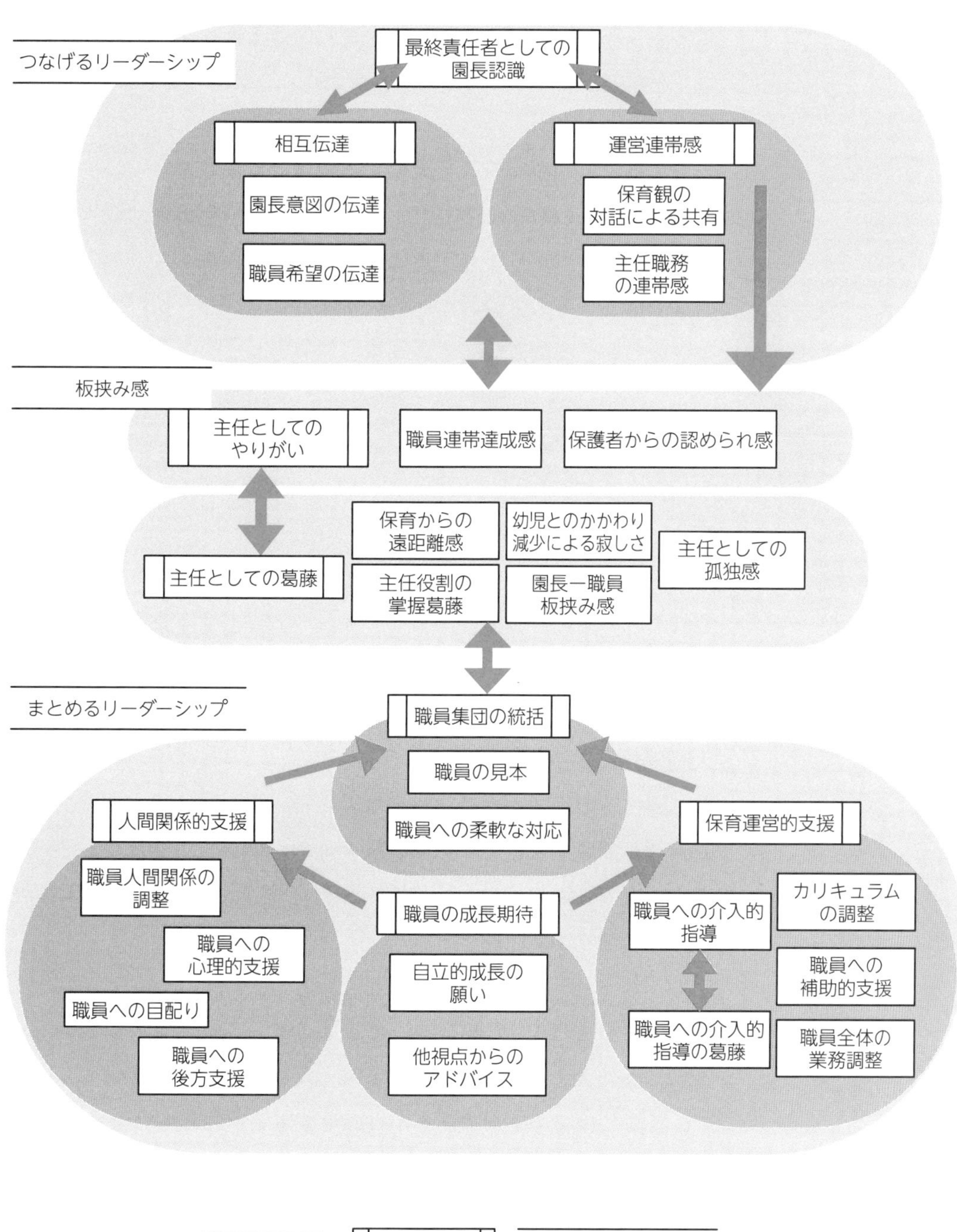

図7-2-1 ◆ 主任教諭のリーダーシップと葛藤

語り1（A主任）：（カリキュラムが）大きく遅れたり、（略）「経験していない」ということにならないように（調整しています）。

一方、単にカリキュラムを調整するだけではありません。主任教諭は、クラス担任の教諭を中心に、手助けしたり、保育補助に入ったりと、カリキュラムがうまく回るように配慮しています。その際には、どこまで補助してもよいのか、介入することで成長を妨げているのではないかという葛藤も感じています（語り2）。

語り2（F主任）：自分はどうしても、（略）押しつけてしまうところもあるかなと思うと、「うーん、あまり言い過ぎてしまってもいけない」というのも、考える。

それぞれの園において、保育カリキュラムがうまく進行するようにすることが重要ですが、どれくらい補助していくのか、介入や助言の仕方を見極めていくことが求められます。

②人間関係への支援

保育運営への支援と同時に重要なことは、職員集団の人間関係に対して支援していくことです。職員同士の人間関係に目を配り、心理的ケアや相談、共感を行い、幼稚園の職員全体の人間関係を円滑にしていくことになります（語り3）。

語り3（C主任）：記録を書いているので、みせてもらいながら、うれしかったことには共感したり、悩みもいっぱい書いてくるので、そこにはできるだけ声をかけたりするようにしています。

このように、保育運営、人間関係への支援の背後にあるのが、主任教諭として職員の成長への期待であり、これが主任の立ち位置となります。

語り4（A主任）：自分が後ろにまわってみんなのことをみてあげ

たり、背中を押したりすることも必要。

A主任が語るように、主任教諭としての心情としては、クラス担任として前線で頑張っている一人ひとりの職員を支えていくというイメージになります。これは、それぞれの担任教諭がクラスのこども達を保育する上で、一人ひとりの育ちを期待しながらかかわっていく、という構造に近いものと考えられるでしょう。

3）理事長・園長と〈つなげる〉リーダーシップ

図7-2-1の上部が、理事長・園長と〈つなげる〉リーダーシップです。私立幼稚園では、ファミリー・ビジネスの形態が多くあります。実際、私たちの研究でも、私立幼稚園園長へのアンケート調査をしたところ、861園中412園（約62%）がファミリー・ビジネスの形態でした。

ファミリー・ビジネスの形態では、園長の役職を、代々血縁関係者が継ぎ、経営を担っていくことになります。そのため、園長はクラス担任をもったことがなく、保育経験も少ない方が多いことが特徴と考えられるでしょう。園長は園全体の運営方針や教育理念といった方向性を打ち出す役割を担い、実際の保育を幼稚園教諭が担います。その狭間で調整を行い、かすがいとなる役割が主任教諭に求められるのです。

園長の考える保育観や保育方法は、実際にどのように行うことができるのか、また、クラス担任の教諭からあげられる要望を園長に伝えていく、という相互伝達の役割があげられます（語り5、6）。

語り5（A主任）：園長先生、理事長先生の考えを、まず、学年主任に伝えて、その学年主任が他のクラスの先生達に伝えて、共通理解をする。

語り6（D主任）：下には下の、ストレスや不満があるのですけれど、それを上手に。やはりダイレクトには上に伝えられないので。

そんな役割なのかなと思っています。

このような役割を担っていく上で、主任教諭が園長と話し合い、園長の考える保育観を理解し、共有していくこともまた重要な要素となります。

語り７（Ｅ主任）：理事長先生の話を聴かせてもらって、（略）学園そのものをどういうふうにしていきたい、理事長先生がどういう考えをもっていらっしゃるのかというのを聞くことは大事だろうと思う。

特にファミリー・ビジネスの私立幼稚園では、園長が運営方針や経営方針を決定していくものですが、園長がそこをどう考え、どのように導入していこうとしているのかを知っておくことは、保育運営の実務面を担っている主任教諭にとって重要なものとなります。従って、運営方針や経営方針を共有することは主任としての役割といえるでしょう。

４）主任教諭のかかえる板挟み感

このような２つの役割の中で、主任教諭は、園長のような経営者側と、職員集団との板挟みとなる中間管理職的立ち位置となります。そのために、「主任としてのやりがい」と「主任としての葛藤」という２つを感じていました。

主任教諭としてのやりがいは、職員が一体となり、保育を行うことで感じられたり、保育を行うことで、保護者から感謝をされることなどで感じられます（語り８）。

語り８（Ｃ主任）：（保護者から）感謝の言葉をもらうと、「ああ、やはりして良かったね」とは思います。

このような主任教諭としてのやりがいは、いわばクラス担任として保育を行い、うまくいった時に感じられる手応えのように、主任として、多くの教諭をまとめることで感じられるものでしょう。

しかし、一方で、主任としての板挟みからくる葛藤もあります（語り９・語り10）。

語り９（Ｂ主任）：まだ私も担任をしたいばっかりだったので、前向きになれないところ（がある）。

語り10（Ｅ主任）：（主任になったことで）自分だけ他の先生においていかれた感が（ある）。

これらの語りのように、本来、子どもが好きなのに幼児とのかかわりを中心とする保育から離れてしまうことの寂しさや孤独を感じています。

本研究で調査を行った主任教諭のうち、一部の主任は、相談をする場がなかったり、初めての役職で何をしていいのかわからないなど、手探りの状態であることを感じていました。一方で、そうではない主任教諭は、複数で主任という役割を担っていたり、理事長や園長と緊密に話をし、連帯感を持つことで、孤独感が解消されていました。

このように、園長との連携は重要ですが、実際の業務を管理するのは、主任教諭の役割となっています。そこでは、職員の負担が偏ったり、帰る時間が遅くならないようにするなどのさまざまな配慮が求められます。そのためには、語り11のように、業務を意識的に分散させ、職員集団として分散・共有型のミドルリーダーシップを育てていくことが必要になるでしょう。

語り11（Ｇ主任）：（行事の）負担が全部年上の先生ばっかりになってしまって。そのときに一気に辞められたときが大変にはなってしまうので、（略）いろんな先生に経験してもらう。

潤滑油としての ミドルリーダーのために

ここまで、私立幼稚園の主任教諭に焦点をあて、ミドルリーダーのやりがいと葛藤を明らかにしました。多くの私立幼稚園では、理事長・園長の経営を主として担う人と、クラス担任を担う教諭中心の職員集団との狭間に位置する主任教諭が重要な役割を担っているでしょう。主任教諭がどのように、〈まとめる〉〈つなげる〉リーダーシップを発揮し、保育を運営していくかが、幼稚園の組織に大きな影響を与えていきます。より良い保育を目指していくためには、主任が潤滑油のような役割を意識していきながら、組織運営を行うこと、同時に組織運営を行う上での業務を上手に分散・共有することで、持続可能な幼稚園組織となっていくと考えられます。

しかし、これらは私立幼稚園に焦点をあてたため、園長自身が熟達した保育者である公立幼稚園や保育園のような組織ではあてはまらないこともあります。これらについては、今後さらに研究に取り組んでいきます。 ■

付記

本項の内容は以下の論文をベースに、再構成したものです。

上田敏丈・秋田喜代美・芦田宏・小田豊・門田理世・鈴木正敏・中坪史典・野口隆子・淀川裕美・森暢子「私立幼稚園における主任教諭のリーダーシップに関する研究」『保育学研究』第58巻第1号，pp.67-79，2020.

第3節 ミドルリーダーを育てるリーダーのあり方

本章ではこれまで、ミドルリーダーとしての役割、やりがいなどについて見てきました。またその中でも、「つなぐ役割」としてのミドルリーダーについて考えてきました。本節では、そうしたミドルリーダーを育てる立場であるリーダーの思いについて見ていきたいと思います。このテーマに近づくため、第５章でも取り上げた事例の中から、認定こども園いぶき幼稚園の園長である阿部能光先生に承諾を得て、2022（令和４）年１月10日にインタビューを行いました。そこからミドルリーダーを育てたいと思った経緯や、実践されている内容についてまとめていきます。

1 園長としての葛藤とミドルリーダー育成に至った経緯

認定こども園いぶき幼稚園は、1993（平成５）年に学校法人鈴蘭台学園の園として設立されました。母体の鈴蘭台幼稚園は、1933（昭和８）年に設立されたものが現在も続いています。現園長の阿部能光先生は、いぶき幼稚園の２代目園長として、先代から園運営を引き継いでいます。いぶき幼稚園は2011（平成23）年から認定こども園となり現在に至っていますが、300名規模の園児を抱え、３歳未満児の保育や長時間保育などを行う上で、職員数は85名前後となり、園内のチームづくりが園運営に重要だと考え、特にミドルリーダーを育てることが大切だとして、園長自らミドルリーダー研修を企画・運営するようになりました。

また、園の建学の理念は「つよい心 じょうぶな体 やさしい気持ち」ですが、近年は「やってみよう！　があふれだす」をスローガンにして自分で考え、動ける主体性の高い子どもたちを育てようとしています。主体的な子どもを育てるという理想と同時に、いかに保育者が主体的であるかということがリーダーとしての関心事であると述べています。

何年か前から、これまでの行事中心の保育が、子どもたちが自分たちで運動会を運営するような、主体的な保育に移行していきました。大きな転機は、2018（平成30）年から小学校並みのパフォーマンスが売りであった音楽会を止め、子ども主体の文化祭的な「いぶきわくわくフェスタ」に変えたことです。子どもたちが自分たちの興味関心ややりたいことをきっかけとして、自分たちで考えて演（だ）し物を楽しんでもらう行事になりました。魚釣りやボウリング、マグロの解体ショーをする寿司屋などのお店あり、夏野菜の育て方を発表するプレゼンテーションあり、ヒーローショーやお化け屋敷あり、部屋全体をアニメキャラクターの家にするクラスありのイベントが、子どもたちのアイデアと手によって展開されていました。子どもたちのアイデアを拾いながらそれを広げていく先生たちの工夫が、保育を面白くしています。ここでは、子どもの主体性を育む保育を実現したいという強い信念のもと、シラージら（2017）のいう「教育のリーダーシップ」が発揮されているといえます。

いぶき幼稚園の園内研修では、事例（p.156参照）にもあったようにミドルリーダーが司会をしてグループでの議論を深めるようになっています。組織としてのまとまりを保ちながら、保育者一人ひとりの主体性が発揮され、目標に向かっていく様子は、前出のPM理論（三隅 1984）でいえば、集団維持行動と目標達成行動をかけあわせたPM型であるといえるでしょう。ここでは分散型・共有型リーダーシップが重要視されています。ミドルリーダーは、園内研修の場で理念と方法を共有することが任されているのです。こうしたミドルリーダーが育ち、組織として機能するようになった経緯とその中身は、どのようなものだったでしょうか。

ミドルリーダー像とその役割

園を率いる園長先生がとらえるミドルリーダー像について、阿部園長は次のように言います。

「サッカーで言ったらミッドフィルダー。攻撃と守りを繋ぐ人。コネクトする役っていうんですかね。現場とトップとか、いろんな人・もの・ことを繋ぐ役割だと思うんですけど、どちらかというと現場と一緒に動くポジションの人かな」

このように、ミドルリーダーはつなぐ役割、とりわけ現場の人と人をつなぐ、ということが考えられています。この「つなぐ」役割としてのミドルリーダーですが、何と何をつないでいるのでしょうか。これまでのヒエラルキー型の組織構造では、当然のように上と下をつなぐ、ということが考えられます。しかしそれは、上意下達を徹底する意味での「つなぐ」ではないようです。阿部園長は「伝える」と「おろす」という言葉を使って、その違いについて説明しています。

「僕自身、ミドルの先生たちに対していろんなことを「伝える」って言い方をするんですね。ミドルリーダーの先生たちも、自分より若い先生たちに向かって伝えるという言い方をするんです。ミドルに話を聞いてもらって、情報を伝えられてとか教えてもらって、ヒントをもらって、でもそれをやるかは、決めるのはあなた自身だよっていうところですよね」

ここではリーダーがミドルリーダーに対して、またミドルリーダーが保育者に対して、それぞれが主体であることを意識しているのがわかります。基本的に意思決定をするのは本人であって、立場が上の人間に限らない、ということを、リーダーである園長自身がミドルに対して示しています。それにならってミドルリーダーも、一人ひとりの保育者に対して、決めたり行動したりするのは自分自身であることを伝えるように意識しているのです。できる範囲で権限を委譲していくことで、一人ひとりが自分で考え、決め、行動することができるようになります。しかし、基本的な理念が異なると、事態はそのようには進まないことを指摘しています。

「最近いろいろな方が見学とか相談に来られて、その相談にのっているのですが、どう上から下に「おろす」かという言い方をする人が多いんですよ」

理念や方針について、上の立場のリーダーが決めて下に「おろす」という言葉が使われている際には、意思決定者がリーダーであることが言外に含まれていると考えられます。こうした言葉をよく使うことが、背景にあるリーダーの価値観をあらわしているといえるのです。このことに関連して、ミドルリーダーの「板挟み感」は、そこからくるのではないかと指摘しています。

「板挟みのミドルがいる状態の組織とか、上と下の関係性っていうのは、はっきり言ってしまえば、トップダウンの上から下におろしていくっていう傾向がまだまだ強い園で起こりやすいですよね。（中略）話の流れが上から下に下りていく一方通行で、下から上に上がっていくっていう流れができていなかったりとか見えていなかったりとかするんです。（中略）だから下から上に上がるっていう流れの関係性とか話とかをつくってあげたら、板挟み感はなくなるんですけど」

この「板挟み感」の問題は、組織のあり方としてリーダー・ミドルリーダー・職員の関係性が上意下達タイプのヒエラルキー型になっているか、それとも関係性が水平的なホラクラシー型かによって違い、それがミドルリーダーのあり方や悩み方を変えていくのです。

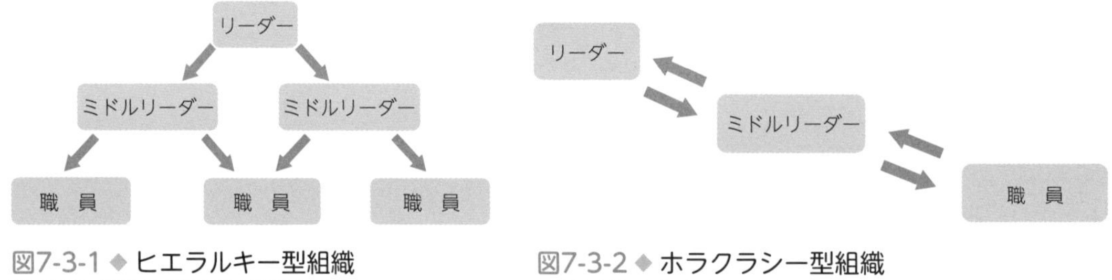

図7-3-1 ◆ ヒエラルキー型組織

図7-3-2 ◆ ホラクラシー型組織

ヒエラルキー型組織においては、上からの意思伝達が優先され、下位にいる職員である保育者は、リーダーの意思に沿って行動しようとします。当然、伝達の矢印は上から下へしか向いていません。職員は、上の期待にどう応えるかが行動規範や判断の基準となり、主体的に自分たちで考えようとはしません（図7-3-1）。

一方で、ホラクラシー型組織の園では、完全に平等で水平な力関係にはならないものの、ミドルリーダーからの提案や職員からの発言が行われ、対話が成り立つ関係ができています。リーダーは個々の意見を引き出しながら、ミドルリーダーに対しては権限を委譲して責任を分散させていくようになります（図7-3-2）。ヒエラルキー型の園では、園内研修は伝達型のもの以外はあまり必要とされないのに対して、ホラクラシー型の園では、対話型・協働型の園内研修が適していることになります。園内のリーダーと職員間の関係性が子ども同士の関係性の相似形であることを考えると、ホラクラシー型の園のほうが子ども主体の保育と相性が良いことがわかります。阿部園長は、園の組織やチームづくりを飛ばして、子ども主体の保育の方法をどうするかという相談を受け次のように述べています。

「子ども主体の保育になりにくい状態の組織体制とかチームづくりとか上下関係とかをそのままにして方法論だけ変えたいという話をもって来られる方が多いんで。実はその方法論だけを変えても、その行事だけ変えてもうまくいかないですよとか。そうじゃなくて、そもそも主体性が発揮できるような園の文化とか人間関係とか、人材育成とかってことを考えていかないといけないんで、ということを言うようにしてます」

この点について阿部園長はさらに、ミドルリーダー養成講座で使用している資料を用いて説明します。

共主体の教育の場として、保育者も主体性を発揮できる園であるために
◯リーダーの願い（注：リーダーの主体性も必要）
「保育者自身が主体としての願いを持つ者」として、自らの主体性を発揮してほしい。
◎では、保育者の主体性が発揮できるために、どのような支援が必要なのだろうか？

ここでは、OECDの「Education 2030」で提唱された「共主体(Co-agency)」の概念を用いて、子ども同士が主体性を発揮し合って活動することを目指し教育を行うことを理念として、保育者の主体性についても述べています。リーダー（園長）のみが主体として理念や願いをもつだけでなく、保育者一人ひとりが願いをもつように求めています。

まず、保育者の主体性が発揮されにくい状態

パターン（1）「なんでもおそろい」

園としての約束事が、微に入り細に入り、マニュアル等で定められている。(自由裁量権少)

パターン（2）「なんでも自由」

なんでも「自由」又は「自分で考えて」と言われ園としての大枠（考え方）が示されておらず、何をどうしたらいいのかよくわからなくて、見通しも持てず、動きづらい。(自由すぎて不自由)

この資料では、主体性が発揮されにくい状況として、よくある２つのパターンについて説明しています。１つ目は、自由裁量権が少ない、「なんでもおそろい」といわれるような、どのクラスでも同じような活動、同じような方法をとることが勧められている状況です。特に、多クラス編成の私立の園に多いパターンだと思われます。２つ目の「なんでも自由」は、主体的な保育を目指そうとして、保育者の主体性を置き去りにしたまま、子どもの望むことを叶えるのが子ども主体である、と極端に定義してしまう状況です。保育者は口出しすることを控え、子どもの言う通りにしますが、そこに保育のねらいや環境を整えるための方向性などは意識されていないか、定まっていないような状態に陥ってしまうのです。この場合、トップリーダー自身も何をして良いかわからないことが多く、結果として「自分で考えて」ということになってしまいます。

伝統的に保育者主導で保育を進めてきた場合、ミドルリーダーの役割はリーダーの意思を伝達することであり、仲介をして「伝える」ことが主眼であったのが、主体的で対話的な保育を目指そうとした際に、リーダーの「方向づけ」ができていないために何をどのようにしたら良いかの見通しがもてなくなってしまうのです。こうした状態を阿部園長は「三すくみの八方塞がりのチーム」といって、以下のように描写しています。

「三すくみの八方塞がりのチーム」
トップ…「『あなたたちの好きにしていい』と言っているのに、何を困っているの？」
現場…「何をどのくらい好きにしていいのか」の大枠をろくに知らされていないので、どう動けばいいのかよくわからないし、見通しも持てない。
ミドル…トップと現場の間に挟まれ、両者が困っていることをそれぞれへなかなか率直に伝えられない。（伝える勇気を持てない、言葉を知らない等）

この状態が現れたときは、リーダーも現場も方向性を失ってしまっていて、責任の所在がはっきりとしないまま園が迷走することになります。その間に挟まれたミドルリーダーは、どのようになってしまうのでしょうか。本来、リーダーである園長が方向性を示す必要があるのはいうまでもありません。その上で、ミドルリーダーを育てる必要があります。そこでいぶき幼稚園では、園での研修を充実し、ミドルリーダーを中心として話し合う機会を大切にしてきたといいます。ミドルリーダー研修では、基本的な組織づくりの考え方やファシリテーションの方法を取り入れ、ミドルリーダーが新人や中堅の声を拾いながら対話を進められるようにしています。そうすることで、職員一人ひとりが園の方針を理解し、子どものとらえ方を共有して、日々の保育を考えるようになってきました。

全体の研修では、外部講師を招いた上で、自分たちでの話し合いを中心に、子どもの姿の共有や、そこから出てくる課題意識の掘り出し、明日からどうするかといった具体的な方略の明確化までを行います。学年ごとのグループで自分たちで考え、具体的に目標を決め、時間を見つけてはミドルリーダーが中心になって話し合いを進めていくようになり、次第に自律して考えられる集団になっていったのです。園長の役割は、園としての方針とその意味について語る言葉をもつ、ということでした。それによって、自律して考えられる組織に成長してきました。そのことについて、阿部園長は次のように述べています。

「今は先生たちが安心感を持っていて、うちの学年こんな感じでいこうと思うんですけどこれでいいですか？　という確認を取りに来るとか、相談に来るとかという形になってるので。（中略）園長がいないと困ることもある（けれども）、ほとんど僕がいなくても回る現場にはなってるなと思いますけどね」

2 混乱期を乗り越えて

園運営がうまくいっているように見えても、そこに至るまでには紆余曲折がつきものです。阿部園長も、これまでのいきさつを振り返って、次のように述べています。

「先生から頼まれたら、ホームセンターにすぐ走って必要なものをすぐ買ってきてとか、いろんな僕なりのサポートをしてきた時期があったんですけど。先生たちは、何かがあったときには、そういうしてもらってることが全然頭に残っていなくって、いや私らは悪くない、悪いのは園長だみたいな話を急にしだしたりとか。そういう思いついたことをそのままポンポンポンポンぶつけてくるような話し合いもあったんですけど」

ここでは、リーダーの思いと職員の感じ方のギャップが極端に出てきています。お互いの思いがすれ違っていたことで、何かうまくいかなくなった時に責任の所在を相手に負わせるようなことになっています。園長の側は良かれと思って、細かいサポートをしているつもりでも、本当に職員が願っていることや思っていることを把握できていなかったのではないかと考えられます。一生懸命に改革して、意見を聞いているつもりでも、実際は本音を出して話をすることができていなかった段階であったのでしょう。

とりわけ、ある若手が先輩からの熱血指導で辞めてしまうという事態が起こりました。その時に、「私は悪くない」といった態度が出てきて、矛先はリーダーである園長に向けられました。その態度に阿部園長自身、少なからずショックを受けました。

「いやいやちょっと待ってくれと。俺そんなこと言われるぐらいひどい上司やったかと。今まで君たちのためにこんなこともしてあんなこともしてきたのに、そういうのは何も認めてもらえへんの。めっちゃ悲しいねんけど、みたいな」

ここで思いのすれ違いがあると考えられますが、認識のずれが起こる背景として、そもそも園長と職員という立場の違いが対立的であることに言及しています。

「トップ対現場みたいな、オーナー一族が雇い主で、それ以外の人はみんな雇われてる人で、対立構造ができているみたいな。でもなんかそれって自分らで自分らの首絞めてるよね」

このように考えるようになって、少しずつ関係性が改善していきますが、園長―中堅、中堅―新人という上下関係に「相手のことを考えて」「一緒に考えて」という視点が抜けていたように思われます。そうすると、お互い良かれと思って行動することが、一方的なものになってしまったのではないかと考えられます。そこで園長は、ミドルリーダーのあり方について考え直す機会を得たのです。

「そこらへんからミドルが何をするべきなのか、何をする人なのか、どうすることが後輩にとってよかったんだろうとか、そういうしんどい思いする先生が出ないためにはどうしたらいいんだろうってことを話し合って一緒に考えていったんです」

ミドルリーダーの役割を考え、さらにそれを「話し合って一緒に考える」ことを基本に置くようになっていきます。そのような視点の転換と、ミドルリーダーという立場の意識化がもたらされるのには、述べられているような混乱期を経験する必要があったのかもしれません。阿部園長は、タックマンモデル[＊1]に言及しながら、以下のように述べています。

「あの時は本当職員との関係性最悪でしたね。１回ね、そうやってお互い本音をぶつけ合ったんで、だからチームづくりのためのタックマンモデルでいうところの混乱期っていうやつだと思うんですけど、お互い本音を言えるようになったから、いろんなこと言い合って、

＊1　タックマンモデル
ブルース・W・タックマンが1965年に提唱したモデルで、組織の成長段階を形成期、混乱期、統一期、機能期、散会期の５つに分けている。

めっちゃけんかして仲悪なって。(中略) 結局そのときに、いろんな本音を言い合った先生たちは全員辞めずに、今はむしろ手のひらを返したようにすごくいいミドルリーダーとして育って、今は園のためにすごく活躍してくれてる先生たちになってるんです」

混乱期を経験したからこそ、ぶちあたった壁(課題)について本音で語れる集団が形づくられ、それが統一期、機能期へと進んだ際に、園の中核となって活躍していくことになるのです。このような危機的状況は、組織としてはその質を転換するきっかけとして効果的かつ有用であることがわかります。重要なのは、混乱が生じた時にどのように課題をとらえ、メンバーの一人ひとりが考えを忌憚なく述べ、それぞれの意見を組織の中に組み込んで意思決定ができていくか、ということであると考えられます。組織のあるべき方向を導くのは、共主体としての子ども／保育者と、ミドルリーダーをどのように育成するか、その際にリーダーやミドルリーダーが自分たちの考えをいかに言語化するすべをもつか、ということであると思われます。

共主体としての子ども／保育者とミドルリーダーの育成

共主体としての子どもや保育者の存在は、園での保育にどのように関係するのでしょうか。阿部園長は、保育者の主体性の発揮が、子どもの主体性を大切にすることにつながるということに言及しています。

「最近でこそ保育者主体って言い方してますけど、子どもの主体性を大事にするのであれば、保育者一人ひとりが主体性を発揮できるような、そういう職場であって、そういう人たちを育てていかないといけないと思います」

保育者が主体的に動けるような職場であることで、子どもたちの主体的な活動を保障できるようになるというのは、理にかなっているといえます。その際に、ミドルリーダーが大きな役割を果たします。職員を育てようとするミドルリーダーの心構えについては、次のように述べています。

「主体性が高い人に育てていくってことを考えたときに、ミドルリーダーが一人ひとりの相談に乗る、ヒントも多数（与える）、でも決めるのはあなたやで、とか。（それで）判断や決断をする機会っていうのは、やっぱり本人にたくさんつくってあげる。（中略）上がってきた相談事を一個一個、トップに話を振ったら、味方になって一緒に解決してくれたっていう経験を積んでいったっていうのが、かなり大事なところやったんかなと思いますね」

ここでは職員一人ひとりの相談に乗るのはミドルリーダーの役割ですが、その際に最終決定権を相談する職員の側に委ねる、ということがポイントであるとしています。その上で、伴走者として職員と一緒に課題を解決する経験が積み重ねられることによって、職員のみならずミドルリーダー自身が育っていくのです。それは、保育者の子どもに対する見方や考え方に通ずる部分があります。例えば、阿部園長は次のように述べています。

「その先生の一人ひとりの個性とか適性があって、やりたいこととかも、個人差があったりとかするんで、そういうところはこっちがさせるとかこっちが望む形に持っていくというよりは、彼女たち自身の力で、伸びる力って持ってると思うんで、そこを引き伸ばすとか引き出していくとか、伸びる手伝いをするとか、っていう根本的な人材育成観で、言葉の使い方とかニュアンスが変わってくるかなあと思って」

この言葉の中で「先生」と表現されている保育者について、それを「子ども」と読み替えると、子ども一人ひとりの個性や興味関心について、子ども自身が伸びる力を持っていると信じ、それを伸ばそうと可能性を引き出していく、その援助をするのが保育者である、という考え方に共通するのではないかと考えられます。同時に、保育者としてのスキルとミドルリーダーとしての技量とに共通点が見出されます。そのことについては、次のように述べています。

「ミドルの１年目とか２年目の先生たちっていうのは若手の個性とか特性をいろんなキャパシティを持って受け入れてあげるってことがまだ難しい人たちなので、よく新任の先生が力技で無理やり自分の思う通りに子どもたちに言うことを聞かせちゃうみたいな。（中略）あなたたちちゃんとして、ちゃんと聞いてよ、私も必死なのよ、みたいな。でもその困った感とか経験も積んでいかないと、キャパシティは広がっていかないかなと思います」

ミドルリーダーとして経験の浅い者にとっては、若い先生が子どもを保育者主導で引っ張っていくように、職員を自分の思い通りに動かしたい、育てたい、という気持ちになるものであることも理解した上で、その経験すらミドルリーダーとして育つ際に重要なものであると、阿部園長は考えています。保育者が一足飛びにベテランの域に達することができないように、ミドルリーダーもまた、さまざまな経験を積むことでしか成長できない存在であり、リーダーはそれを長い目で見守っていくべきではないか、といっているのです。そうすると、ミドルリーダーの中に劇的な変化が見られるといいます。

保育の考え方を言語化できるリーダーとミドルリーダー

ミドルリーダーの成長過程において、指導の方法や考え方について成長することに加えて、保育の考え方を言語化できるようになるのを見守ることも重要です。

「ミドルリーダーになって1年目2年目っていう先生たちが急激に、ミドルの立場としての自分とか、視野の広がりっていうのを見せてくれてるので。だから、後輩との意識の差がとかね、伝えるのが難しいとかっていう悩みを持ってくれてるのも、成長したからこそそういう悩みが出てきていると受け止めてます」

保育についての考え方を「伝える」難しさは、その立場になってみないとわからないことであり、ミドルリーダーとして上の立場になった時に、理解してもらおうと努力することと、「伝わらなさ」を実感して改善しようと悩むことが大切であることがわかります。それはミドルリーダーに限らず、リーダーの課題でもあるのです。そのことについて、阿部園長は次のように述べています。

「書き取りやひらがな練習帳のようなものをやめましょうとか、いろんなお勉強系の保育内容や行事で、あんま意味ないよなって思えるようなやつとか、とにかく時間が足らなくなるぐらいいっぱいいろんなことが詰め込まれてるっていう状態から、少しずつ僕が主導して減らしていって、いろんなところを調節してきてたんですけど結局方法を変えていってるだけで、現場に対して、なぜこれをこう変えるのかとかこれをするのかとかっていうのは、僕の言葉ではあんまりうまく伝わってなかったんだと思うんですよね。（でも外部講師を招いて研修を重ねる中で）ちょっとずつ言語化できるようになったのが結構大きいかなと思うんですよね」

園長などのリーダーが保育の方向づけを行うことで、ミドルリーダーはそれを理解し、安心して後輩の支援にあたることができるようになります。そのためには方法論を子ども主体に変えていく際に、具体的な内容や行事などを減らしたり変えたりすることだけでなく、変えていく際の理論的・理念的な背景を同時に伝えること、つまり言語化することが重要です。そのためには園内研修において、保育者やミドルリーダーが保育について言語化するのを助けること、そしてリーダー自身が自分の保育理念や理論的背景を全体に向けて伝えようとすることが大切です。園内研修の積み重ねが、職員同士の関係性をより良いものにし、その園の文化を形づくっていくものと考えられます。

3　ミドルリーダーを育てる園長と園文化

これまで阿部園長のインタビューから、いぶき幼稚園の実践例を分析してきました。園内の職員をつなげる役割を担うミドルリーダーが、リーダーである園長によって育成されていく様子が見てとれました。その際に、主体的な子どもたちを育てるように、主体的な保育者、そしてミドルリーダーを育てることが重要であることがわかってきました。人材育成の考え方と、保育に対する考え方が鏡になっていること、そして子どもと保育者の成長の場としての園が、文化として形づくられていくことも明らかになってきました。そこで重要なのは、職員同士の関係性です。

「小田豊先生がよくおっしゃってましたけど、結局人間は好きか嫌いかでしか動かへんのや、みたいな。感情で動くんや、みたいな。でもその好きか嫌いかって結局何なのかって関係性なんですよね。良い関係性で褒めてもらえたりとか心地よい関係性がたくさんあればここで働きたいなとか、この人と一緒にやりたいなとかって思うことが増えるでしょう？」

一緒に保育をしていきたい、と思えるような関係性が育まれるようにすること、その文化を形づくることが園長の役割であると認識されてきた結果、園長がいなくても自律的に動ける園となって成長してきたといえます。このような園長のリーダー性が発揮され、理念と方針が浸透することで、退職する職員が減り、10年程度継続して勤務する層ができはじめたため、効果的に機能するミドルリーダー層を形成することができたのです。それに伴って、トップリーダーの指示的行動が減少し、教示的・説得的だった園長の役割が、次第に委譲的になってきたことがわかります（Hersey＆Blanchard，1977）。

インタビューをもとに明らかとなった園としての変化のポイントを、次のようにまとめてみました。

1）主体的な子どもを育てる保育を目指したことが、教育のリーダーシップ、分散型・共有型のリーダーシップの発揮につながった
2）理念を言語化することによって、リーダー・ミドルリーダーが保育者を導く指針が明らかとなり、自律的に園内研修を行えるようになった
3）ヒエラルキー型の組織構造からホラクラシー型の組織構造に転換を図ったことが、お互いに言い合える関係性をつくった
4）本音で話せる関係性を目指し、混乱期を乗り越えて、お互いを高め合える組織となった
5）任せられる部分が増え、技量が育つのを気長に待ってもらう中で、ミドルリーダーが「自分ごと」として園の運営をとらえることができるようになった

リーダーの考え方、そしてミドルリーダーの思いが1つになってくる過程では、お互いに本音をぶつけ合う混乱期もありましたが、それを乗り越えて自律的な組織になったのです。その転換点となったの

は、園内研修でお互いの考え方や思いを言語化できたこと、関係性がトップダウンの上下関係ではなく、共主体としての一人ひとりがつながって何かを創り上げるようなものに変化したことが大きな要因であったと考えられます。支え合う組織を目指す園内研修を行うことで、どの園でもこのような変化が望めるのではないかと期待します。■

引用文献

【第１節】

- Boe, M. & Hongnestad, K., *"Directing and Facilitating Distributed Pedagogical Leadership: Best Practices in Early Childhood Education", International Journal of Leadership in Education.* Vol.20, No.2, pp.133-148, 2017.
- 中坪史典「園内研修ってなに？」中坪史典編『保育を語り合う 協働型園内研修のすすめ：組織の活性化と専門性の向上に向けて』中央法規出版，pp.2-4，2018.
- 野澤祥子・淀川裕美・佐川早季子・天野美和子・宮田まり子・秋田喜代美「保育におけるミドルリーダーの役割に関する研究と展望」『東京大学大学院教育学研究科紀要』第58巻，pp.387-415，2018.
- I. シラージ・E. ハレット，秋田喜代美監訳，解説，鈴木正敏・淀川裕美・佐川早季子訳『育み支え合う保育リーダーシップ――協働的な学びを生み出すために』明石書店，2017.

【第２節】

- 秋田喜代美・淀川裕美・佐川早季子・鈴木正敏「保育におけるリーダーシップ研究の展望」『東京大学大学院教育学研究科紀要』第56巻，pp.263-306，2016.
- I. シラージ・E. ハレット，秋田喜代美監訳・解説，鈴木正敏・淀川裕美・佐川早季子訳『育み支え合う保育リーダーシップ――協働的な学びを生み出すために』明石書店，2017.
- 木下康仁『グラウンデッド・セオリー・アプローチの実践――質的研究への誘い』弘文堂，2003.

第 8 章

園運営と研修における リーダーシップ

第1節 園運営と研修におけるリーダーシップ

本章では、「園運営」や「研修」の意味について考え、保育施設の園長が担うリーダーシップと教職員の専門的学びとの関係に着目していきます。

1 「運営」と基準、「協力体制」

「園運営」とは何を想定しているのか、自明のことなのかもしれませんがあらためて考えてみますと、運営という言葉には組織、機構、団体、制度などをはたらかせること、まとめ動かしその機能を発揮させること、という意味を含んでいます。

まず、組織が存続し機能し続けるための前提として、法令上の基準を満たすことがあります。学校教育法や幼稚園設置基準、児童福祉施設最低基準や児童福祉施設の設備及び運営に関する基準、各自治体の運営基準などに則り、設置者が建物や設備の設置や教職員の配置等、然るべき運営の基準を満たしていくことは運営上必須です。また、常に最低基準を満たしていれば良いのではなく、最低基準を超えて設備及び運営を向上させなければならないことも明示されています。

このこと以上に、近年では、さらによりよい保育を模索し提供する保育の質の向上との関係で運営が位置付けられることが多いのではないでしょうか。無藤（2012）は「私たちならばもっと良質な保育が必ずできる」と考え、自分たちの保育を見直していくという姿勢を基本として持つことが大切だと述べています。すなわち、いかに良質の保育を提供するか、という観点に立ち、記録、カリキュラム、振り返りのツール、園全体の保育者の協働、保護者の支援と質向上に向けた保護者との関係、地域との連携が改善方策の中に組み込まれていくこととなります。

要領・指針の中で園内の教職員による組織的協働、協力について明記されている箇所を確認しておきますと、以下のように述べられています。

幼稚園教育要領

・第３　教育課程の役割と編成等　４．教育課程の編成上の留意事項

（３）幼稚園生活が幼児にとって安全なものとなるよう、教職員による協力体制の下、幼児の主体的な活動を大切にしつつ、園庭や園舎などの環境の配慮や指導の工夫を行うこと。

・第４　指導計画の作成と幼児理解に基づいた評価　３．指導計画の作成上の留意事項

（８）幼児の行う活動は、個人、グループ、学級全体などで多様に展開されるものであることを踏まえ、幼稚園全体の教師による協力体制を作りながら、一人一人の幼児が興味や欲求を十分に満足させるよう適切な援助を行うようにすること。

保育所保育指針

・３　保育の計画及び評価（２）指導計画の作成

カ　長時間にわたる保育については、子どもの発達過程、生活のリズム及び心身の状態に十分配慮して、保育の内容や方法、職員の協力体制、家庭との連携などを指導計画に位置付けること。

・３　保育の計画及び評価（３）指導計画の展開

ア　施設長、保育士など、全職員による適切な役割分担と協力体制を整えること。

教育課程編成や保育の計画、子ども理解と評価の根底にある協力体制であることが見てとれます。しかし、教職員間の連携について規定されていることを前提に、その具体的な在り様を模索し、実践化されることは各園に任されています（後程、幼稚園や保育所の園運営の実態について調査を行った結果の一部をご紹介したいと思います）。

2 「経営」「組織づくり」と「風土」「文化」

学校教育場面を扱った文献の中には、「学校経営」「学校（組織）づくり」という表現も見られます。経営、というと会社や商業などで行われる経済的活動のために運営や組織化が行われる側面が強調されるような印象を受けます。小島・勝野・平井（2016）は学校経営をめぐる言説、歴史に着目し、学校経営は教育経営とイコールだとする伝統的な認識は戦前よりあり、管理された教育思想・理念から、子どもの興味や関心に基づき子どもの自主性を伸長させる教育の実現、一人ひとりの教師の意思や活動・主体性を尊重する民主主義思想の影響による変遷があることを指摘しています。

組織づくりの「組織」という概念が何を指し示すのか、改善・改革が何を対象とするのかについて、必ずしも明確にされているわけではありません（佐古・曽余田・武井 2011）。組織構造（組織の分業や関係、会議や研修などにみられる権限などの安定的パターン、組織風土も含められるもの）、組織過程（行為の継続、相互性、組織内の情報の質やコミュニケーションの形態や頻度・方向性等）、個人属性（組織成員の構成、欲求やモチベーション、価値、パーソナリティ等）などの要素、また組織文化（組織のルーティン、教職員にある程度共有された行為規範や意識等）など、いくつかの要素をあげることがで

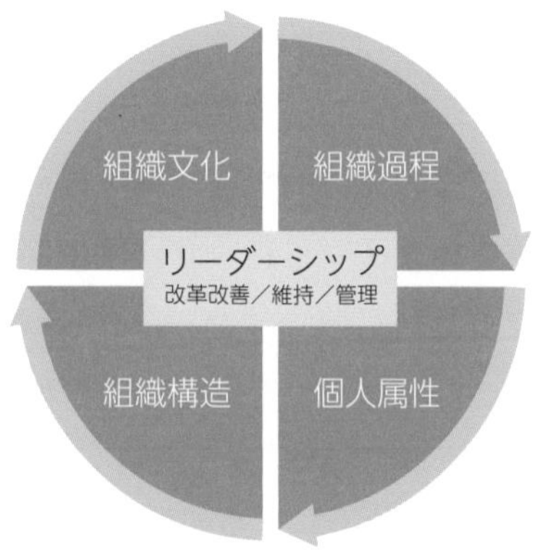

図8-1-1 ◆ 組織とリーダーシップ

きます（図8-1-1）。これらの組織構成要因をどのように変革させていくか、リーダーを主としてよい循環となるようなデザインを構築していくことが組織づくりだといえるでしょう。

しかし同時に、組織やリーダーシップが構造的・戦略的ではないあり方を見せることがあります。組織の在り様の１つとして、学校の問題解決においてああでもない、こうでもないといいながら場に参加し、半ばカオス（混沌・無秩序）にも見えるような意識的・無意識的にコミュニケーションを行いながら議論する曖昧な場「わいわい・がやがやモデル」（小島・勝野・平井 2016）がその例と言えるでしょう。曖昧さをはらみながら“わいわい・がやがや”の過程が持つエネルギーと想像力が意思形成・意思決定を作っていくこと、そして特定の人ではなく複数の人のリーダーシップが織りなし融合していく“融合型リーダーシップ”が生かされる「経営空間」「学校文化」の重要性が指摘されています。

ちなみに、文化や風土も明確に区別されうるのかどうかは曖昧です。半田・伊藤（2019）によると、「学校文化」は学校にいるメンバー間に共有されたイデオロギーであり、人が意図して作り出し刷新されていくものであるのに対し、「学校風土」はその場にいる人の行動を基盤とした心理社会的な環境のあり方や環境そのものが持つ特質であり、環境と体験・学びを媒介するものとして捉え区別することもできますが、その複雑な事象を示す明確で一貫した定義はないとも述べています。

園運営とは、組織に属するメンバーから構成され、客観的な施設環境の状態とともに心理社会的な雰囲気などの幅広く曖昧な観点を含みこんだ事象であるといえるでしょう。またその運営のあり方、協働のあり方は、明確に「組織」化されトップダウンで意図的・明示的に行われたり公的基準に基づく管理監督が行われたりするフォーマルな側面と、組織・集団メンバーの相互作用・ダイナミクスによって非意図的に生成され、コントロールが難しいインフォーマルな側面とを併せ持つ多様で複層的な活動を指すのです。

3 リーダーシップは誰が担うのか

教育政策において、リーダーシップは重要事項です。リーダーシップは人（またはグループ）への影響のプロセスに関わることとされており、必ずしもそれは校長や園長などの施設の長に限定されておらず、教育委員会や団体なども含み広く捉えられています。効果的なリーダーシップには３つの要素があり、教職員や子ども、学校・園の業績改善のためにデザインされた高次の業務としてのリーダーシップ、現在の業務の日常的な維持を図るマネジメント、より下位の義務的業務としての管理があり、これら３つの要素は密接に絡み合っています（OECD 2001, 2009）。このように、マネジメント・管理業務を含む語としてリーダーシップが想定されており、また施設内外の異なる人々でリーダーシップ分散が生じると言われています。前節で取り上げた“融合型リーダーシップ”は特定の人に限らず、場において生成されていく過程を強調していると言えます（園内のリーダーシップについては第７章、リーダーシップの概念やタイプなどについては第９章、自治体等におけるリーダーシップについては第10章をご参照ください）。

保育者の専門的発達段階に関する理論から見ると、リーダーシップは保育者の実践経験から形成される集団参加のプロセスと役割の変化の中で生じるものとして捉えることができます。保育者の専門的発達モデル（Vander, Ven. K. 1988, 1991, 秋田 2000, 野口 2015）では、まず専門家集団に初めて参与する実習生や新任者の段階から、集団の中核メンバーとなり、後に古参メンバーとして他のスタッフにも責任を負う段階へと変化していきます。保育者のライフステージのより後期の段階において、クラスでの直接的な実践や役割を超え、より広く行政制度などの公的側面や保育を行う上での財政や経営の側面にかかわる段階、今後の保育に向け抽象的・創造的思考を持ち保育に関連するネットワークに目を向ける段階、専門的リーダーシップの段階が現れます（野口 2015）。

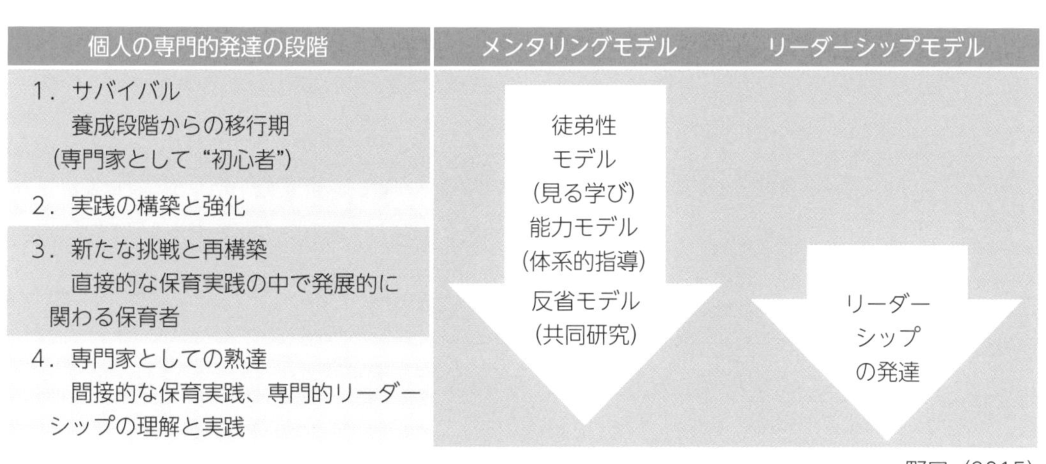

野口（2015）

図8-1-2◆保育者の専門的発達のプロセス

保育者はクラス担任として子どもと関わる実践を経て、園運営の中核的存在となり、主任や園長としての役割に移行することが想定できます。しかし、これらの段階が具体的にどれほどの経験年数によって変わるのかは示されず、個人差があることが指摘されています。また、私立園の場合園経営が世襲となるケースがあり、管理職としての資質や適性とは関係なく配置される場合や、教員から学校長などになるのとは異なり保育実践経験や資格免許がなくても園経営を行うなど組織管理職の育成過程が異なる場合がありえます（秋田他 2016）。むしろ、保育・幼児教育を具体的な実践において運営していく際に、園長・施設長のみがリーダーとなるわけでなく、組織のダイナミズムの中で発揮される多様なリーダーシップのあり方が想定されます。

園長・施設長は実践のコミュニティ・学ぶ組織文化を創り出し、持続可能な専門的発達を維持する責務を担っており、そのために、メンバーにとってのモデル、資源の獲得、意欲の喚起、指導的リーダー、批評的友人、協働者、専門的同僚といったさまざまな役割を持っています（Griffith, Ruan, Stepp, & Kimmel, 2014）。

メンタリングというのは、経験を積んだ専門家としての先輩（メンター）が実習生や新人保育者など若手・学び手（メンティー）の専門的自立を見守り指導・援助するプロセスを意味しています。主に一対一を基盤とした関係性であり、評価よりも挑戦や支援、奨励、信頼関係を重視した関係であると言われています（野口 2002, 2015）。保育者の専門的発達過程において、メンタリングという言葉を用いなくても同僚との学び合い・支え合いは行われていますが、その関係性は若手が場に参加して徒弟的に学んでいくあり方から成長とともに体系的指導に、そして共に探究する共同研究へと発展していきます（図8-1-2）。

専門家としての協力体制とは、姿勢や態度だけでなく、保育実践に必要な技術や知識、判断や実践化、省察など、同僚とともに育み合いながら醸成していくものだといえるのではないでしょうか。

要領・指針において、園長・施設長の役割とはどのようなものなのか、まとめておきます。幼稚園教育要領（平成29年文部科学省告示）では、幼稚園運営上の留意事項として、園長の方針の下に、教職員が適切に役割を分担、連携しつつ、教育課程や指導の改善を図るとともに、学校評価については、カリキュラム・マネジメントと関連付けながら実施する点が新たに加わりました。園長が幼児教育の広い理解に基づいてリーダーシップを発揮し、教職員間の連携・協力体制とともに園務分掌を図り、園の理念や子どもの姿、幼児期の終わりまでに育ってほしい姿について共有することが求められています。小林（2002）は保育所保育指針に示される園長（施設長）の責務の内容として、広い視野に立った保育実践の責任、園の課題を把握改善していくために職員全員で取り組めるようコーディネートしていく責任、園内外の研修やスーパービジョン等を通して自己及び職員の資質の向上を図る、保護者との交流や意見交換、地域資源の活用や交流をあげています。園長は保育・教育の質を維持し、向上させるため、園内にとどまらず園外にも目を向け、広い視野を持って園長としての実践を行うことが求められています。

このように、園長は教育課程編成や全体の指導計画に関わり、園全体の協力体制を推進し、教職員の専門性向上に向けた研修を計画するなど、保育・幼児教育のためのリーダーシップを発揮して保育・教育実践とその質の向上に直接関わることが求められており、また、その主たる担い手としての役割に言及されているのです。■

第2節 園長の役割と効果的な園運営方略

これまで述べてきたように、“園運営”が想定する内容は多岐に渡っています。中核となるリーダーは主に園長であり、保育・教育実践に関わり、園内外の研修を組織し現職研修を実施していく保育・教育に関するリーダーシップが求められています。実際に、園でどのような運営が行われているのでしょうか。全国の私立幼稚園と私立保育園の園長先生にご協力いただき、質問紙調査を実施しました（野口他 2019, 2021）。調査を通して、園が組織として機能するために支えられ推進していくための知、園運営に関する実践知が明らかになると考えました。分析の結果の一部をご紹介します。

1 園長が認識する効果的な園運営方略

園長に“園を運営するにあたって、行ったことはどのようなことか”について訊き、“最も効果があったと感じる具体的な取組・工夫を教えてください”と自由記述による回答を依頼しました。表8-2-1にその内容をまとめたものを示します。回答一つひとつが非常に興味深いもので、試行錯誤の下に行われていると推測されます。丁寧に見ていくと、例えば「会話」とするのか、「対話」とするのか、「話し合い」とするのか。端的に単語で表現されるものの選び方が異なっています。こうした言葉選びの一つひとつに、園長の園運営の意識が反映されているでしょう。ここでは大きく12のカテゴリーとしてまとめています。

幼稚園・保育所両方において多かったのは「園長と教職員・教職員間のコミュニケーションや話し合いの促進」にあてはまる内容、次いで「労働環境改善・働きやすさ」といったマネジメント、そして「教職員主体の園運営促進・雰囲気」に関する内容でした。主にこれらについて取り上げて見ていきましょう。

園長は、園長と教職員の話し合いの機会または教職員同士の話し合

表8-2-1 ◆ 園長が認識する効果的な園運営方略

方略カテゴリー	回答例
1　園長と教職員・教職員間のコミュニケーションや話し合いの促進	教職員とのコミュニケーション／関係構築／教職員との個別面談／不安等を聞く／本音で話し合う（場作り）／対話／会話／理念・保育等の共有／指導計画についての話し合い／少人数での話し合い／常日頃から話す／思いを共有できる／課題の共有／定期的な職員会議／全員の発言／ポジティブな意見交換、等
2　労働環境改善・働きやすさ	働きやすい職場／教職員の結婚・産休育休等／ICT環境の整備／給与等改善／教職員の給与／処遇改善／労働環境・労働時間・勤務条件の改善／分担・人員配置／職務規定等の見直し／働き方改革／正規・非正規職員の勤務／福利厚生／雑務の軽減／事務分担・役割分担の明確化／定時退出推奨、持ち帰り残業をなくす／ノンコンタクトタイムの確保
3　教職員主体の園運営促進	教職員が主体となる園運営／自分たちで考える集団づくり／教職員との交流を通した関係構築／モチベーション・やりがいを感じている／やる気をもって笑顔で仕事／教職員の頑張りを認める・大切にする／意見尊重／教職員主体の保育の見直し・振り返り・自己評価／非正規職員も含め運営への参加、等
4　園内外の研修・研究	教職員の研修・研究会等への参加推奨／園内研修の充実・増加／研修で学んだことの共有／研修の報告・活かし方／園内研修の企画・運営／外部講師を招く／テーマの設定／実践に役立つ研修／グループごとの研修／研修と実践の繰り返し／ビデオ等機材を取り入れる／記録の作成／研究発表／研修手当／研修方法の見直し／公開保育をする／他園との研修会組織を設ける／他園・クラスの見学／研究への協力・共同研究／研究事業に参加することで職員の意識を高める、等
5　園長としての立場・指導・発信	園長の思いや考え、理念や方針を伝える／教職員の指導／今しなければならないことを明確に伝える／率先して示す／目標設定／指導的立場の教員との連携を密にし園の考えを浸透／管理職の役割分担／園内業務の把握／発信（HP・ブログ等含む）／役員・理事等とのやりとり
6　保護者・地域との連携	保護者とのコミュニケーション／子どもについて共有する／保護者との情報共有による信頼関係構築／登降園時の迎え入れ見送り／保護者との対話／保護者の意見を尊重／保護者対応・クレーム対応／保護者アンケート／連絡アプリの導入／保育への参加や理解／PTA活動の連携／保護者会役員との細かな連携／保護者アンケート／保護者向け研修や講演／保護者面談／地域の様々な知的・人的財産を活かしたプロジェクト活動／地域の委員を兼任し、家庭教育推進事業に参加／幼児教育センターとの連携／
7　子どもを主体とした保育・子ども理解	保育者主導の保育から、子ども主体の保育へと変更／園児たちの主体的な活動を増やしてきた／子どもを一番に考える／子どもが笑顔で生活・楽しく通う／子どもを大切にする意識／様々な場面で子どもの育ちについて話すこと（フォーマル・インフォーマルな場面で）／子どもへの接し方などがぶれないように／子どもとの関係が深まる／子どもとつくりあげる保育・環境／子ども達との園生活を楽しく／職員会議で子どもとの関わりや困り事等を話し合う／子どもに直接関わる・クラスに入る／子どもの見方について内面の育ちや見えない部分を見ていこうとする保育者の目について、話し合う／職員の幸せ＝子どもの幸せを念頭に／子どもを見取る視点の深化
8　園舎・園庭・保育形態	園舎園庭整備／園舎の補修・改修／保育形態等の変更・改善／現代社会・環境の変化に応じた対応／新しい保育・教育方法等の取入れ／安全で使いやすい環境／チームや担当制導入、等
9　リーダー育成・リーダーとのコミュニケーション	職員に信頼される主任保育者の育成／主任的立場の先生と多くコミュニケーション／保育理念を理解し、実践する主任保育者、副主任保育者を配置／リーダー的役割を担う職員の育成チーム／リーダーを選出／学年主任・主任の意見を尊重／主任会を持ち保育や行事に反映／世代交代
10　安定的運営・経営	経営の安定／収入の確保／経営上の判断／入園者が多い／保育士充足／職員定着率
11　園長自身の学び・研鑽	自分の保育に関する学びや研鑽／情報交換・情報収集／関連団体への参加／研修やシンポジウムへの参加／自ら変わる／園の強み・弱みを自ら探り認識
12　保育計画・行事の見直し	月の遊び計画とその工夫／行事の内容や取り組み方の見直し／諸計画作成（教育・保育全体計画etc.）をし拠り所として運営

（野口 2019，2021）より作成

注：回答例は回答の筆者のほうでまとめています。幼稚園では「教師」、保育所では「保育士」と述べていた際、ここでは「保育者」と表記しています。

いが生じるような機会をなるべく持ち、その中で意思疎通と決定、情報共有、関係性の構築を日々行うことが強く意識されているようです。その形態・方法はさまざまですが、本音や率直さ、全員が発言する・話し合う人数などといった教職員間の関係性や参加主体への配慮から、何を話し合うかというテーマの設定や焦点化、個人面談や職員会議といった場の設定、などがあげられており、何が効果的だと感じるかは園長・園によって違うようです。

「園内外の研修・研究」と比較してみた時、研修に参加するための職員配置や労働環境を整える参加のためのマネジメント、「労働環境改善・働きやすさ」とセットで考えていくことが重要になるでしょう。園によっては「研修」時間の確保と参加の保障が難しいという問題が生じています。さらに、話し合いに比べ「研修」では研修目的とともに保育者の学びをいかに促進するかという場や時間・方法などの計画、全体のデザインが必要となります。具体的な方法が多く記述されており、研修実施が当たり前におこなわれている園では試行錯誤の中で自園の園内研修を運営するTips（チップス；コツや技、工夫、対処法）が蓄積されているようです。

「教職員主体の園運営促進」では、“やりがい・やる気・モチベーション”など保育者の個人属性に関連する事柄も含まれています。保育者一人ひとりが認められ尊重されながら集団組織の一員として運営主体となることが求められています。他方では、保育の目指す方向性として、「子どもを主体」とし子ども理解を中心に据えた運営をおこなっていこうとする観点も見られています。子どもの興味関心などの内面や行為をどのように見取っていくか、常に保育者同士で話し合いながら確認する、という意識です。

そもそも、子どもは日々変化し成長します。捉えにくい姿があれば保育者が意識化・言語化し、大事にしたい姿、育てていこうとする姿にぶれがないよう話し合いながら実践化する、子どもに応じて子どもと一緒に保育をつくっていくことを重視しています。中には“職員の幸せ＝子どもの幸せ”という表現も見られ、園長が保育における子ども主体の観点を組み込みながら教職員主体で運営をしていくという同型構造を持つことが園運営に効果的だと考えているのでしょう。

また、記述の中に、幼稚園において「認定こども園への移行に伴う給与等改善」が行えたというもの、保育所において「キャリアアップ研修」がミドルリーダー育成につながったと述べる園長もいらっしゃいました。園内の工夫取組だけでなく、制度的枠組が運営に大きな影響を及ぼしていることがうかがえます。

2 園長経験の違い

上述の調査で明らかとなったことの中から、園長経験やおそらく世代による違いについて触れておきたいと思います。主に園長経験の違いに焦点を当て、分析手続き上園長経験年数10年以上の園長をベテランとし、10年以下の経験を若手園長（３、４年）と中堅園長（５年程度）として、園長経験によって意識しやすい（意識しにくい）効果的園運営方略を検討しました。すると、ベテラン園長は若手園長と比べ保護者や地域との連携をより意識すること、中堅園長は園長自身の学びや研鑽への意識が強い傾向が見られていました。そして、園運営に効果的に取り組めているという認識は若手よりベテラン園長に多いようです。ベテラン園長の運営方略、実践的知識を共有できるような支援やネットワークがあると、若手園長にとってはよいのかもしれません。

一方で、私立幼稚園園長の場合、若手園長ほど幼稚園教諭免許状と保育士資格を両方取得している傾向がありました。どのような学びを経て現在の園長職に就いているのか、世代によっても異なっているのではないでしょうか。資格免許についていえば、幼稚園教諭免許状に加え小・中・高等学校の教諭免許状も同時取得している・あるいは小中学校教諭免許状のみ取得している場合が多く、その他管理栄養士や医師、薬剤師、臨床心理士、僧侶資格等々、多岐にわたっていて、中には幼児教育・保育分野ではなく経営学修士を持つ方もいらっしゃいました。私立保育園園長においては、さらに福祉領域の資格を取得している方が多いです。そもそも、園長が幼児教育・保育に関する免許・資格を必ずしも持っているわけではありません。専門職としての学びの過程や園長経験や就労経験によって、園内組織の役割分担と運営の手法は異なるでしょう。今後、さらに調査研究による検討を重ねたいと思います。

最後に、調査の時期と結果について補足をしておきたいと思います。私立幼稚園の調査は平成30（2018）年10月から12月にかけて実施されました。一方私立保育園の調査は令和２（2020）年12月から令和３（2021）年４月の新型コロナウイルス感染症拡大状況下オンラインによって実施されました。保育園の回答の中には、コロナ対策に追われる運営であり、行事等の見直しも十分な検討というよりコロナ対策のために行われたという記述も見られました。いついかなる時でも保育の質向上を図るという使命感を持ちつつも、社会の状況の変化に即応する形で半ば変化を強いられた運営だと感じた回答者もいらっしゃったのではないか、と思います。

園運営のプロセスにおいて、成功や効果だけが実感されるわけではありません。今までの運営が通用せずに戸惑い、悩み、新たな試行錯誤を模索しようとする園長自身の変容があると考えています。質問紙調査の自由記述の一部には「目に見える効果が表れない」「園の運営に対する効果が実感できていないため、今までの取り組みを続けていく」などの記述が見られています。現状維持、離職者への対応や少子化とともに求められる経営判断などの危機感、知識・経験が不足しているなど支援が必要であることが推測され、また「他にも仕事があるので忙しい」など運営への関わりが厳しいことをうかがわせる記述も少数ですが見られました。次節では、園長の気付きや試行錯誤からの変容についての事例を紹介します。

3　変容する“園長”

園長が、異なる環境や関係性に置かれたときに、今まで当たり前のものとして無意識に行ってきた実践が適用できないと感じ、身体感覚を頼りに試行錯誤をしたり、園全体全職員で自分たちの園の保育を見直したりする必要性に駆られます。事例を紹介します。

事例１：施設環境の違いから生じる変容

公立保育士としての経験を重ね園長となり、複数の園に異動し、経験をつみ重ねたＡ園長。筆者が保育園を訪問した折に、施設環境で感じた違和感を語ってくださいました。元々、大人を対象とした福祉施設として運用されていた建物を改築して保育所としたＡ園での経験です。

異動した際、建物の構造が子ども向け・保育向けではないと感覚的に感じたそうです。まず、職員室にいると保育室が見えない、門・玄関しか見えない、まるで“門番”のよう。今まで当たり前のように園庭やクラスの様子が見えていたことを実感したそうです。乳児の保育室も、機能的に保育しづらく、最初にトイレとおむつの動線、食事と遊びのスペースなどの位置関係を保育士と一緒に考え使いやすいようにしました。２階へ向かう階段を上がると、その横幅がなんとなく今まで体感してきた“子どもが手すりを持って上がっていく姿の中で必

要な広さ”と違っていることにも気付きました。あちらこちらで使いにくさを感じ、園庭も狭く、どのように遊びを深めていくか悩みながら保育を進めていたところ、年度が替わり、保育経験の少ない若手が多くなった時に、今まで阿吽の呼吸で行われていた保育が共有できず、改善すべき点が顕在化したそうです。例えば、靴箱・靴棚が普通はオープン式なのですが扉がついた開閉式となっていたため、２、３歳の子どもが外に出る際に靴を取ろうとすると他の子どもにあたりそうになったり、下にかがんで立ち上がった時に上の扉に頭をぶつけそうになったりすることが生じました。今までは、慣れた保育者の個々の配慮によって防いでいた事項でした。

生活、遊びにおいて環境は大事であり、Ａ園独自の配慮点を考える必要がありました。職員間のニーズを聞き取り、今まで使われていなかった場所、共有のスペースを見直し、「あらゆる場所で保育を」を主題としてＡ園の環境の特徴とよさを見出し、共有していこうとテーマを設定し、園内の継続研究を実施することになりました。

事例２：園規模や保護者の協力体制から生じる変容

いくつかの園で園長経験があるＢ園長。Ｂ園に着任してから、朝来てから帰るまでに話をしていない保育者がいることに気が付いたそうです。今までいた園では考えられないことで、何かというとわいわい話し、集まり、お互いの顔を見るのが当たり前の近い距離を感じていました。Ｂ園の定員やクラス数、保育者の数は以前の勤務園に比べて多く、また一時保育など運営が異なっていました。２階に上がって奥の部屋の保育者に声をかけにいき、なるべく意識して声をかけるようにしたそうです。

職員間の指示伝達体制ということで言えば、「何度も言わないと伝わらない」という感覚を持ったそうです。大きな問題に発展するわけではないのですが、以前の園なら皆で顔を寄せ合い伝え合っていたことが、Ｂ園では何度も繰り返してやっと伝わる。例えば給食室に破損した食器を戻す際、従来のやり方よりも安全な場所を職員間で決めて伝達しあい、連絡ボードにも残しました。しかし、結局伝達が漏れていたり忘れていたり元のやり方を踏襲していて危ないと感じたことが

あったそうです。「言ったよね」ではなく逐一何度も伝えるようにしているのでそのこと自体はよくあることなのですが、その他さまざまなことが異なり、以前の園ではすぐに伝わり共有できたことがＢ園では通用しなくなり、Ｂ園での協力体制を模索するように変化したのだと語っていました。

さらに、保護者との協力体制に関して、以前の園とは保護者の反応が全く違う、とＢ園長は感じたそうです。保育活動と子どもの姿を伝える保護者への掲示（コミュニケーションボード）を設け、保護者も参加できるように付箋などを用意してコミュニケーションを図ることは前園でもＢ園でも行ってきたのですが、Ｂ園は反応が早く活発で、熱心さを感じたそうです。

２つの事例で園長が感じた違和感や戸惑いは、今まで経験した園の建物構造や規模、地域差、保護者の意識等に起因しており、従来無意識に行ってきた保育実践ではうまくいかなくなった時に感じられたものでした。園運営はもちろん可能なのですが、協力体制をあらためて意識化・言語化することで見直し、園の運営実践を練り直し、行動しながら確かめて修正・改善する柔軟な姿がみられています。

事例３：クラス担任保育者からみた“園長”の存在

クラス担任保育者にとって、“園長”とはどのような存在なのでしょうか。ある私立幼稚園の保育者に園長やその他の同僚保育者たちの存在が自分の保育経験年次の推移とともにどのように変わっていったと考えるのか、周囲の指導・支援について聞いたクラス担任への縦断的なインタビューから検討しました。表8-2-2にまとめて示します。

着任して間もない頃から数年の間で感じられるのは、“具体的なアドバイスや実践方法について提供してくれる園長”の存在です。しかし、クラス担任として経験を積むことにより、自分で実践を考え改善していくようになり、“保育者の挑戦を見守り、共感し、励ましてくれる園長”へと変化しているようです。５年目以降、この園では園全体の教育課程や研究、研修などにおいて園長と保育者が協働し、共に運営に当たっていると考えてよいのではないでしょうか。園長・保育者は同じ人物なのですが、保育者としての成長・変容に応じて“園長”の役割が異なるものに変容していく（あるいはそのように認識される）のです。■

表8-2-2 ◆ 保育者への縦断的インタビューによる周囲の指導・支援の捉えの変化（野口 2015）

保育経験	周囲の指導・支援
初年次	〈同期〉 【自分と同じ、味方】『自分と同じ立場で励まし合う』 〈先輩〉 【心理的支援】『相談・支え・励まし』『信頼できる』『自分のよさを認めてもらえる』 【実践的支援】『先輩からアドバイスをもらい、試す』『真似する、観察して学ぶ』『自分の疑問・質問に答えてくれる』『疑問を感じないでついていく（頼ってしまう）』 【保育者としてのモデル】『個々の子どもへの状況を踏まえた関わりを学ぶ』『子どもへの姿勢（優しい、温かい）』『子どもへの姿勢（向き合う）』『子どもへの姿勢（厳しさ）』 〈園長〉 【実践的支援】『相談し、状況に応じた実践的・具体的アドバイスをもらえる』『さまざまなやり方・代替案を教えてもらう』 【心理的支援】『見守ってくれたので挑戦できた』
2年目	〈先輩〉 【心理的支援】『相談・支え・励まし』『プライベートでの相談』 【実践的支援】『“一緒に考えよう”“一緒にやろう”』『保育の改善点に関する指摘』 〈園長〉 【心理的支援】『自分の変化、よさへの言及』 【実践的支援】『相談し、状況に応じた実践的・具体的アドバイスをもらえる』 【指示・指導】『保育の基本的なことをおさえるような指示・指導』 【示唆】『保護者対応への園長からの示唆』
3、4年目	〈同僚・先輩保育者〉 【心理的支援】『相談・支え・励まし』 【実践的支援】『自分の疑問・質問に答えてくれる』 【相談と共有】『去年組んだ保育者、同じ学年、複数担任保育者、フリーの先生に相談し、皆で見ていく』 【認められている】『周囲のよい評価、自分らしさの尊重』 〈園長〉 【心理的支援】『見守ってくれたので挑戦できた』『共感・励まし』
5年目以降	〈同期〉 【自分と同じ、味方】『相談して自分たちでつくっていく同志』 〈主任〉 【心理的支援】『相談・支え・励まし』 【実践的支援】『実践的・具体的アドバイスをもらえる』 【全体での共有】『主任から全体に共有してもらう』 【園長との橋渡し】『主任から園長に確認、相談などの橋渡しをする（してもらえる）』 【保護者との橋渡し】『保護者からの指摘を伝えられる』 〈園長－保育者〉 【園全体の活動の機会】『園の教育課程を見直す経験を与えられる』 【研究の機会】『保育雑誌等発表の機会を与えられる』 【研修の機会】『園内外の研修の機会の提案・申出』

第3節 園運営の方向性

1 組織メンバーの変容と効果的なリーダーシップ

組織とリーダーシップのあり方については、リーダー論、リーダーシップタイプなど、リーダーの資質や実践行動に焦点があたる場合がありますが（第９章）、ここでは組織メンバーとの関係・組織メンバーの変容と効果的なリーダーシップについて取り上げてみたいと思います。従来より学級集団、組織におけるリーダーシップとして、PM理論（三隅 1984）による研究が多く取り上げられています。図8-3-1のように、集団の目標達成とハイレベルの課題遂行を指向する機能（Ｐ機能）と、メンバー間の良好な人間関係を指向する集団維持行動（M機能）により、４類型があることを示しています。

効果的なリーダーシップ行動の次元として、ハーシーとブランチャードは「協労的行動」と「指示的行動」を取り上げ、メンバーの習熟段階によって効果的なリーダーシップが異なるというSL理論（Situational Leadership、状況対応型リーダーシップ（図8-3-2））を示しました（Hersey & Blanchard 1982）。

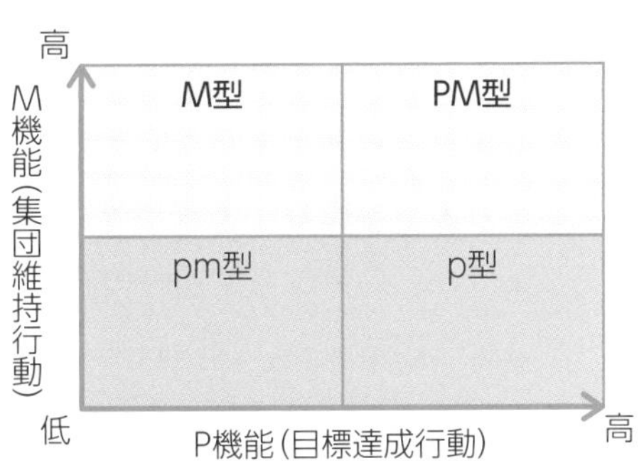

出典：PM理論（三隅 1984）

図8-3-1 ◆ PM型リーダーシップ類型の説明

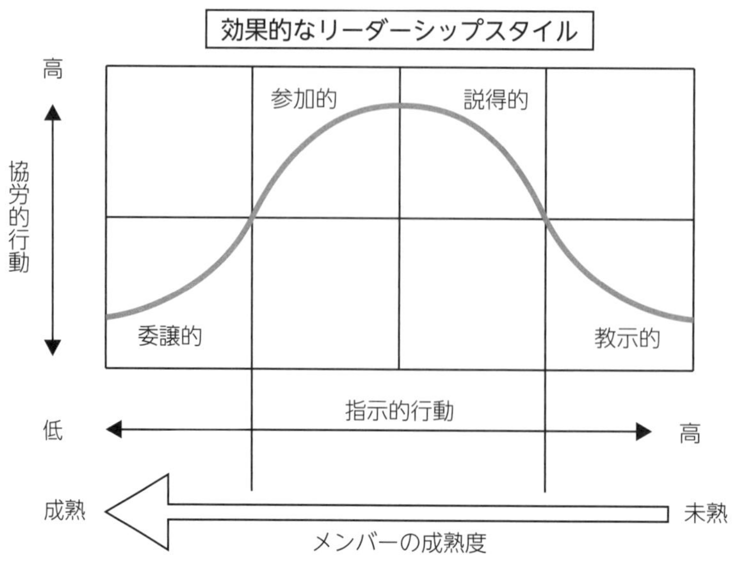

出典：SL理論（状況対応型リーダーシップ）．Hersey & Blanchard，1982に筆者加筆

図8-3-2◆効果的なリーダーシップスタイル

園組織の中で培われる教職員同士の関係性は揺れ動き、クラス実践を通した個々の保育者の成熟、成長、変化があり、また、保育者の離職・退職、新任の着任など園組織を構成するメンバーの入れ替わりがあります。そして、園長自身も園長役割をとる経験の中で成長変化を遂げていきます。園長としてこうした状況を捉え、個々のメンバーの適応、安心感、ウェルビーイングに配慮しながら、メンバーの専門的発達・園の保育の質向上に向けてどのような園長役割を取ることが効果的なのか考え、見極め、実践し続けていくことが求められるのではないでしょうか。効果的な園運営の手立てとして、教職員とのコミュニケーションを図ること、園内研究・研修を行うことも、さまざまなことをやってみるというより、今の園組織にとって最適なものを教職員と共に考えたり、外部講師等関係者と共にデザインしていくことが必要となるでしょう。

第4節 対話と理解による長期的な保育者の専門的発達に向けて

1 園運営が何を目指すのかが重要

最後に、園運営が目指す方向性について考えてみましょう。ここでは、保育者の学びと長期的な専門的発達を支えるという観点に立ってみたいと思います。専門家集団として、保育者一人ひとりが個々のスキルや知識を獲得し、個人として成長するということも大切ですが、同時に共有の価値をつくり出しながら、園全体で保育の方針を決め、実践しながら質を向上させていく成熟した組織風土の醸成も大切です。

保育者としての熟達のプロセスには定型的熟達者（Routine Expertise）と適応的熟達者（Adaptive Expert）の２つのタイプがあるといわれています（表8-4-1）。定型的熟達者とは、ある一定の慣れ親しんだ型の問題に対し手続きや知識がリストアップされ素早く正確にこなすことができるのですが、その知識や行為の意味について深く構造化されておらず、予想外の状況や異なる環境で実行ができない熟達者です。つまり、何度も同じ手続きを繰り返すような経験を積めば日々のルーチンはこなせるようにはなるのですが、新たな状況下ではうまくいかず行き詰まりが見られるのではないでしょうか。適応的熟達者は新たな場面・状況下に出会った時、知識や技能を柔軟に組み替えて適応でき、常に向上をめざす熟達者だとされています（Hatano & Inagaki 1992）。適応的熟達者の育成に必要なことは、①新規な問題に遭遇して問いが生まれ解決が求められること、②対話、③絶えず外からの要求に急かされるのではない状況、④理解を重視する集団に属していること、だといわれています（Schwartz, Bransford, & Sears, 2005）。

第２節で紹介したように、「園長と教職員・教職員間のコミュニケーションや話し合いの促進」は私立幼稚園・保育園の園運営に関する調査の中で効果的だと園長に認識される中心的な方略でした。園運

表8-4-1 ◆ 熟達プロセスにおける2つのタイプ

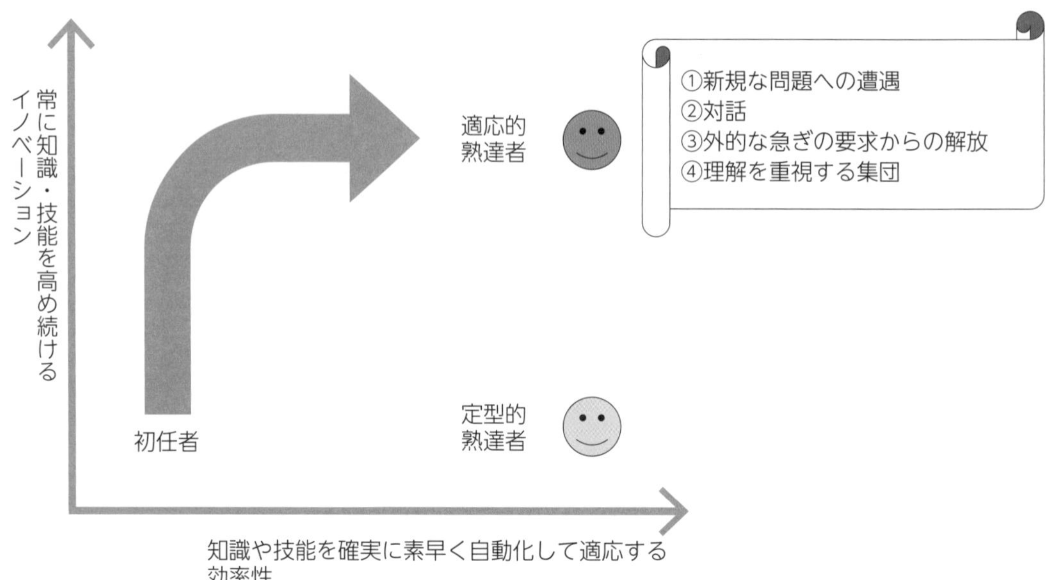

出典：Schwartz, D. L., Bransford, J. D., Sears, D. A. (2005)、益川（2015）より一部抜粋、筆者による加筆

営の主軸となっていることがうかがえます。互いに対話し理解する、といってもそのあり方は一様ではありません。“わいわい・がやがや”は時に“わちゃわちゃ・カオス”となるかもしれませんが、エネルギーから生まれる組織の創造性、協働性につながる可能性を秘めています。他方で、明確な目標やテーマを共有・設定し、一定時間・期間焦点化し集中的に取り組む問題解決も必要です。園運営が何を目的・目標とするかによって、感じられる効果は異なってくるのではないでしょうか。

2 まとめ

園運営と研修のリーダーシップについて、多様な観点から論じてきました。実際に園運営を行っている私立幼稚園・保育園園長にご協力いただいた調査からも実にさまざまな意見が見られていました。例えば、最低基準を満たした運営、園児の確保による経営・園の維持、園の伝統・歴史・理念を受け継ぎ新しい時代に応じた価値の共有、世代交代による保育や環境の見直し、保護者・地域と連携した保育・教育、よりよい保育を目指した質の向上、子ども・保育者のウェルビーイング、子どもの主体性を軸とした保育者全員参加による主体的園運営、保育者全員が充実した学びを得られる研修体制…等々です。全て重要なことで、多様で複層的な現象であることが示唆されます。

一人ひとりの保育者の専門的学びに伴う組織の変容過程を誰がどのように捉え、判断し、手立てを講じるのか、その際、園長はどのような役割を担うのか、園・園長によってその運営に創意工夫と試行錯誤があることがうかがえます。そうした中で行われる園内研修は、ある意味それまでに築き上げられた園の文化を体現しているといえるでしょう。メンタリングなど一対一の関係の中で生じる支援や指導と異なり、また、一人ひとりの保育者個人の学びとも異なり、多様な経験・学びの軌跡をもつ教職員が共に場を共有するという集団の学びがあるといえます。

園の風土や文化は、その組織に属するメンバーにとっては自明のことであり、かえって見えにくいものです。そうした場合、園内研修において、外部からの研修講師の視点や気付きが保育者の実践に影響を与える場合があります。例えば、数十年に渡り外部講師を招き関係を構築しながら園内研修を実施しているというある私立幼稚園園長が、なぜ外部講師を招き、園内研修を行うのか、理由を語っていました(野口 2013)。それは、まず、園の地域性と文化をつくり上げていく際、幼児教育の基本について外部からの指摘を受けて園長自身が自分自身を検証することで質を高めていくことができると述べていました。さらに、保育者が自園の実践や文化に真剣に捉えようとする意識を支え、保育者自身が実践を理論化し自ら立っていくことにつながる可能性があるのだといいます。

保育者の実践と学びを支える園運営の方略と研修は複雑な様相を呈していますが、それぞれの園文化の中で園の強みを生かしたリーダーシップの在り方にかかっているといえるでしょう。　■

参考文献

- 秋田喜代美・淀川裕美・佐川早季子・鈴木正敏「保育におけるリーダーシップ研究の展望」『東京大学大学院教育学研究科紀要』第56巻，pp.283–306，2016.
- 秋田喜代美「保育者のライフステージと危機」『発達』第21巻第83号，pp.48–52，2000.
- Griffith, P.L., Ruan, J., Stepp, J. & Kimmel, S. J., *The Design and Implementation of Effective Professional Development in Elementary and Early Childhood Setteings,* Handbook of Professional Devlopment in Education, pp.189–204, 2014.
- Hatano, G. & Inagaki, K., *Desituating cognition through the construction of conceptual knowledge.* In P. Light & G. Butterworth (Eds.), *Context and cognition: Ways of learning and knowing,* Lawrence Erlbaum Associates, pp.115–133, 1992.
- Hersey, P. & Blanchard, K. *Management of Organizational Behavior,* Prentice-Hall, 1982.
- 半田知佳・伊藤亜矢子「非認知的能力を育む学校風土の重要性――学校風土研究と非認知的能力研究の概観から」『お茶の水女子大学心理臨床相談センター紀要』第21号，pp.57–65，2019.
- 小林育子「園長に求められる要件」小林育子・民秋言編著「園長の責務と専門性の研究――保育所保育指針の求めるもの 改訂版」萌文書林，2012.
- 小島弘道・勝野正章・平井貴美代『学校づくりと学校経営』学文社，2016.
- 益川弘如「学習科学からの視点――新たな学びと評価への挑戦」『放送メディア研究』第12号，2015.
- 三隅二不二『リーダーシップ行動の科学 改定版』有斐閣，1984.
- 無藤隆「これからの園運営を考える――変化の中で子どもの育ちを支える園とは」『これからの幼児教育』Benesse次世代育成研究所，2012.
- 野口隆子・上田敏丈・椋田善之・秋田喜代美・小田豊・門田理世・鈴木正敏・中坪史典・箕輪潤子・森暢子・淀川裕美「私立保育園園長のリーダーシップに関する研究１――園運営の視点から」日本乳幼児教育学会第31回大会，2021.
- 野口隆子・上田敏丈・椋田善之・秋田喜代美・芦田宏・門田理世・鈴木正敏・中坪史典・箕輪潤子「園長の役割と園運営の効果的な方法に関する研究――経験年数による比較」日本教育方法学会第55回大会，2019.
- 野口隆子「保育者の専門的発達――幼稚園保育文化と語り」白梅学園大学博士論文，2015.
- 野口隆子「あの時あれでよかったか――保育カンファレンスからの省察」上淵寿・フィールド解釈研究会編『フィールド心理学の実践』新曜社，pp.17–32，2013.
- 野口隆子「保育者の専門性と成長：メンタリングに関する研究動向」『人間文化論叢第５巻』，pp.331–339，2002.
- OECD『スクールリーダーシップ――教職改革のための政策と実践』明石書店，2009.
- OECD, *Public Sector Leadership for the 21st Century,* 2001.
- 佐古秀一・曽余田浩史・武井敦史「学校づくりの組織論」学文社，2011.
- Schwartz, D. L., Bransford, J. D., Sears, D. A. *Efficiency and innovation in transfer,* Mestre, J. P. *Transfer of Learning from a Modern Multidisciplinary Perspective: Research and Perspectives,* Information Age Publishing, pp.1–51, 2005.
- Vander, Ven, K., *Pathways to professional effectiveness for early childhood educators, in Professionalism and the Early Childhood Practitioner,* Spodek, B. Saracho, O. & Peters, D., *Professionalism and the Early Childhood Practitioner,* Teachers College Press, pp.137–160, 1988.
- Vander, Ven, K., *The relationship between notions of care-giving held by early childhood practitioners and stages of career development,* B.Po-King Chan, *Early Childhood Towards the 21st Century: A Worldwide Perspective,* Yew Chung Education Publishing, pp.245–255, 1991.

第9章

園長がリーダーになるプロセスと事業承継

第1節 リーダーシップをめぐる理論的枠組み

1 リーダーシップ概念の変遷

保育・幼児教育の領域において、「保育の質」というキーワードのもと、質の向上が求められています。なかでも、より効果的に保育の質を高めていくためには、園を率いる園長や主任のリーダーシップが重要であることはご承知のとおりかと思われます（例えば、秋田ら2007，2016など）。

では、そもそもこの「リーダーシップ」とは何を指しているのでしょうか。リーダーという言葉の使用自体は、英語圏において1300年頃まで遡ることができますが、「リーダーシップ」という言葉は、少なくとも18世紀以前には存在していなかったようです。「先陣を切る人、先頭に立つ人」という意味でリーダーという用語が使われるようになったり、リーダーシップという言葉が普通に使われるようになったのは、歴史的には新しいといわれています（田中 2021）。

リーダーシップという言葉は現在、一般的にも使用されていますが、学術的には、経済学や組織論の中で検討されてきています（例えば、桑田ら 2010）。この流れの中で、リーダーシップの定義も多様に出されています。Yukl（2013）は、リーダーシップの定義を８つ掲げ、それらを踏まえて、次のように定義づけています。

「リーダーシップとは、他者に何が必要なのか、どうしてそれを遂行するかについての理解と合意を得るために影響を及ぼし、共有された目的を遂行するために個人を動かし、努力を結集するプロセスである」（Yukl 2010：訳は筆者）。

このように、リーダーシップとは、組織の中にいるメンバーが共通理解に基づき、目的に向かっていくプロセスといえるでしょう。それは、組織（ここでは幼稚園や保育所など）をよりよい方向へと動かし続ける不断の過程なのです。

2 リーダーシップ研究の変遷

いくつかの視点から、このリーダーシップの特徴を見ていきましょう。Yukl（2013）は、これまでのリーダーシップに関する研究が、その特徴を明らかにする特性アプローチ（Trait approach）から、どのような行動を起こすのかという行動アプローチ（Behavior approach）、リーダーシップの影響力に注目した影響アプローチ（Power-influence approach）、文脈を重要視した状況アプローチ（Situational approach）、それらを踏まえた統合的アプローチ（Integrative approach）へと変遷しているとまとめています（表9-1-1）。

まず特性アプローチですが、これはリーダーになる人はどのような人か、という視点に基づく研究です。リーダーとして、もって生まれたカリスマがある、などとよくいわれますが、知能や責任感など、リーダーとしての特性についてのアプローチとなります。特性アプローチは、Stogdill（1948）がこれまでの特性アプローチ研究を総括し、リーダーの特性によって、適切なリーダーシップを予測することは困難であると指摘したことにより、限界を迎えたようにみなされていますが、現在も衰退しておらずむしろ活発化しているといわれて

表9-1-1 ◆ リーダーシップ研究の変遷

特性アプローチ…リーダーになる人はどのような人か、という視点に基づく研究
↓
行動アプローチ…リーダーがどのような行動をとるか、という視点に基づく研究
影響アプローチ…リーダーの行動が集団にどのような影響を与えるのかという視点に基づくアプローチ
状況アプローチ…集団や組織のおかれている立ち位置が異なると、求められるリーダーシップも異なる、という視点に基づくアプローチ
統合的アプローチ…これらを複合的に組み合わせて考えるアプローチ

います（田中 2021）。例えば、ガードナー（2000）は、20世紀を代表するリーダーの分析から、6つの要素（ストーリー、聴衆、組織、具現化、直接的リーダーシップと間接的リーダーシップ、専門知識）をあげています。

次に、行動アプローチと影響アプローチですが、これはリーダーがどのような行動をとるか、という視点、リーダーの行動が集団にどのような影響を与えるのかという視点に基づくアプローチとなります。学校現場を対象とした研究としては、レヴィンらのリーダーシップ類型に基づき、教師の指導を「専制」「民主」「放任」と分類したグループダイナミクスの研究（三隅ら 1960）や、業績達成（Performance）と人間関係の維持（Meintenance）によるPM論（三隅 1984）などがあげられます。この三隅らの研究に基づき、サッカー指導者や（神力ら 2017）管理栄養士（太田ら 2015）など、さまざまな領域のリーダーについて研究されてきています。

状況アプローチとは、集団や組織のおかれている立ち位置が異なると、求められるリーダーシップも異なる、という視点によるアプローチであり、コンティンジェンシー・アプローチとも呼ばれます。楠見（2018）は、学習者の主体性に基づく教授と授業のあり方について、学習者のコンティンジェンシーを起点に教師が授業を行っていくことへの転換の重要性を指摘しています。現在では、これらを複合的に組み合わせて考える統合的アプローチへと広がり、展開しています。

3 リーダーシップの捉え方

このように、リーダーシップとは、経済学や組織論を中心として、多様な形で研究され、組織における重要性が見出されてきたといえるでしょう。これは、幼稚園や保育所においても同様ですが、一方で、会社などの組織と異なり、幼稚園・保育所でリーダーシップを考える上での課題もあります。第一に、組織としての業績が可視化されにくいことです。一般的な企業であれば、売上高など明確な数値目標が設定されますので、新しい社長に代わった時に業績が伸びたのであれば、そのトップの業績として捉えられるでしょう。しかし、幼稚園・保育所では、何をもって保育の質が高くなったかというのは、実感として捉えるしかないため、リーダーシップの効果というのは捉えにくいでしょう。

第二に、組織が並列的であることです。企業であれば、社長―部長―課長―係長のようなピラミッド型の組織があり、上が変化すれば下も変化することがわかりやすいですが、幼稚園・保育所では、各年齢のクラスは並列的な位置づけとなっています。小学校や中学校もそうですが、園の業務がクラス単位で完結するために、相互の連携を意識的にとる必要があるのです。

以上のことを踏まえて、幼稚園・保育園におけるリーダーシップの研究について概観していきましょう。

4　保育におけるリーダーシップ研究

組織におけるリーダーシップは、前項で述べたとおりですが、幼稚園・保育所の園長を対象とした保育学においても、この流れを受けて検討されています。

ロッド（2009）は保育におけるリーダーシップについて実践と理論の整理を行っています。そこではリーダーシップを「有能なリーダーが一連の戦略を実施していく際に、集団や組織のメンバーがよい結果や倫理的な結果を達成していくためにメンバーとともに活動を共有する過程である」と定義づけています。また、日本の保育所所長の役割について整理した小林ら（2009）は、「保育観、保育方針を示す」など７つの面でのリーダーシップをあげています。表9-1-2では先行研究で示された知見から、幼稚園・保育園におけるリーダーシップの役割についてまとめています。

保育におけるリーダーシップの実証研究は、特に日本において、近年関心が高まってきています。先行する研究としては、上田

表9-1-2 ◆ 幼稚園・保育所におけるリーダーシップ

ロッド（2009）	小林ら（2009）	イラム・シラージら（2007）
①考えを共有する ②事例を示し、モデルになる ③方向性を与える ④チームワークや協働性をつくり出す ⑤職能的発達を促す ⑥組織の変化を計画し実施する	①保育観、保育方針を示す ②人材育成 ③職場のコミュニケーション・人事管理 ④保護者対応 ⑤地域や他の機関との連携 ⑥地域育児支援 ⑦保育者としての園長	①園全体の保育目標の明確化：保育に関する園全体のビジョンを設定し明確にする。 ②理解の共有化：理解、意義、目標を確実に共有させ、共通の目的を作る。 ③効果的コミュニケーション：方針や手順を確実にするため、明確で効果的な意思伝達を行う。 ④省察の推奨：資質の向上のために日々の省察的実践を奨励する。 ⑤モニタリングと相互評価：省察的実践を促進するために、職員同士のモニタリングと相互評価を行う。 ⑥専門性発達への関わり：専門性に関わる個人個人への指導と、研修等を受ける機会を作る。 ⑦リーダーシップの分担：職員にリーダーシップを分かち、それをサポートする。 ⑧学びの集団と協働的な文化の構築：日常的な話し合いの場を設けることなどにより、職員間の信頼と協力的連携を推進する。 ⑨家庭との連携：保育参観や補完的家庭学習の支援などにより家庭と連携する。 ⑩管理と指導のバランス：指導と学びの業務と園の管理運営業務を調和的に行う。

（2013, 2014）などがあげられますが、保育におけるリーダーシップ研究の概観については、秋田ら（2016）によって整理されています。

秋田ら（2016）は国内外の研究動向を踏まえ、知識の伝達を想定する「指導的リーダーシップ」から、保育者同士が学びあい、質のよい保育を実践していく「教育のリーダーシップ（Pedagogical leadership）」が着目されていると述べています。また、この「教育のリーダーシップ」を発揮する上で、「分散型・共有型リーダーシップ」の重要性を説いています。

分散型・共有型リーダーシップとは、「専門職の垣根を超えてリードし、職員チームのすべてにリーダーシップを分散する」（イラム 2017）ものです。同時に、保育にこの概念を適用することに課題も示されており、野澤ら（2018）は、ミドルリーダーのリーダーシップに、分散型・共有型リーダーシップを前提とした混合型リーダーシップ（Hybrid leadership）を紹介しています。

5 リーダーシップの３つの視点

これまでの知見を踏まえて、幼稚園・保育所の園長のリーダーシップを捉えるための３つの視点を持ちたいと思います。第一に、誰がどのように園長となっているのか、という園長のキャリアの視点です。第二に、園長がどのようなリーダーシップを発揮しているのか、というリーダーシップの特徴についてです。第三に、園長のリーダーシップがどのように園としての育ち、保育者の学びにつながっているのかという視点です。

これらの視点からの問いを明らかにするために、特に私立幼稚園・保育所に着目したいと思います。前述したように、私立園の多くは「上級経営者の少なからぬ部分が同一ファミリーである」（後藤 2005）ファミリー・ビジネスと考えられます。このような場合、園長が長い保育経験を持ち、２、３年で転園していく公立園と異なっているでしょう。運営を担う園長がどのようなリーダーシップを発揮するのか、それによって、園の方向が決定づけられ、多様性を構築していくことが考えられるからです。これらについては、次節以降で詳細に検討したいと思います。■

第2節 私立幼稚園・保育所の園長のキャリア

1 私立幼稚園・保育所等の経営の実態

これまでいくつかの章でも触れてきましたが、私立幼稚園および同保育所等は、ファミリー・ビジネスの形態をとっている園が多いことが想定されます。ファミリー・ビジネスとは、「上級経営者の少なからぬ部分が同一ファミリーである」（後藤 2005）経営状態を指しています。幼稚園や保育所がこのようなファミリー・ビジネスの形態をとっているということは、同一人物が理事長・園長を長期間にわたって務め、園の運営や経営を行っているということになるでしょう。

したがって、園の運営を担う園長のリーダーシップや保育に対する理念、経営方針によって、園の方向性が決定づけられ、それが多様な保育を行う幼稚園・保育所のあり方にもつながっていくと考えられます。

では、このような幼稚園・保育所の園長には、どのように「なる」のでしょうか。学校教育法第27条第４項には、「園長は、園務をつかさどり、所属職員を監督する」と定められています。本節では、私立幼稚園と保育所の園長（施設長）に焦点を当て、そのキャリアについてみていきます。

2 保育者としてのキャリア

キャリアとは、従来、人がたどる足跡や経歴を意味しており、「一般に『経歴』『経験』『発展』さらには『関連した職務の連鎖』等と表現され、時間的持続性ないし継続性を持った概念」として定義されています（厚生労働省職業能力開発局 2020）。キャリアをこのように捉えたとき、保育者キャリアは専門性の発達として捉えられ、研究されてきました。最近では保育者初期のキャリアとしてどのように選択され、支援が必要か（平井他 2020，谷川 2018など）、１年目の保育士が抱える葛藤（上田 2014）など、「保育者になっていく」プロセスが描かれてきています。また、その後の保育者のキャリアとして、主任がどのように選ばれていくのか（櫻井 2018，2019）や園長自身の語りから明らかにされたキャリア（坂井他 2015）などがあげられるでしょう。しかし、そのほとんどがいわば保育者としてキャリアを蓄積していることが前提となっており、ファミリー・ビジネスとして経営を引き継いだ園長についてはほとんど明らかにされていません。

そこで本節では、私立幼稚園・保育所の園長へのアンケートを通して、彼／彼女らがどのようなキャリアで園長となったのかを明らかにします。

3 調査の方法

1）私立幼稚園へのアンケート調査

私立幼稚園へのアンケート調査は、各都道府県の私立幼稚園団体に掲載されているリストを参照しながら、2485園を対象に、2018（平成30）年に行いました。有効な回答数は861であり、回収率は34.6％となりました。アンケートの内容は、①園についての情報、②園長自身について、③園の運営について、④事業承継について、の４つに大別されます。

2）私立保育所へのアンケート調査

私立保育所へのアンケート調査は、同一法人を避け、全国の私立保育所から5000園を抽出し、2020（令和２）年12月から2021（令和３）年３月にかけて行いました。有効な回答数は760であり、回収率は15.2％となりました。アンケートの内容については、私立幼稚園のものとほとんど同じ項目を用いました。

4 園長になること

1）回答者の基本属性

上述したように、本調査では私立幼稚園と私立保育所とそれぞれ別にアンケート調査を行いました。両アンケートに回答頂いた園長の基本属性は、表9-2-1のとおりです。おおむねどちらも男性が多いこと、年代として40歳代から60歳代が中心となっていることがわかります。

また、私立園の特徴として、園長（施設長）は必ずしも有資格者である必要がないため、私立幼稚園においては幼稚園教諭免許状を持っていない人が364名と、全体の約42％いました。同じように私立保育所においても、保育士資格をもっていない人が352名と、全体の約46％となりました。これらは公立幼稚園・保育所では見られない特徴といえるでしょう。

表9-2-1 ◆ 回答者の基本属性

		私立幼稚園	私立保育園
性別	男性	440	402
	女性	420	352
	無回答	1	6
年齢	20代	1	2
	30代	33	51
	40代	119	148
	50代	237	242
	60代	294	217
	70代	144	85
	80代以上	33	9
所属園の免許・資格	あり	497	408
	なし	364	352

2）園長になるまでのキャリア

私立幼稚園・保育所の園長になるまでのキャリアを高等学校卒業後からいくつかの段階で示したものが、表9-2-2となります。

表9-2-2では、左が私立幼稚園、右が私立保育所の所長のキャリアとなっています。まず、高等学校卒業後の進路では、どちらも約90％が大学・短期大学等の高等教育機関へと進学しています。しかし、必ずしも幼稚園教諭免許状や保育士資格の取得できる学部・学科ではなく、免許・資格が取得可能な進学先を選んでいる人は、私立幼稚園で約42％、私立保育所では約30％となっていました。このことは、園長が高等学校卒業後から、幼稚園や保育所の業界を意識していたのではなく、その当時の興味関心のある学部学科へ進学していることを表しているでしょう。

最終学歴の後の最初の進路先として、私立幼稚園・保育所ともに、約20～30％が現在の園に就職をしています。つまり、そのまま同じ園で就職をして園長になるまで働き続けているといえるでしょう。また、同じく約20％前後が、他の幼稚園や保育所で働いて、現在の園に就労したと考えられます。

一方、私立幼稚園では、約16％が幼稚園以外の学校で働き、私立保育所では、約35％が一般企業で働いた経験を持っていました。

これらのことは、私立幼稚園・保育所の園長のキャリアが非常に多様であり、必ずしも高等学校卒業後から、保育業界を志して、保育者としてのキャリアを形成しているのではなく、そのほかの業界から流入してきているといえるでしょう。

3）タイプ別　園長のキャリア

次に、園長としてのキャリアのタイプを考えてみたいと思います。現在の勤務園に、園長、副園長、担任、事務などどの職階で着任したのかと、現在の園におけるそれぞれの勤務年数から、園長のキャリアタイプとして、以下の４つに分類しました。

①管理職着任キャリアタイプ：現在の園での勤務が、園長・副園長

表9-2-2 ◆ 園長になるまでのキャリア

私立幼稚園　園長	私立保育所　園長

高等学校卒業後
↓

私立幼稚園　園長

①高校卒業後の進路

進学先	人数	割合(%)
大学	527	61.21
短期大学	208	24.16
専門学校	42	4.88
一般企業	21	2.44
幼稚園など	8	0.93
その他	16	1.86
不明	39	4.53

②進学先での幼稚園教諭免許状取得可能の可否

免許	人数	割合(%)
取得可能	368	42.74
取得不可能	350	40.65
不明	143	16.61

③最終学歴卒業後の最初の就職先

就職先	人数	割合(%)
現在の園	242	28.11
現在の園ではない幼稚園・保育所等	163	18.93
小・中・高等学校	140	16.26
一般企業	173	20.09
不明	0	0

④現在の園への着任年代

年代	人数	割合(%)
10代	2	0.23
20代	447	51.92
30代	164	19.05
40代	82	9.52
50代	49	5.69
60代	100	11.61
70代以上	8	0.93
不明	9	1.05

⑤園長の経験年数

年数	人数	割合(%)
1年目から5年未満	209	24.27
5年目から10年未満	156	18.12
10年目から20年未満	224	26.02
20年目から30年未満	113	13.12
30年以上	93	10.8
不明	66	7.67

私立保育所　園長

①高校卒業後の進路

進学先	人数	割合(%)
大学	418	55
短期大学	199	26.18
専門学校	81	10.66
企業等就職	43	5.66
幼保就職	10	1.32
その他	6	0.79
不明	3	0.39

②高校卒業後の進学先の保育士資格取得の可否

資格	人数	割合(%)
取得可能	232	30.53
取得不可能	324	42.63
該当しない	185	24.34
その他	15	1.97
不明	4	0.53

③最終学歴卒業後の最初の就職先

就職先	人数	割合(%)
現在の保育所	161	21.18
その他の幼保園	179	23.55
小・中・高等学校	43	5.66
一般企業	267	35.13
その他	91	11.97
不明	19	2.5

④現在の園への着任年代

年代	人数	割合(%)
10代	3	0.39
20代	312	41.05
30代	179	23.55
40代	98	12.89
50代	67	8.82
60代	69	9.08
70代以上	2	0.26
不明	30	3.95

⑤園長の経験年数

年数	人数	割合(%)
0年	57	7.5
1-3年	174	22.89
4-6年	114	15
7-10年	141	18.55
11年以上	274	36.05

のみの場合

②同一園担任経由キャリアタイプ：担任経験を経た後に、園長になっている場合

③同一園事務経由キャリアタイプ：事務や主査などの事務職を経た後に、園長となっている場合

④複数職経由キャリアタイプ：事務職・担任の両方を経験し、園長となっている場合

上記の４つと園に着任した年代とをクロス集計し、残差分析したものが表9-2-3となります。

私立幼稚園では、当然ですが、同一園担任経由キャリアタイプ、同一園事務経由キャリアタイプ、複数職経由キャリアタイプで20歳代の着任が有意に多く、管理職着任キャリアタイプが有意に少ないことが示されました。若い頃から、クラス担任や事務職としての経験を蓄積し、そのまま同じ園の園長となっていったことがわかります。

一方で、管理職着任キャリアタイプは、40歳代以降に多いことが明らかになります。このキャリアタイプは、クラス担任として経験を積み、転勤等で新しい園に着任するタイプと、事業承継の中で、クラス担任等を経験することなく、園長となっているタイプとに分かれます（詳しくは次節で説明）。

私立保育所では、４つのキャリアタイプの動向は私立幼稚園と大きく変わりませんが、その年代がやや高いほうにずれていることがわかります。例えば、管理職着任キャリアタイプでは60歳代以降に多いことが示されています。また、30歳代から40歳代に着任した園長は同一園事務経由キャリアタイプが多いことも、私立保育所の特徴といえるでしょう。推測になりますが、これらの特徴は、複数園を持っている法人が多いことに影響されているかもしれません。

４）キャリアタイプによる意識の違い

では、このようなキャリアタイプの違いは、実際に園を運営していく上でどのような違いをもたらしているでしょうか。ここでは私立幼稚園にのみ着目し、園長のキャリアタイプの違いによる、職員との意

表9-2-3◆園長のキャリアタイプと現在の園に就職した年代（クロス集計）

私立幼稚園	就職した年代別（度数、調整された標準化残差）												
キャリアタイプ	20代		30代		40代		50代		60代		70代以上		合計
管理職着任	▼106	-12.983	76	0.576	△53	4.009	△43	6.168	△92	10.644	△7	2.771	377
同一園担任経由	△143	8.116	31	-0.889	▼6	-3.313	▼1	-3.521	▼0	-5.598	0	-1.458	182
同一園事務経由	△98	3.469	36	1.568	15	0.128	▼2	-2.681	▼0	-4.973	0	-1.295	151
複数職経由	△64	5.714	9	-1.785	▼2	-2.208	1	-1.822	▼0	-3.361	0	-0.875	77
合計	411		152		76		47		92		7		641

（△は有意に多い、▼は有意に少ない。p.<.05）

私立保育園	就職した年代別（度数、調整された標準化残差）														
出現値	20代		30代		40代		50代		60代		70代		80代以上		合計
管理職着任	2	1.822	16	-0.961	▼31	-4.682	▼71	0.001	△103	3.53	△54	5.224	△7	2.498	284
同一園担任経由	0	-0.831	8	-1.68	42	0.865	△87	0	▼41	-2.681	▼14	-2.047	1	-1.002	193
事務経由	0	-0.845	△21	2.507	△63	5.029	54	0.09	48	-1.642	▼11	-2.962	1	-1.039	198
複数職経由	0	-0.484	6	0.311	12	-1.05	30	0.237	25	0.595	6	-1.093	0	-1.033	79
合計	2		51		148		242		217		85		9		754

（△は有意に多い、▼は有意に少ない。p.<.05）

表9-2-4◆私立幼稚園園長のキャリアタイプと園の理念の共有（クロス表・残差分析）

出現値	園の理念が共有されていると思うか（左：度数、右：調整された標準化残差）								
	そう思わない		あまりそう思わない		ややそう思わない		そう思う		合計
管理職着任	8	-0.290	19	0.115	▼134	-2.909	△212	2.903	373
同一園担任経由	3	-0.629	5	-1.527	82	1.476	88	-0.599	178
同一園事務経由	△7	2.122	11	1.435	65	0.490	68	-1.746	151
複数職経由	0	-1.431	4	0.055	△41	2.133	33	-1.695	78
合計	18		39		322		401		780

（△は有意に多い、▼は有意に少ない。p.<.05）

識の共有の関係を見ていきましょう。

私立幼稚園園長のキャリアタイプと、自身の園で理念が共有されているかどうかについて尋ねたものが表9-2-4となります。管理職着任キャリアタイプの園長は、理念が共有されていると感じており、人数は少ないですが、同一園事務経由キャリアタイプの園長は、そう思わないと回答している人が有意に多く、複数職経由キャリアタイプは、ややそう思わないと回答している人が有意に多い結果となりました。

これは、管理職着任キャリアの園長は、最初から副園長あるいは園長として就任しているため、理念の共有に対して意識が高く、日頃から教職員と共有を図っているのではないかと考えられます。また、同一園事務経由、複数職経由キャリアの園長で理念の共有がされていないと感じているのは、上田（2021）が述べているように、これらのキャリアタイプの園長は年齢が比較的若く、担任としての経験が少ないことが影響しているのではないかと考えられるでしょう。

次に、「園の教育理念や運営方針を共有するために、具体的にどのようなことを行っているのか」と尋ねた問いの自由記述から、キャリアタイプにおける特徴があるかどうかを検討するために、計量テキスト分析ソフト（KHcoder）を用いて対応分析を行いました（図9-2-1）。

図9-2-1から、【管理職着任】は、「職員会議」「研修」「全員」といった語句が集まっており、【同一園担任経由】では、「子ども」「クラス」「共有」といった語句が集まっていました。また、【同一園事務

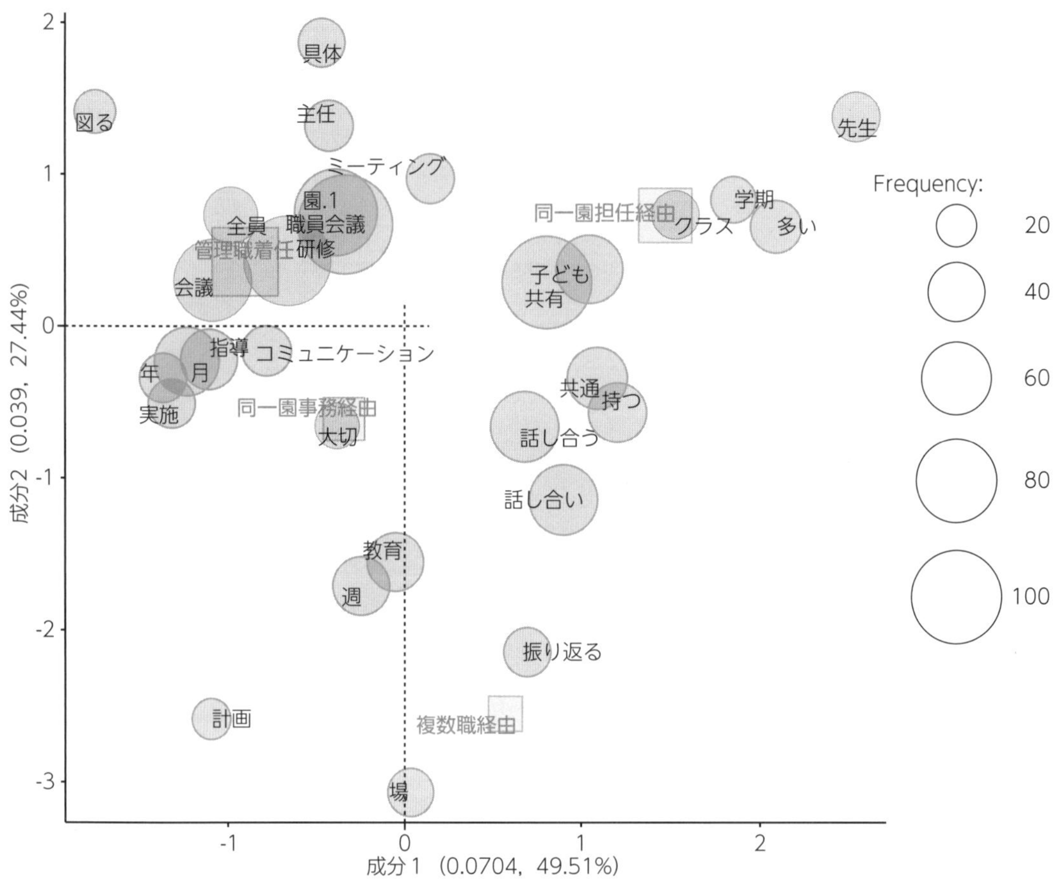

図9-2-1 ◆ 理念の共有の対応分析

経由】では「大切」、【複数職経由】は、「振り返る」「場」といった語句があることから、縦軸は「組織―個人」、横軸は「職員―子ども」といった解釈が考えられるでしょう。つまり、【管理職着任】の園長は、職員会議や園内研修を中心に、組織的に教職員に理念や運営方針を共有する方法を行っており、【同一園担任経由】の園長は、具体的なクラスや子どもの姿を共有することを通して、理念や運営方針を共有していると考えられます。

5 園長同士の情報共有・研修で質を高める

本調査から、私立幼稚園・保育所の園長と「なる」キャリアは、公立と比べて私立園では多様なものであることがわかりました。また、理念の共有を行うことでも、それぞれのキャリアタイプに応じて行われていることは、どのように「なる」のかによって、園の運営にも影響を及ぼしていることを示しています。

したがって、園長（その後、園長となる人も含めて）同士の情報共有や研修を通して、園長の質を高めていくことが求められるのではないでしょうか。■

付記

本節は以下の論文を基に加筆修正されたものである。

上田敏丈・秋田喜代美・芦田宏・小田豊・門田理世・鈴木正敏・中坪史典・野口隆子・箕輪潤子・椋田善之・淀川裕美・森暢子「私立幼稚園園長のキャリアと職務内容に関する研究」『国際幼児教育学研究』第28巻，pp.173-190，2021.

上田敏丈・椋田善之・野口隆子・小田豊・門田理世・鈴木正敏・中坪史典・箕輪潤子・森暢子「私立保育所園長のリーダーシップに関する研究２――キャリアの視点から」『日本乳幼児教育学会第31回大会研究発表論文集』pp.304-305，2021.

上田敏丈・椋田善之・野口隆子・秋田喜代美・小田豊・門田理世・鈴木正敏・中坪史典・箕輪潤子・森暢子・淀川裕美「私立幼稚園園長のキャリアと園の課題１――キャリアタイプによる理念の共有方法の差異」『国際幼児教育学会第42回大会　発表資料』

第3節　私立幼稚園を継ぐ——事業承継におけるリーダーシップ

1　園の運営・経営の実態

1）事業継承の実態を明らかにする

近年では、保育の質を高めることが重要視され、そのためには園におけるリーダーシップのあり方が着目されています（秋田他 2016)。第2節でも述べているとおり、特に私立幼稚園や保育所は、ファミリー・ビジネスの形態をとっている園が多いことが想定され、同一人物が理事長・園長を長期間にわたって務め、園の運営や経営を行っていることになります。

特に大きな節目と考えられるのは、ファミリー・ビジネスとして経営者が代替わりする事業承継だといえます。事業承継とは、被承継者（先代）から承継者（次代）へと経営権が引き継がれることですが、その内実は、それぞれの私立幼稚園において多様であり、どのように移行しているのかはそれぞれのファミリー・ビジネスの形態や人間関係に依っていることが考えられます。

このような事業承継がそれぞれの園でどのように行われ、園長としてリーダーシップを発揮して園の運営や経営をどのように行っているのか、また、事業承継でどのような葛藤を感じているかについてインタビュー調査を通して明らかにしていきます。

2　インタビュー調査を通した事業承継の実態

1）私立幼稚園園長へのインタビュー調査

2016（平成28）年5月、A県私立幼稚園の承継者23名に協力をお願いしました。協力者は男性22名、女性1名で、全員30～40歳代です。そのうち男性2名は、血縁関係もなく、経営者でもない園長であったため、今回の分析からは除外しています（表9-3-1）。

加えて、2016（平成28）年12月から2017（平成29）年12月には、事業承継の３つのタイプを各園の事例を通して具体的に明らかにするために、すでに園長に就任している園長３名（表9-3-2）に協力をお願いしました。３名とも５月のインタビュー調査に参加しており、継続して協力者となりました。

2）インタビュー内容

2016（平成28）年５月のインタビュー調査では、私立幼稚園園長のリーダーシップと事業承継をテーマに広範な意見を拾い上げるため、座談会形式で約２時間の話し合いを行いました。座談会では、参加者23名が大きな円になり、研究協力者が司会者となって「園を引き継ぐことについてどう思うか」「引き継いでいる中でどのような点に力を入れて運営しているか」「園運営における先代との関係」といった質問を投げかけ、グループインタビューを行いました。記録はICレコーダーで録音をし、後日文字化したものを分析の対象としました。

表9-3-1 ◆ 2016（平成28）年５月の分析対象者

NO.	幼稚園	名前・役職	性別・年齢	幼稚園教諭免許
1	A	たなべ園長	男・40歳代	有
2	B	はしだ園長	男・30歳代	有
3	C	ひさだ園長	男・40歳代	有
4	D	のだ園長	男・40歳代	無
5	E	たかだ園長	男・40歳代	無
6	F	すぎた副園長	男・30歳代	有
7	G	たすぎ副園長	男・30歳代	無
8	H	おおば副園長	女・40歳代	無
9	I	たぬま副園長	男・40歳代	有
10	J	かわた事務	男・20歳代	無

＊名前はすべて仮名。

表9-3-2 ◆ 2016（平成28）年12月から2017（平成29）年12月の研究協力者

NO	幼稚園	名前・役職	性別・年齢	幼稚園教諭免許
制約的事業継承				
1	B	はしだ園長	男・30歳代	有
先導的事業継承				
2	E	たかだ園長	男・40歳代	無
実質的事業継承				
3	H	あさだ園長	男・40歳代	無

＊1　半構造化インタビュー
半構造化インタビューとは、事前にインタビューの質問内容を大まかに用意し、回答の内容によって詳細に尋ねていくインタビュー手法の1つです。

2016（平成28）年12月から2017（平成29）年12月の調査では、1対1の半構造化インタビュー[＊1]、事前に個々の事業承継の話を聞き、それぞれ3つのタイプのどれに当てはまるかを答えてもらいました。

その後、正式に研究協力への依頼を行い、「園長の役割やリーダーシップについてどのようなことを行ってきたか」「事業承継の中で大事にしたこと、変えてきたこと」「先代との関係」「自身の経歴」などを中心に、それぞれ約1時間、聞き取りをしました。

3 事業承継の特徴とリーダーシップ

1）制約的事業承継

事業承継者の語りを分析したところ、事業承継には3つのタイプがあることが2016（平成28）年5月のインタビューにて明らかとなりました。「制約的事業承継」は、園長となっても先代の影響力が強く、園の運営や経営について一定程度の制約を受けている事業承継タイプです。そのため、園の保育も被承継者である先代の方針が強く残っており、承継者はなかなか変えることができません。さらに、職員は最終決定権を被承継者の先代に頼ることが多くなり、事業承継における制約性を強く感じています（語り2参照）。

しかし、このような状況にあるため、園を変えることができるのは血族の自分であると園長は考えており、自分の考えている園にすることを目指す「先代色脱却的リーダーシップ」を発揮しようとします(語り１、２参照)。

語り１：Ｂ幼稚園　たなべ園長
(園が) 先代の色なので。でも、(変えようとしても) うまくいかないと言われるけれど。ちょっとしたことでも。でも、失敗しても自分の責任なので、やっていこうと思う。僕じゃない人が、先代に逆らって変えることは多分できない。緩やかにちょっとずつ、いろいろと変えていこうと思っているところです。

語り２：Ｄ幼稚園　のだ園長
僕、園長なのに、自分の母親に散々言い負かされて、「これ、どうなんかな」と思うこともあった。

2）先導的事業承継

「先導的事業承継」は、自身が園長になる前から、さまざまな面で改革を進め、先代の方針からの転換を行ったり、自身の思いどおりに改革したりする事業承継タイプです。したがって、承継者は率先的に改革をしていく役割であり、園の運営と経営に対して、さまざまな面で改革を行う「園長中心リーダーシップ」を発揮します（語り３参照)。

自身が中心となって積極的に改革を進めていることを自覚しているため、職員集団からどのように見られているのかと問い直し、自らの園長像の再確認をしています。自身の考える運営と経営を行う一方で、園として大事にするものを職員と共有することが重要であると考えています。また、将来的には職員自身が考える「職員主体型リーダーシップ」が必要だと考えています（語り４参照)。

語り３：Ｅ幼稚園　たかだ園長
園長になる前でも、いろいろ、改革や整理など（をやった)。もう園長になるときには、全て、うちの教職員組織の統一も全部完了した時点で僕は園長に就任したので。特に園長になってからの３年間で、したことというのは、あんまりないんです。

語り４：Ｃ幼稚園　ひさだ園長
当時の理事長に自分から、園長にさせてほしいとお願いした。自分がリーダーになって、新しいことを、これを機にやらせてもらった。いろんなことを変えた。（略）これまで僕が細かく指図していたけれど、最近は僕があまり声を出さないようにして。先生たちの雰囲気がよくなったのは感じます。

３）実質的事業承継

「実質的事業承継」は、被承継者と承継者が一定の期限を決定し（周年事業や年齢など）、実質的な運営や経営を承継者に譲る事業承継タイプです。

承継者である園長は先代の庇護（ひご）を感じつつも、承継で引き継ぐことと自身がやりたいことのバランスをとりつつ、責任感をもちます（語り５参照）。その中で、「改革的リーダーシップ」「保育改善的リーダーシップ」を発揮しています。一方で、先代からアドバイザー的に意見をもらい、園運営を考えることもあります。

語り５：Ａ幼稚園　たなべ園長
副園長のころは、トラブルが起きても最後は逃げられる。（略）先代である父親に「譲ってもいいかな」と思わせたいと思っていた。そのタイミングが譲ってもらうタイミングだった。（略）職員に認められたいと思い、あとは保護者とどうかかわっていけるのか。家業だからこそできることを（やりたい）。（地域の保護者が）自分たちの園に入りたくなるように伝えていく。

４）事業承継における共通した特徴

私立幼稚園園長が事業承継後に園運営を行っていく上で共通していたのは、今の時代にあった労働環境の改善や業務効率性を高める事務環境改善でした。特に３名の園長は、それぞれ企業経験や教員の経験があるため、事務環境や労働環境の改善に着手していました（語り６から８参照）。

語り６：あさだ園長：今、先生達の放課後の時間の使い方も、結構、今、だいぶ改善させました。
語り７：はしだ園長：職員会議も、私のときから始めました。職員会議がないというのは、園としていかんと私は思ってましたので。
語り８：たかだ園長：母親世代の就業規則等、やはりいろいろな労働基準のことに関しては、…後回しにしてしまったもので、対応していなかったのですね。…「これはまずい」と思って、いろいろな就業規則や経理規定、全部みんな見直して、今の時代に合わせた…。

また、どのような事業承継のタイプであれ、労務管理や事務管理については、その都度改善していることがうかがえました。同時に、事業承継後でも大事にすべき点は、建学の精神や子どもの目線というところで共通していました（語り９から11参照）。

語り９：はしだ園長：まだ、子どもだった（頃ですが）…（親が）ずっと幼稚園やってるのを見てきた中で、私の考えにも通じるところあるんです…。
語り10：たかだ園長：先代もやはり教職員を非常に、輪を大事にしてきたところでもあります。…華やかさだけという教育の在り方ということ…だけになりすぎないように。やはり、心の育ち、子どもがあってこその、この幼児教育だと。
語り11：あさだ園長：そうやってこの幼稚園ができた、成り立ちの意味がこうやって、特別支援の子たちを大事に、（しないと）していかないといけないというのを、先代の祖母の段階から言われていた…。

このように、それぞれの私立幼稚園で何を大事にしているのかということについては、承継者が幼い頃から家庭で聴いていることもあり、何となく身に付いているということでした。これは、ファミリー・ビジネスとしての私立幼稚園の特徴であるといえます。しかし、この点について、具体的に家庭での話としてでてきている園長がいる一方で、新しく園長になった人（承継者）が、現在自分の家庭で妻や子どもたちに園の話をしないということから、それぞれの家庭のあり方も影響していることが考えられます。

5）事業承継におけるタイプ別の相違

制約的事業承継のはしだ園長は、園の保育活動の中心的な部分については、制約性を感じています。しかし、自身が任された活動の中で、自身の理念に基づき改革を行っていました（語り12参照）。

> 語り12：はしだ園長：まずは、クラブもいい活動だと思ったんですが、わりと先生に任せきりだったので。私が…（先生に）指導はしました。

一方、先導的事業承継のたかだ園長は、園の建学の理念については大事にしているものの、それを達成するための保育活動に対しては、行事整理を行ったり、園庭改善を行ったりするなど、園運営として保育の中心的な活動について改善していました（語り13参照）。

> 語り13：たかだ園長：それで大鉈振って、全部いろいろなことを行事も整理して、園庭のいろいろなこと、（遊具の）導入の改善の仕方等（を変えていった）。

また、実質的事業承継のあさだ園長は、保育活動の維持と改善のバランスを保ちつつ、被承継者である先代がアドバイザー的被承継者として機能している上で園運営を行っていました（語り14参照）。

> 語り14：あさだ園長：（理事長は）思ったことを僕には言ってくれるので。快いことも耳障りなことも。…そこは唯一ね、言ってくれるのは親なのかとは思うので…上に行くと、ものを言う人が居なくなってくると思うので、そこは大事にしていかないといけないと思う。

このように、実際に園の運営や経営について改革していく着手点は、事業承継のタイプによって異なっています。

先導的事業承継は、自身の園運営や保育に対する思いが強いため、園長になる前から改革を推し進めています。したがって、園長になる時点で、自身の考える園の方向に舵を切っていると考えられます。

一方で、制約的事業承継の園長は、園長に就任してから、自身の園運営や保育に対する思いに基づいて改革を進めていくようになります。

一般企業におけるファミリー・ビジネスにおける事業承継において、承継者は、自身が自由にできる自律性と、承継した組織の風土やあり方といった制約性という両者のバランスをとりながら承継する必要があるといわれています。これは、私立幼稚園の事業承継においても同様であり、それぞれの事業承継のタイプによって、被承継者と承継者の運営や経営に対する影響力の違いがあります。それを踏まえた上でどのように事業承継を行うのかは、それぞれファミリー・ビジネスとしての経営者のあり方、同時に親子関係のあり方によって考えていく必要があるのではないでしょうか。

6）園長のリーダーシップ

私立幼稚園の園長の多くは、公立幼稚園のように保育熟達者としての園長ではなく、保育内容等の運営面とともに、園の経理などの経営面をまとめていかなければなりません。園長就任後の年数が短い事業承継後の園長は、特にその両面に対しての変更や改革を行っています。本調査から、園長のリーダーシップとして考えるべき３点のバランス軸が浮かび上がりました。

①園経営と保育運営のバランス

園の経営面だけではなく、多くの園長は保育運営に対してもリーダーシップを発揮します。自身が思い描く保育を進めていきますが、同時に保育熟達者ではない園長としては、具体的な方法というよりも、自身が思い描くヴィジョンを職員と共有していくことが求められます。

②保育への自身のヴィジョンと職員のヴィジョンのバランス

園長には職員集団と自身のヴィジョンを共有することが求められますが、承継した私立幼稚園では、これまでも長い間保育が行われ、それぞれの園の雰囲気ややり方が浸透しています。これを抜本的に変更することは、職員集団のモチベーションにかかわることが推察されます。したがって、両者の関係を上手に構築することが必要となります。

③保育への自身のヴィジョンと保護者や地域のニーズとのバランス

②と同様ですが、園長のヴィジョンが必ずしも保護者や地域に最初から理解されるわけではありません。したがって、職員集団だけではなく、保護者や地域のニーズについても考えていく必要があります。

私立幼稚園園長は、この３つのバランス軸をうまくまとめながら、園の運営と経営を行っていくリーダーシップが求められます。

4 おわりに

私立幼稚園の事業承継には３つのタイプがあり、園運営に与える影響は異なります。先導的であれば、保育理念や保育内容といった全体に与える影響が高く、制約的であれば、園全体に与える影響が小さなところから、園運営を改革していました。事業承継のタイプによって、発揮されるリーダーシップも異なり、それが園運営に与える影響もまた異なっています。このことは、職員集団や保護者に与える影響にも違いが出てくると思われます。したがって、事業承継を行う中で、承継者と被承継者だけではなく、職員や保護者との対話による価値観の共有も必要になってくるのではないでしょうか。■

付記

本節は以下の論文を加筆修正したものである。

上田敏丈・秋田喜代美・芦田宏・小田豊・門田理世・鈴木正敏・中坪史典・野口隆子・箕輪潤子・椋田善之・淀川裕美・森暢子「事業継承における私立幼稚園園長のリーダーシップに関する研究」『国際幼児教育研究』(26号)，pp.51-56，2019.

椋田善之・上田敏丈・小田豊・芦田宏・鈴木正敏・中坪史典・野口隆子・箕輪潤子・森暢子・淀川裕美「事業継承後の私立幼稚園園長のリーダーシップ(2)――葛藤に着目して」『日本保育学会第71回大会第71回大会発表要旨集』p.989，2018.

椋田善之・上田敏丈・小田豊・芦田宏・門田理世・鈴木正敏・中坪史典・野口隆子・森暢子・淀川裕美「私立幼稚園の事業継承に関する実態調査(2)――事業継承における工夫と課題」『日本保育学会第72回大会．第72回大会発表要旨集』pp.39-40，2019.

第4節 学び続ける園をつくる園長

1 学び続ける園をつくる園長のリーダーシップ

園長の役割については、管理運営とリーダーシップという2つが重要であるといわれています。特に「教育のリーダーシップ」（Pedagogical Leadership）は、乳幼児教育・保育の専門家としてのチームをどうつくり上げていくかを考えていくための重要な資質として注目されています。

しかし、このようなリーダーシップをトップリーダーとしての園長が発揮するだけではなく、保育現場にいる保育者自身がリーダーシップを発揮することも園の保育を支えるための大きな鍵となります。特に、それぞれの保育者の良さを活かしていくためには、分散型リーダーシップにより、保育者それぞれの得意な役割を園長が信頼して任せていくことが重要です。

そのため、保育にかかわる全ての人が互いにかかわり、コミュニケーションを密に取りつつ、保育の質の向上を図っていくための研修体制をどのように構築していくかについて検討している園は多くみられます。

特に、保育の質を向上していくための研修を円滑に進めていくためには、それまでの園長の保育者とのかかわりも重要だといわれています。例えば、保育者一人ひとりの良さを把握し、誰にリーダーを任せるかを検討したり、それぞれの保育者が抱える悩みを理解したりすることも大切な役割だといわれています。現在、深刻な人手不足が保育業界でも起こっており、保育者個人のレベルを高めていく以前に、園長も含めた園の全員が1つのチームとして育ち合っていく文化を培っていくことが、園長に求められる役割なのではないでしょうか。

また、園では子どもたちの主体性を大切にした保育が展開されていますが、子どもたちを見守る保育者の主体性も重要だといえます。では、保育者の主体性を発揮できるように、それぞれの園ではどのようなことに取り組んでいるのでしょうか？　一例として、兵庫県神戸市にある認定こども園いぶき幼稚園の事例を取り上げます。いぶき幼稚園では、チームづくりのために、次の４点を大事にしています。

① 園としての考え方や動き方についての大枠が示され、チーム内で共有されている。

② 園内で共有されている考え方や動き方の中では、個性やバラエティーを出す多様性が奨励される。

③ 職場内の同僚性が高く、認め合いはもちろん、多様な意見も聞き入れ合える。

④「失敗は成功のもと」という価値観が共有され、挑戦や失敗と成功の繰り返しが保障されている。

これらを進めていく上で大事なことは、園長のリーダーシップのもと、園の理念や保育方針、理想の子ども像などがチーム内で共有され、ミドルリーダーが園長と現場をつなぐ役割として機能しているかどうかです。また、園として、大事にされていることは、「ゆるす」ことだといいます。保育と仲間づくりネット冬期研修会[*2]で小田豊先生が、「教育とはなにか」を突き詰めて考えていくと「ゆるす」ことだとおっしゃっていたことからヒントを得て、保育者の成長を支えるためにも、失敗と成功を繰り返すものだという理解のもと、保育者との関係性においても「ゆるす」ことを実践しています。

もちろん、園長の役割は組織の大きさによっても変わります。例えば、複数園を抱えている法人の場合、組織文化をいかに醸成していくかが重要になるのではないでしょうか。組織文化を醸成していくための手段として、それぞれの保育者に見合った役割を決めていくこと、つまり分散型リーダーシップを発揮することです。

＊2　保育と仲間づくりネット冬期研修会

1991（平成3）年に関西の男性保育者有志5人によって発足された保育と仲間づくり研究会が行う年に１回の研修会です。当時滋賀大学に在籍中だった、小田豊先生をスーパーバイザーに、保育研究を行っておられました。現在会員は、幼稚園・保育所・認定こども園園長、研究者、臨床心理士、出版社、保育関連企業など50名を超える会になっています。研修には毎年各園からの参加者を募り、300人ほどの方がこの研修を受けます。

2 学び続ける園をつくる園長の学び

以上のように、園という組織を１つのチームにしていくためにも、園長にはさまざまな役割が求められているといえます。しかし、最初から園長の役割全てがうまくいくことはありません。園長にも失敗があり、そこから学び、成長していくのではないでしょうか。また、初めて経験する園長職には不安がつきものです。不安を解消するためにも、他の園の真似をすることも有効です。ここでは、1991（平成３）年、関西の男性保育者有志５人によって発足され、現在は幼稚園・保育所・認定こども園園長、研究者、臨床心理士、出版社、保育関連企業など50名ほどのメンバーから構成されている「保育と仲間づくり研究会」を紹介します。

この研究会では、ビデオカンファレンスや会員園の公開保育、国内外の園見学を通して「子どもの育ちを中心とした」保育研究が行われています。若手からベテランまでさまざまな年代の園長が集まり、日々の悩み事などを若手園長がベテラン園長にカミングアウトしたり、助言をもらっている光景もよく見られます。全国的に見ても珍しいと思いますが、園長にとって、リーダーシップや園の運営、組織のあり方について学ぶことができる貴重な機会であり、このような園長が自園のことを互いに語り合う場が増えていくことは、学び続ける園をつくっていく上でも大切ではないでしょうか。

研究会でよく耳にしたことは、若手の園長の悩みには、ベテランの園長が通ってきた経験と似ているものが多いということです。当たり前のことだとは思いますが、どのベテランの園長も、悩み、苦しみ、たくさんの失敗をしながら今の園を築いてきました。若手から悩みを聞くことで、昔のことを思い出しながら、共感しつつ、今の組織をど

園内研修の様子

のようにしてつくり上げてきたのかを語っていました。

例えば、「保育と仲間づくり研究会」会員の若手園長が共通して通る道は、先代から園を引き継いだ際に、これまでの保育を変容させ、子どもたちの主体性を大切にした保育にしていこうとする中で、保育者が戸惑い、園長としてどのようにリーダーシップを発揮していけばいいか迷うというものでした。それまでの園の構造は、園としての約束事が細かく決められており、マニュアル等で定められているような園で、まずはそういうマニュアル化されていることからの脱却を図るというものです。

そこで、園長は自由化を図り、とにかく何でも自由に、または自分たちで考えてというパターンを取り入れるのですが、肝心の園としての大枠（考え方）が示されておらず、保育者が見通しを持てずに動きづらいという状況があったりします。このような失敗を共有し、この現状をさまざまな園長からの助言によって、客観的に把握していくことで、するべきことが明確になります。失敗から学ぶ姿勢を持つことで、変わり続けることができ、各自が抱く理想の園長になっていくものではないでしょうか。

3 まとめ

園長は、園のビジョンを明確にし、保育者一人ひとりの特性を把握することによって、それぞれに適したリーダーシップを発揮させることができる1つのチームをつくっていきます。そのためにも、園長も失敗から学び続けるということが求められています。

もちろん、すべての園長はそのようなことを繰り返していると思いますが、一人では乗り越えられない壁も出てくるでしょう。その際、園長同士がつながりを持ち、園を超えて互いが学びあえる環境が重要になってくるのではないでしょうか。次章では、園を超えて学びあうネットワークを、自治体がどのようにサポートしているかを取り上げます。 ■

引用文献

【第１節】
- 秋田喜代美・箕輪潤子・高櫻綾子「保育の質研究の展望と課題」『東京大学大学院教育学研究科紀要』第47巻，pp.289-305，2007.
- 秋田喜代美・淀川裕美・佐川早季子・鈴木正敏「保育におけるリーダーシップ研究の展望」『東京大学大学院教育学研究科紀要』第56巻，pp.263-306，2016.
- ガードナー，H.『リーダーの肖像』青春出版社，2000.
- 神力亮太・萩原悟一・磯貝浩久「サッカー指導者の効果的なリーダーシップ行動――PM理論を援用した検討」『スポーツ産業学研究』第26巻第２号，pp.203-216，2017.
- 小林育子・民秋言『園長の責務と専門性の研究』萌文書林，2009.
- 桑田耕太郎・田尾雅夫『組織論　増補版』有斐閣アルマ，2010.
- 楠見友輔「学習者の『媒介された主体性』に基づく教授と授業――社会文化的アプローチの観点から」『教育法法学研究』第43巻，pp.49-59，2018.
- 野澤祥子・淀川裕美・佐川早季子・天野美和子・宮田まり子・秋田喜代美「保育におけるミドルリーダーの役割に関する研究と展望」『東京大学大学院教育学研究科紀要』第58巻，pp.387-416，2018.
- 三隅二不二・中野繁喜「学級雰囲気に関するグループ・ダイナミックスの研究（第Ⅱ報告）――所謂，専制的，民主的，自由放任的指導タイプの効果に関するCross-Cultural Study」『教育・社会心理学研究』第１巻第１号，pp.10-22，1960.
- 三隅二不二『リーダーシップの行動科学　改訂版』有斐閣，1984.
- 太田淳子・桒原晶子・藤井彩乃・田中清「病院、高齢者施設の給食運営において管理栄養士に求められるリーダーシップスタイル」『日本栄養・食料学会誌』第68巻第４号，pp.165-173，2015.
- G・ロッド，民秋言監訳，佐藤直之・森俊之編訳『保育におけるリーダーシップ』あいり出版，pp.9-31，2009.
- Ｉ・シラージ，Ｅ・ハレット，秋田喜代美監訳・解説，鈴木正敏・淀川裕美・佐川早季子訳『育み支え合う保育リーダーシップ』明石書店，p.34，2017.
- Stogdill, R. M., *"Personal factors associated with leadership: A survey of the literature", The Journal of Psychology: Interdisciplinary and Applied*, 25, pp.35-71, 1948.
- 田中堅一郎『自己概念から考えるリーダーシップ――リーダーの多面的自己概念と発達に関する心理学的研究』風間書房，2021.
- 上田淑子「園内研修と園長のリーダーシップ：園内研修を行った保育士のインタヴュー調査から」『甲南女子大学研究紀要人間科学編』第50巻，pp.7-13，2013.
- 上田淑子「保育所・幼稚園の園長が保育の質向上のために重要視しているリーダーシップ役割――予備的アンケート調査から」『甲南女子大学研究紀要人間科学編』第51巻，pp.29-37，2014.
- Yukl, G., *Leadership in Organizations, 8th ed*, England: Pearson Education Limited, 2013.

【第２節】
- 後藤敏夫「ファミリー・ビジネスの現状と課題：研究序説」『静岡産業大学国際情報学部紀要』第７巻，pp.205-339，2005.
- 平井敏孝・伊藤孝子・藤山あやか「保育士・教員養成段階におけるキャリア形成支援――インターンシップの効果的な実施方法を探る」『滋賀文教短期大学紀要』第22号，pp.17-28，2020.
- 厚生労働省職業能力開発局「キャリア形成を支援する労働市場政策研究会 報告書」（https://www.mhlw.go.jp/houdou/2002/07/h0731-3.html）（情報取得日：2021／06／20）
- 坂井敬子・山本睦「公立保育所の園長経験者からみた保育者のキャリアと退職」『心理科学』第36巻第２

号，pp.44-55，2015.
- 櫻井裕介「C 幼稚園における園長による主任保育者選定プロセスのTEM 分析」『中村学園大学発達支援センター研究紀要』第９号，pp.51-57，2018.
- 櫻井裕介「D 保育所における園長による主任保育者選定プロセスのTEM 分析」『中村学園大学発達支援センター研究紀要』第10号，pp.47-53，2019.
- 谷川夏実『保育者の危機と専門的成長』学文社，2018.
- 上田敏丈「初任保育士のサトミ先生はどのようにして「保育できた」観を獲得したのか？」『保育学研究』第24号，pp.1-10，2014.
- 上田敏丈・秋田喜代美・芦田宏・小田豊・門田理世・鈴木正敏・中坪史典・野口隆子・箕輪潤子・椋田善之・淀川裕美・森暢子「私立幼稚園園長のキャリアと職務内容に関する研究」『国際幼児教育学研究』第28号，pp.173-190，2021.

【第３節】

- 秋田喜代美・淀川裕美・佐川早季子・鈴木正敏「保育におけるリーダーシップ研究の展望」『東京大学大学院教育学研究科紀要』第56巻，pp.263-306，2016.
- G. ロッド，秋田喜代美監訳・解説，鈴木正敏・淀川裕美・佐川早季子訳『保育におけるリーダーシップ』あいり出版，2009.
- 上田敏丈・秋田喜代美・芦田宏・小田豊・門田理世・鈴木正敏・中坪史典・野口隆子・箕輪潤子・椋田善之・淀川裕美・森暢子「事業継承における私立幼稚園園長のリーダーシップに関する研究」『国際幼児教育研究』第26巻，pp.51-56，2019.
- 後藤敏夫「ファミリー・ビジネスの現状と課題――研究序説」『静岡産業大学国際情報学部紀要』第７巻，pp.205-339，2005.
- 落合康裕「ファミリービジネスの事業継承と継承後の能動的行動」『組織科学』第47巻第３号，pp.40-51，2014.
- 上田淑子「園内研修と園長のリーダーシップ：園内研修を行った保育士のインタビュー調査から」『甲南女子大学研究紀要人間科学編』第50巻，pp.7-13，2013.
- 上田淑子「保育所・幼稚園の園長が保育の質向上のために重要視しているリーダーシップ役割：予備的アンケート調査から」『甲南女子大学研究紀要人間科学編』第51巻，pp.29-37，2014.
- Yukl. G. *Leadership in organizations eighth edition*, PEARSON, 2013.

【第４節】

- 秋田喜代美・淀川裕美・佐川早季子・鈴木正敏「保育におけるリーダーシップ研究の展望」『東京大学大学院教育学研究科紀要』第56巻，pp.283-306，2016.
- 秋田喜代美『リーダーは保育をどうつくってきたか――実例で見るリーダーシップ研究』フレーベル館，2018.
- 濱名浩・三木治郎・石川雄巨・阿部能光・山中真介・牛尾祥子・山田茂之・秦賢志・田中孝尚・瀧川光治・椋田善之・羽下大信『兵庫県幼稚園・認定こども園のための学校評価マニュアル・兵庫県私立幼稚園協会モデル――振り返りから始める自己評価・学校関係者評価』一般社団法人兵庫県私立幼稚園協会，2021.
- I. シラージ・E. ハレット『育み支え合う保育リーダーシップ――協働的な学びを生み出すために』明石書店，2017.
- 播摩早苗『保育者を育てる　悩めるリーダーのためのコーチング』フレーベル館，2016.
- 大江恵子『園の本質　リーダーのあり方』フレーベル館，2016.

第10章

自治体が支えるネットワーク

はじめに　保育政策の変容と自治体の役割

長年さまざまな自治体にかかわり、保育政策における地方行政の役割が変容していくさまを肌で感じてきました。特に、文部科学省主導による「幼稚園行政」と厚生労働省による「保育所行政」とでも呼べる保育行政の棲み分けに加え、2006（平成18）年10月に創設された認定こども園によって、保育行政の３軸目となる内閣府が管轄する「認定こども園行政」が誕生した際には、各自治体が置かれている現状によって対応がまちまちでした。実際、同年12月に成立した地方分権改革推進法に基づき設置された地方分権改革推進委員会からの第１次勧告（2008（平成20）年５月28日付）の中で、認定こども園の設置数が伸び悩む現状が指摘され、認定こども園制度の改善が勧告されています。

保育行政の一元化を推進するかのように、2012（平成24）年８月10日に参議院で可決された「子ども・子育て関連三法」（子ども・子育て支援法、認定こども園法の一部改正法、関係法律の関係整備法）によって、幼稚園や保育所が認定こども園への転換が図られる中、各自治体は保育一元化を念頭に置いた保育行政の再編に着手し始めます。特に、消費税を財源とした「子ども・子育て新制度」（2015（平成27）年度開始）を見据えた自治体は、「教育委員会一元型」「首長部局一元型」「現行部局対応型」等、各自の子育て政策の特性に応じた保育行政を構造化していきます。

国が幼保一元化の所管を内閣府としつつも従来の２省による幼稚園・保育所は残るという複雑な構造を抱える一方で、「内閣府が示した資料では、平成27年度までに幼稚園・保育所などの担当部署の一本化を促進すること」（島田 2014 p.116）がうたわれており、国の保育行政モデルを勘案しながら、この時期、各自治体が従来の「幼稚園行政」と「保育所行政」からの変換が求められていたことがわかります。実際、この流れに応じるかのように各自治体が担当部局の一元化を加速させていくことが東京大学大学院教育学研究科附属発達保育実践政策学センター（2017）の調査からも明らかになっています（渡辺 2019）。

「もともと、子ども行政[i]は、自治体の自主的な取り組みとして始まった」（渡辺

［i］ 渡辺（2019）は、子ども行政を「一般的に、子どもと子どもを持つ家庭を対象とした教育や福祉に関する様々なサービスの提供を一つの部局が行うことにより、これまで別々に行われていた教育や福祉サービスの間の連携を抑止、子どもを持つ家庭にとっての所謂ワンストップ・サービスを実現するもの」（p.8）としている。

2019 p.11）とあるように、国と自治体との保育政策における関係性とは、国が提示する保育政策という大きな骨組みに対して、各自治体が取り組むべき箇所を焦点化し、独自のネットワークや工夫に基づいて、各自のこども行政の目標に近づくように肉付けしていくイメージです。

本章ではまず、近年、国の保育政策として議論されている『保育の質の向上』に着目し、文部科学省及び厚生労働省がそれぞれに取りまとめた「保育の質の向上に関する中間報告書」から自治体への取り組みの示唆について考察を試みます。次に、その大きな骨組みである『保育の質の向上』に、独自の課題と着眼点をもって取り組みを進めている２つの自治体を取り上げ、それぞれの自治体内の関係部署が築いたネットワークの特性とその関係性を活かした取り組み事例から、自治体が支えるネットワークの意義について考察していきます。

1 国の保育政策『保育の質の向上』が示唆する自治体での取り組みの方向性

『保育の質の向上』が、近年の保育政策における支柱であることは、「幼児教育の質的向上及び小学校との円滑な接続について専門的な調査審議を行うため、中央教育審議会初等中等教育分科会の下に、「幼児教育と小学校教育の架け橋特別委員会」（以下「特別委員会」という。）が設置された（令和３年７月８日）[＊1]」たことや、2020（令和２）年５月26日に文部科学省幼児教育課・幼児教育の実践の質向上に関する検討会から「幼児教育の質の向上について（中間報告）[＊2]」が出されたことからも明らかです。

また、厚生労働省においても2020（令和２）年６月26日に「保育所等における保育の質の確保・向上に関する検討会」が取りまとめた「議論のとりまとめ：「中間的な論点の整理」における総論的事項に関する考察を中心に」の中で「保育の質は多層的で多様な要素により成り立つものであり、保育の質の検討に当たっては、子どもを中心に考えることが最も基本的な視点であることが示された」（p.1）と言及し、「地域における保育所・保育士等の在り方に関する検討会」の開催要綱（令和３年５月26日）にも「昨今の保育行政は、待機児童の解消を目的として保育の受け皿整備を行うこと、子どもの健やかな育ちを支える観点から保育の質を確保・向上することを両輪として各種施策を講じてきた」と明記されています。

上記の流れを踏まえて、すでに報告書のとりまとめが公表されている、文部科学省幼児教育課・幼児教育の実践の質向上に関する検討会の「幼児教育の質の向上について（中間報告）」と、厚生労働省子ども家庭局・保育所等における保育の質の確保・向上に関する検討会の「議論のとりまとめ：「中間的な論点の整理」における総論的事項に関する考察を中心に」を比較しながら、以下、『保育の質の向上』という国の保育政策が示す方向性について考察します。

＊1
令和４年３月31日中央教育審議会初等中等教育分科会幼児教育と小学校教育の架け橋特別委員会による幼児教育と小学校教育の架け橋特別委員会審議経過報告書（p.1）

＊2
中間報告は同審議会教育課程部会の議論を経て、「「令和の日本型学校教育」の構築を目指して～全ての子供たちの可能性を引き出す、個別最適な学びと、協働的な学びの実現～（答申）」文部科学省中央教育審議会、令和３年１月26日に最終答申として含められた。

⑴『保育の質の向上』を捉える論点

それぞれの報告書（報告書の概要については表10-1参照）を比較検討した結果、６つの論点[＊3]が見えてきました。本節では、比較検討の詳細は別稿[＊4]に委ね、その中から２つの論点を取り上げて、対照表に基づいた論点のポイントのみをあげていきます。

論点その１：それぞれの教育・保育理念に則った『保育の質』の捉え方

文部科学省	厚生労働省
◆教育基本法「生涯にわたる人格形成の基礎を培う重要なもの」に立脚 ・義務教育及びその後の教育の基礎を培う ・社会情動的スキル・非認知的能力にも着目 ◆幼児の健やかな成長に資する良好な環境の整備その他適当な方法による ・「遊び」は発達の基礎を培う重要な学習 ・「環境を通して行う教育」を基本 ◆子どもの主体的活動を確保し、子ども理解に基づいた計画的な環境構成を展開する専門性を有する教師	◆日本の保育所保育の特色を基本に ・遊びの重視 ・一人ひとりに応じた関わりや配慮 ・子ども相互の育ち合い等 ◆保育所保育の基盤と特徴に立脚して ・児童福祉施設しての理念と観点の重視 ・子どもを権利の主体として、その生活・発達を保障する ・「総合性・一体性」「個別性・応答性」「連続性」への理解 ◆保育観を共有し合う同僚性の確保

双方の中間報告書には、従来から幼稚園教育・保育所保育が持ち合わせてきた教育理念・保育理念に基づいた『保育の質』の捉え方やそれを理解する視点が記載されています。『保育の質』という言葉を定義する重要性は保育界では常に議論されますが、幼保一体化という方向性に国の保育政策が向かう中で、双方の独自性が色濃く反映された『保育の質』をどのように扱っていくのかは喫緊の課題であるといえます。保育の質の定義を研究者理論から提案することはできたとしても、それが保育者の意識に浸透するには、ここに表れているさまざまな実践に対する捉え方を双方が補完し合っていく必要があります。

そこで、第三の保育施設である認定こども園の位置づけが重要になってくるわけですが、同時期に内閣府による『保育の質の向上』を検討する委員会による報告はなされていません。認定こども園が幼稚園と保育所の良いところを融合させた場であり続ける以上、それぞれ

＊3　6つの論点
1．それぞれの教育・保育理念に則った『保育の質』の捉え方　2．要領・指針への理解・促進　3．人材育成（専門性の向上）と人材確保　4．評価・指標・尺度について　5．ネットワークづくりの重要性　6．New normal時代への対応（門田、2021）

表10-1 ◆ 文部科学省及び厚生労働省による『保育の質の向上』に関する中間報告書の比較対照表

	文部科学省	厚生労働省
タイトル	幼児教育の質の向上について（中間報告） 幼児教育の実践の質向上に関する検討会	保育所等における保育の質の確保・向上に関する検討会（中間報告）
日時	2020（令和2）年5月26日	2020（令和2）年6月26日
保育の質の定義	幼稚園教育要領？＊ ◆「生涯にわたる人格形成の基礎を培う重要なもの」（教育基本法）？＊	子どもが得られる経験の豊かさと、それを支える保育の実践や人的・物的環境など、多層的で多様な要素により成り立つ
保育の質の捉え方	◆幼児教育は、幼児教育施設だけでなく、家庭、地域などの幼児が関わる遊びや生活のあらゆる場面において行われるものであり、それらを通じて、子どもの健やかな育ちを目指し、その最善の利益を考慮した質の高い環境が提供されるべき ◆幼児教育に関わるすべてのものが相互に協力しながら、それぞれの役割を果たし、質の高い幼児教育が提供され、すべての子どもが健やかに成長できる良好な環境が整えられていることを目指す必要がある	◆遊びの重視・一人一人に応じたかかわりや配慮・子ども相互の育ち合い等 ◆保育所保育指針の理解と実践・職員間の連携・協働やマネジメント等 ◆「子どもにとってどうか」という視点を基本とする ◆一定の水準で保証すべき質と実践の中で意味や可能性を追求していく質の両面 ◆「その時・その場」の状況や時間の流れ等、様々な文脈や関係性を考慮することに留意
検討の背景・意義と方向性	1．幼児教育の重要性：国内外における幼児教育の重要性（学校教育法・社会情動的スキル等）についての認識の高まり 2．幼児教育を巡る近年の政策の動向：子ども・子育て支援新制度、幼児教育・保育の無償化を踏まえた幼児教育の質の向上を求める声の高まり 3．幼児教育の実践の質向上：新幼稚園教育要領等への理解を通して、個々の教職員が子供と直接関わりながら、幼児教育に関わる全ての者と連携・協力し、質の向上に一層取り組む必要 4．新型コロナウイルス感染症拡大の状況における幼稚園等の取組：幼児の心身の健全な発達への支援のために、施設の園務・衛生環境改善（ICT化）と共に関係機関相互の連携強化	1．諸外国の保育の質をめぐる動向から→保育理念・価値観や社会構造と質との関係性を重視 2．学識経験者や保育実践者へのヒアリングから ◆子どもの自発性を尊重することと保育者の教育的な意図を実現する・「環境を通して行う」等、幼児教育のあり方をめぐる議論と重なる ◆保育所の特性：「養護と教育の一体性」「一人ひとりの子どもの体験が主体的・自発的なものとなるような応答的な保育展開」・「保育所保育と子どもの育ちを時間軸における連続性と子どもを取り巻く場全体の面的なつながりの中に位置づける」 ◆保育所のあり方とその質を考えていく上で、保育実践に携わる者としての保育観を保育理念や研究知見と同様に重視する

＊幼児教育の質の向上について（中間報告）には、明確な保育の質の定義が記載されておらず、幼稚園教育要領や教育基本法に依拠する文言に言及されていると理解をした。

の理念の中で息づく『保育の質』を協議する場が設けられない限り、幼稚園と保育所が共通の認識をもって『保育の質』を捉えることは難しいといえます。

現段階では、認定こども園の独自性に基づいた『保育の質』議論が積極的に発信されていくのか、幼保一体化がある一定の飽和状態をもって認定こども園に集約されていくのを待ってから『保育の質』議論を熟成させていくのか、その動向を見据えることになりますが、地方分権改革推進の論理に則れば、認定こども園における『保育の質』

議論の方向性を定めるのは、それを認可・認定する自治体の判断によるということになります。認定こども園における『保育の質』の捉え方は、認定こども園の設置数の増加に伴って育まれるであろう認定こども園の保育文化の在り方と連動して表出するとなると、今しばらく時間はかかりそうです。

『保育の質』の捉え方が保育行政に、とりわけ各自治体による保育行政のあり方が保育文化に与える影響という視点から検証することは、地方分権改革に則った自治体の役割を捉える観点からも興味深いといえます。

＊4
本節は、日本保育学会保育政策検討委員会主催オンラインシンポジウム（2021年3月14日開催）にて発表した「保育政策としての『保育の質』を概観する――文科省・厚労省の保育の質向上に関する中間報告書から」を加筆修正したものである。

論点その２：ネットワークづくりの重要性

文部科学省	厚生労働省
◆子ども・家庭を支えるネットワーク ・特別支援学校・医師・理学療法士・作業療法士・言語聴覚士・小学校等 ・通訳者・多言語文書・翻訳システムICT ・教育委員会・福祉部局・児相・公民館等 ◆教師の専門性を支援するネットワーク ・幼児教育センター・幼児教育アドバイザー・外部講師等 ◆園運営に関するネットワーク ・幼児教育団体・地域住民・地方行政等	◆保育者間・組織内ネットワーク ◆地域ベースの保育・幼児教育関係者ネットワーク ・地域における保育者同士の学び合いネットワーク（幼保双方から） ◆情報共有・意見交換の場づくり ・保育士・研究者・学識経験者等の協同 ・全国と地域の取り組みの連動 ◆外部からの支援・専門家ネットワーク ・地域人材・資源の確保 ・保育士養成施設・保育研究者等

双方の報告書では、『保育の質の向上』にはネットワークが欠かせないという視点が共通認識としてあがっています。他方で、ネットワークづくりの重要性を「○○を支えるネットワークにかかわる人々や環境」という具合に、ネットワークによって支えられる対象を中心に記載した文部科学省と、ネットワークの目的や意義をそこにかかわる当事者の観点から記載した厚生労働省の報告書からは、何をどうつなぐのかという認識の違いが浮き彫りにされているようです。

それぞれのネットワークの特徴的な具体例を見てみると、いわゆる「幼稚園行政」は小学校とのつながりも深く、今回の報告書でも小学校の実践で取り入れられている他職種の専門家とのネットワークが提

＊5
直近のものでは、「幼児教育推進体制の充実・活用強化事業」「幼保小の架け橋プログラム」「幼児教育の無償化」などがあげられる（https://www.mext.go.jp/a_menu/shotou/youchien/index.htmを参照）。

唱されています。また、1964（昭和39）年の第１次「幼稚園教育振興計画」以来、継続して提案されている幼児教育の振興[＊5]を通したさまざまなネットワーク事業の提案や検証が行われています。例えば、「幼児教育推進体制の充実・活用強化事業」では、保育実践に関する専門性を有する者以外にも養成校や隣接領域の専門性を有する人材ネットワークを用いて幼児教育アドバイザーの育成事業を展開したり、「幼児教育の教育課題に対応した指導方法等充実調査研究」では大学や研究機関等への委託事業を行い情報収集のネットワークを提供したりしています。

厚生労働省においては、「地域における保育所・保育士等の在り方に関する検討会」（令和３年12月20日）を通して、保育所が地域の身近な相談先である「かかりつけ相談機関」として他の子育て支援関係機関や他機関等と連携・協働することやネットワークハブとして保育所が多機能化する方向性が言及されています。また、内閣府・文部科学省・厚生労働省による事務連絡として各自治体及び関係団体に通知された「幼稚園における待機児童の受入れについて」（平成28年４月22日）では、「幼稚園における長時間預かり保育運営費支援事業の実施促進」が提言されました。これに基づき、これまで待機児童への対応を一手に引き受けてきた保育所行政は、地方公共団体、養成校、幼児教育関係団体並びに各幼稚園及び認定こども園等との連携をはかり、横断的ネットワークを駆使する意義を示唆しました。

ここで例としてあげた『保育の質の向上』を念頭に提案されているさまざまなネットワークの持ち方は、国の政策を自治体が受けたものや自治体が率先して実施していた好事例から国の保育政策として取り上げられるようになったものも含めて、現在では各自治体で実際に実践されているものが殆どです。

「幼稚園行政」「保育所行政」にかかわらず、乳幼児やその家庭に質の高い保育を提供するために要するリソースや抱える課題は地域の置かれている環境によって大きく違っています。自治体の規模や人口分布、産業や自然環境の違い等、「こども行政」に与える影響が自治体毎に違うことを踏まえると、各々の事情に対応した自治体の取り組みを丁寧に見ていくことが肝要といえます。次の節では、筆者が長年かかわってきた２つの自治体の事例から、国の政策を自治体がどのように受けて保育ネットワークを構築しているのかについて概説していきます。

2 自治体による保育ネットワーク構築の取り組みについて

⑴福岡県における三課連携型『幼児教育・保育推進協議会』ネットワーク

前節であげた文部科学省の幼児教育の振興計画では、平成28（2016）年度から３年間の時限付き調査研究事業として「幼児教育の推進体制構築事業」が実施されました。背景には、自治体ベースでの幼児教育の『質の向上』を底上げするねらいがありました。事業の趣旨にもあるように「幼稚園、保育所、認定こども園等の幼児教育施設の教職員に対する研修体制を始め、地方公共団体における幼児教育の推進体制は必ずしも十分でない。幼稚園、保育所、認定こども園等を通して幼児教育の更なる質の向上を図るため、各施設等を巡回して助言等を行う「幼児教育アドバイザー＊6」の育成・配置や地域の幼児教育の拠点となる「幼児教育センター＊7」の設置等により、地方公共団体における幼児教育の推進体制を構築するための調査研究を行い、その成果を普及する」ことを目的として調査研究事業の実施先を公募し、29地方公共団体が採択されました。調査研究内容は、

（１）幼稚園、保育所、認定こども園等を巡回して助言等を行う「幼児教育アドバイザー」の育成・配置に関する調査研究

（２）地域の幼児教育の拠点となる「幼児教育センター」の設置に関する調査研究

（３）その他、幼児教育の質の向上を図るために必要な推進体制に関する調査研究

の３つがあり、それぞれの自治体が参加する調査研究を選択して申請

＊6　幼児教育アドバイザー
幼児教育の専門的な知見や豊富な実践経験を有し、域内の幼児教育施設等を巡回、教育内容や指導方法、環境の改善等について指導を行う者のこと。各地域において、幼児教育施設等における一定の職務経験や研修履歴等を踏まえて選考されるほか、幼児教育施設における公衆衛生や危機管理、児童心理、特別支援教育等について専門性を有する者の活用も考えられる。

＊7　幼児教育センター
都道府県等が広域に、幼児教育の内容・指導方法等に関する調査研究、幼稚園教諭・保育士・保育教諭や幼児教育アドバイザーに対する研修機会の提供（幼児教育アドバイザー候補者の育成を含む）や相談業務、市（区）町村や幼児教育施設に対する助言・情報提供等を行う地域の拠点のこと。＊６＊７ともにhttps://www.mext.go.jp/a_menu/shotou/youchien/1372594.htmより引用

を行っています。

福岡県は、人口が約500万人を超え、福岡市・北九州市の政令指定都市２市と中核都市である久留米市を抱える九州最大の県であり、幼稚園・認定こども園・保育所（認可外を含む）の総数は2000を超えます（表10-2）。福岡県教育委員会は、（１）の「幼児教育アドバイザー」の育成・配置に関する３か年の調査研究事業に手をあげ、採択されました。

福岡県が実施した幼児教育アドバイザー事業の詳細や実施成果については文部科学省HPに掲載されている報告書[＊8]に委ね、本節ではこの事業を推進していくにあたって福岡県の担当部局が、この事業に関連するステークホルダーから成り立つ「福岡県幼児教育推進協議会」（後に「福岡県幼児教育・保育推進協議会」と名称変更）を設置し、それが2018（平成30）年３月に事業を終えた現在も、福岡県の幼児教育・保育を検討するネットワークとして機能している現状とその背景について概説します。

2016（平成28）年５月の「福岡県幼児教育推進協議会」（2020（令和２）年に「福岡県幼児教育・保育推進協議会」と名称変更）設

＊8
福岡県教育委員会からの委託を受け、西南学院大学大学院門田研究室（門田理世（主任研究員）、諫山裕美子、中ノ子寿子）が2016（平成28）年度から2018（平成30）年度までの３年間の事業分析及び報告書作成を実施した。報告書は、https://www.mext.go.jp/a_menu/shotou/youchien/1385617.htmを参照のこと。

表10-2 ◆ 福岡県の人口と乳幼児教育・保育施設の数および各担当部局

施設数	幼稚園		認定こども園	保育所			人口 2022年４月現在
				認可		認可外（届出保育施設）	
	私立	国公立		公立	私立		
福岡県（福岡市、北九州市久留米市を除く）	154	27	118	78	410	65	2,293,476人
福岡市	117	0	6	7	292	268	1,572,714人
北九州市	90	4	55	20	115	126	932,645人
久留米市	10	0	23	9	54	16	302,610人
福岡県総数	371	31	202	114	871	475	5,101,445人
担当部局	私学振興課	義務教育課	子育て支援課				

置に基づき、研究推進体制や３か年の全体的な計画と各事業内容や実施方法が協議され、事業実態の検証・評価を定期的に行っていくことが確認されました。ここでは、教育庁教育振興部義務教育課、人づくり・県民生活部私学振興・青少年育成局私学振興課、福祉労働部子育て支援課の３課が合同で事務局兼委員会の運営に当たり、他には学識経験者や関係団体代表者、市町村教育委員会代表者、市町村首長部局代表者で構成され、幼児教育アドバイザー事業の推進に関してさまざまな協議を行いました。

こうした協議会や審議会が自治体で設置されること自体は、幼児教育・保育の行政に限らず、珍しいことではありません。今回、この事例を取り上げたのは、人口500万を超える自治体で縦割行政を廃して、時限付きで設置された協議会が設置から６年以上を経た今もなお継続して自治体ネットワークの１つとして幼児教育・保育関係の事業を担っているという点にあります。

現在、年に２回の定例会議を開催している「福岡県幼児教育・保育推進協議会」（以下、推進協議会）が行っている事業内容は、主に幼児教育・保育に係る教諭・保育者等の資質・能力の向上に関することや幼児教育・保育と小学校教育の接続に関することで、具体的にはプラットフォーム[＊9]を立ち上げて情報発信の取りまとめを行っています（図10-1）。

＊9
http://gimu.fku.ed.jp/one_html3/pub/default.aspx?c_id=159

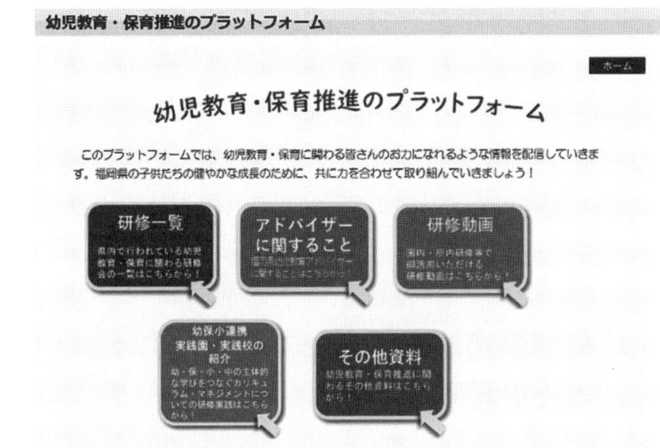

図10-1 ◆ 福岡県庁義務教育課ホームページの掲載画面

当初は、文部科学省より採択された「幼児教育の推進体制構築事業」(幼児教育アドバイザー事業)の充実を通して幼児教育の質の向上を図ることを目的として設置された「福岡県幼児教育推進協議会」でしたが、その事業が終了した翌年度からも幼児教育アドバイザー制度の更なる普及や新たな方向性を議論する場として継続され[*10]、2020(令和2)年には「福岡県幼児教育・保育推進協議会」と名称を改めて要綱が改定されました。当初からの委員会メンバーに、幼稚園関係者だけではなく保育所及び認定こども園関係者が入っていたことを考慮しての名称変更であり、上記3課が継続して連携し、県の幼児教育・保育の充実を図るための保育政策が協議されています。

推進協議会には、政令指定都市である福岡市及び北九州市、中核都市である久留米市の各課代表(課長級)が委員として名を連ねており、「子ども行政」という認識のもと、行政の横断的ネットワーク機能の強みを生かそうとした取り組みが提案されています。このように行政が垣根を越えて保育事業の充実を図ろうとする姿勢に対して、各保育団体からの協力も充実してきています。例えば、上記にあげた情報プラットフォームに関しては、研修内容の共有だけでなくプラットフォームへの情報提供など、幼稚園・保育所・認定こども園の垣根を越えてこの推進協議会にコミットする委員の意識の高さによって少しずつ連帯感をもって充実が図られています。

この流れは「幼児教育推進体制の充実・活用強化事業」として、1. 幼児教育アドバイザーの配置・育成など、体制の充実、2. 体制活用のための人材育成方針の作成・活用、3. 研修支援、幼小接続の推進など、体制の活用、4. 都道府県・市(区)町村の連携を含めた域内全体の質向上を図るための仕組み作りを柱に2023(令和5)年現在も継続されています。

⑵佐世保市幼児教育センターによるネットワークづくりとその意義

佐世保市幼児教育センターは2003(平成15)年に佐世保市教育委員会管轄下で設立され、2008(平成20)年の佐世保市の機構改革に

＊10
事業終了年度の翌年にあたる2019(令和元)年7月29日(月)に、県下全ての市町村の保育行政官、幼稚園・保育所・認定こども園・小学校関係者を招いて、3年間の幼児教育アドバイザー事業の報告会を兼ねた「幼児教育フォーラム」を実施した。

より子ども未来部が創設されたことに伴い、教育委員会と子ども未来部の両方にまたがる施設として位置づけられ現在に至っています（図10-2）。

幼児教育センターの主な事業内容は、市内にあるすべての保育施設（2022（令和４）年10月現在：109園[*11]）を対象に、１．教職員や保育者等の研修事業、２．子育て相談・子育て支援事業、３．幼児教育全般に関する調査・研究事業を実施することにあります。中でも、幼児教育センターが事務局として調整を図っている保幼小連携推進会議では、市内の小学校及び全保育施設が連携しながら、接続カリキュラム及び佐世保版統一要録様式の作成（改訂を含む）と実施を行っています（図10-3）。本節では、佐世保市幼児教育センターの保幼小連携事業に着目し、地域保育行政によるネットワークづくりとその意義について概説します。

幼児教育センターが事務局として取りまとめを行っている保幼小連携推進会議、保幼小連携施設長会、そして保幼小連携担当者会の概要

＊11
内訳は、幼稚園（３園）、保育所（55園）、認定こども園（40園）、地域型保育事業等（４園）、幼稚園（新制度移行園）（５園）、認可外保育施設（２園）https://www.city.sasebo.lg.jp/kodomomirai/hoyou/ninka.html#ninnkahoikusyo

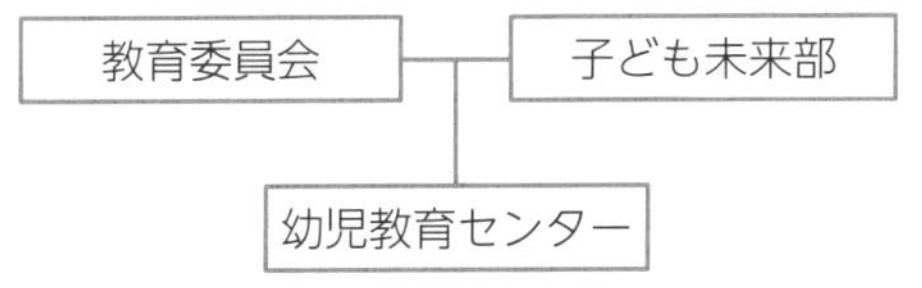

図10-2 ◆ 佐世保市幼児教育センターの位置づけ

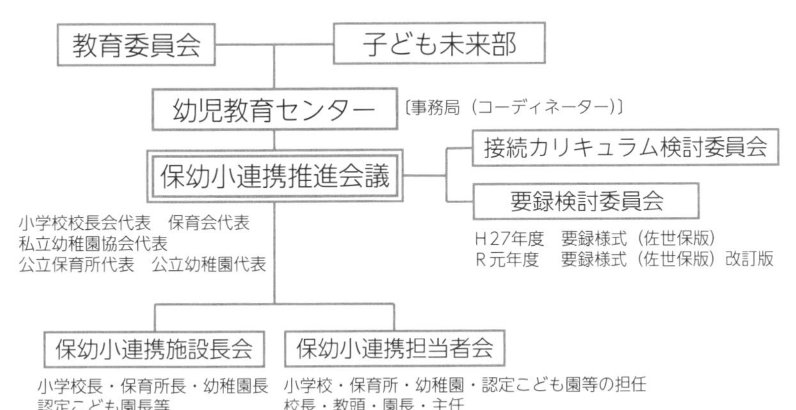

図10-3 ◆ 保幼小連携協議会組織図

を記したものが表10-3です。実際の開催模様について、以下に簡単に記載します。

①保幼小連携推進会議：この保幼小連携推進会議立ち上げは、幼児教育センターが実施した調査エビデンスに基づくものでした。2009（平成21）年に幼児教育センターが市内の全小学校及び保育施設を対象にして実施した保幼小接続に関するアンケート結果から、市内（7ブロック）の地域や施設、そして担当教職員ごとに、保幼小連携の取り組み（実施状況、実施方法、実施形態など）に違いがあることがわかりました。佐世保市の子どもたちすべてが可能な限り平等に質の高い保幼小連携を経験するには全市的なシステム化が必要との判断がなされ、幼児教育センターが事務局となって保幼小連携推進会議を立ち上げ、保幼から小への接続期に携わるすべてのステークホルダーの情報や経験を共有するネットワークが立ち上がりました。

この会議体は、小学校校長会から３名、私立保育関係団体から２

表10-3 ◆ 保幼小連携推進会議及び各会の概要

	出席者	開催頻度	会議内容
保幼小連携推進会議	小学校校長会代表（３名） 保育会代表（２名） 私立幼稚園協会代表（２名） 公立幼保代表（２名）	年２回開催	【第１回】（５月～６月頃） ・当年度の保幼小連携の取組内容について ・施設長会、担当者会、公開授業・保育等の開催について 【第２回】（１月～２月頃） ・当年度の実施報告とアンケート調査分析の結果及び課題の把握 ・次年度の進め方について
保幼小連携施設長会	【全施設長】 小学校長・保育所長・幼稚園長・認定こども園長等	年１回開催 （８月開催）	・講演会（保幼小連携を理論的に学ぶ） ・全体会（事務局説明・アンケート報告【門田研究室】） ・７ブロック別施設長会（保幼小連携の状況・情報交換等）
保幼小連携担当者会	小学校１年担任（校長・教頭等） 保育所・幼稚園年長児担任（園長・主任等）	年２回開催	【第１回】（４月～５月）各小学校（47校）にて開催 【第２回】（１月～２月）小学校区７ブロック別開催 ・年間交流計画、情報交換等

名、私立幼稚園関係団体から２名、公立幼保関係者から２名の計９名の委員からなり、ここに外部有識者が参加することもあります。事務局は幼児教育センターが担当しますが、教育委員会や子ども未来部の職員も幼児教育センターとともに会議を運営しています。例年、第１回目の会議では、前年度の事業課題に基づいた当年度の実施内容や対応策が検討され、活発な議論が交わされています。例えば、幼稚園・保育所・認定こども園で統一された要録様式について、「Ａ４・１枚で簡潔に要点が読みやすくなった」（小学校）一方で、「子どもに関する記載がその子の小学校での評価の入り口になると思うと簡素化することは難しい」（幼稚園・保育所・認定こども園）などと話し合われた際、「要録を読むにあたって、保育者の先生方の思いをくんで読むことが大切だと感じた」（小学校）との理解が得られ、「要録の本質を全体で理解する研修や報告会を持つこと」が提案された年もありました。

年度末近くに開催される第２回目の会議では、当該年度の実施内容を検証分析されたデータや実際の交流活動の記録から振り返り、課題を洗い出し、それに基づいた次年度への提案がなされています。この会議体の課題は、委員の入れ替わりがイレギュラーで発生する点にあります。ネットワーク内の信頼関係を築いていくには、ある一定の時間や経験の共有が必要になります。代表者交代を円滑に進めていく運営のあり方は、ネットワークの効果を期待するうえでさらなる協議が必要だと考えられています。

②保幼小連携施設長会：毎年８月に開かれる施設長会は、市内にある全学校保育施設の長が一堂に会して保幼小連携の意義や新たな政府の動向などを講演会を通して学び、佐世保市の保幼小連携の現状についての調査報告や課題についての説明を幼児教育センター及び専門の研究機関から受けます。その後、地区ごと（７ブロック）に分かれて学校長・施設長協議会を持ち、その地区ごとの課題や保幼小連携の方向性についての話し合いが行われます。

小学校47校、保育関連施設109園の全施設長が、保幼小連携に関する共通の情報や知識を得る機会としてだけではなく、自身の学校や園が所属するブロックにおける課題を把握する場ともなっています。加えて、この会から得られた学びを所属長としてどのように自身の学校や園の教職員と分かち合うのか。また、リーダーとしてそれをどのように実際の連携事業に活かしていけるのかを所属長同士が学びあえる場としての役割も担っています。リーダーシップが保育・教育の質に与える影響の大きさは、昨今の研究からも明らかになってきています。その意味で、年に１回の施設長会でどのような情報と経験を共有する必要があるのかを提案する幼児教育センターの構想力は重要だといえます。

③保幼小連携担当者会：新年度早々に各小学校（47校）にその学校区の保幼小連携担当者が集い、当該年度に実施する交流活動の内容や時期、進め方についての協議を行います。連携担当者は毎年顔ぶれが変わることから、この初回の会議で年間の交流計画を丁寧に立てて進めていくことが期待されています。例えば、佐世保市が策定した接続カリキュラムガイドラインの『生活する姿』の「遊んだ後の片づけ」（アプローチ）と「整理整頓」（スタート）に着目して、毎月の子どもの様子を語り合う学校区もあれば、「まずは互いの環境に慣れよう！」という視点から、「ランチルームで一緒に給食を食べる」交流活動を展開する学校区もあります。その学校区や担当者の実情を勘案しながら、子ども達にとっての移行が意味あるものとなることを念頭に話し合いが進められています。

他方、保幼小連携協議会ができて以降、保幼小連携に対する認識や理解は年々浸透しつつあるものの（門田ら、2019, 2020, 2021 2022）、担当者による取り組みがある一定の水準をもって実施されているかどうかまでは検証できていません。地域格差を小さくするための手立てとしては、毎年変わる担当者に対してどのような支援をしていくことができるのかも大きな課題といえます。

保幼小連携推進会議の発足後、会議で検討された内容や保幼小連携の実際が幼児教育センターを通して施設長や担当の教職員と共有され、他方、実践から見出された子どもの姿や教職員の意見が幼児教育センターを介して推進会議に上がっていくという循環が生み出されています。保育行政の一翼を担い、地域の保育ネットワークの要として幼児教育センターが担っている役割は、保幼小連携事業だけではありません。幼児教育センターの役割を丁寧にみていくことで、子ども達やその家族、そして地域社会がどのようにつながりあえるのかを検証することは意義深いといえます。

3 自治体が支える保育ネットワークがもたらす可能性と方向性

本章では、国が唱える『保育の質の向上』に関する政策を、自治体がどのように捉えてどのように実践化しているのかについて概説しましたが、そこから以下の２点が浮かび上がってきました。

(1)自治体が保育ネットワークを通してつなげようとしているもの

まず、福岡県や佐世保市の取り組みから、保育ネットワークという保育に携わるあらゆる人が集い、意見を出し合い、思いや願いを共有し、一緒に経験を積んでいける安定した場を創生することの意味が見えてきました。小学校、地域社会、家庭生活など、保育とは隣接していても平素は見えない関係性をもったひと・もの・ことが、保育ネットワークを通してお互いに共通の情報や経験を有することで、つながれる部分とそうでない部分を感じたり見出したりしている様子が自治体の取り組み具合からうかがえました。

講演や研修を通して国が唱える大きな保育政策の内容と方向性を捉えながら、日々の教育・保育活動の中で困惑しながらも『私・私たち』の保育政策を実践化していく実際を、自治体がどのように支えているのかを構造化することは意義深く、そこで構築されるネットワークには何が必要かを洗い上げることは、国レベルや自治体レベルに下支えされるもっとミクロな保育実践行政のありようを描き出す重要性を換起させました。

⑵保育行政におけるdecentralizationがもたらす意味

『私・私たち』の保育政策を支えるネットワークは、顔の見える距離感でつながる小さなネットワークであり、その距離感ゆえにフットワークの軽い活動が展開できると考えられます。問題は、自治体がどこまで地方分権改革の流れに乗って、フットワーク軽く『私・私たち』の保育政策をサポートしていけるかにかかっています。佐世保市の事例が示すように、自治体としてある一定のシステムを構築しても、各園や担当者レベルをサポートするネットワーク構築には更なる工夫が求められます。自治体のもつリソースには限界があることを考えると既存のネットワークでは『私・私たち』の保育政策を支持するところまでは手が回らないと考えられます。

ここ近年、コロナ対策を念頭においた保育実践や保育支援の在り方が検討されてきました。既存のネットワークの枠組みでとらえる直接的なサポートには、経済的・人的な限界が付きまといますが、オンラインやSNSなどを使用した間接的な遠隔サポートを駆使したネットワークであれば、物理的・経済的な障壁が少しは緩和されると考えられます。自らが属する自治体を超えて他の自治体から学ぶ機会や、海外ネットワークからヒントが得られることもあるかもしれません。また、『私・私たち』の保育政策を自治体内外（国内外）に広報することで、自治体肯定感を高めることにもつながる可能性が出てきます。

その際、何が実践されているのかというモデル事業を追うだけではなく、なぜ、それが実践可能であるのかに着目することが肝要だといえます。時限付きで展開される多くの好事例は、その期間が過ぎれば継続されないことが多いようです。福岡県や佐世保市のように継続するネットワークであるためには、誰の目線に立ったネットワークづくりであることが求められるのか。引き続き、国内外の自治体の事例を参考にネットワーク構築の鍵を探ってみたいと思います。 ■

参考文献

- 衣笠葉子「子ども・子育て支援新制度を契機とした国と地方の役割・権限の変化と保育の実施義務」『社会保障研究』第３巻第２号，pp.190-205，2018.
- 渡辺恵子「自治体における子ども行政の展開――多機関連携の視点から」『国立教育政策研究所紀要』第148巻，pp.7-22，2019.
- 島田桂吾「「幼児期の教育」政策におけるガバナンスをめぐる課題」『日本教育政策学会年報』第21巻，pp.114-122，2014.
- 地方分権改革推進委員会「第１次勧告――生活者の視点に立つ「地方政府」の確立」2008.
- 門田理世・諫山裕美子・沖本悠生・佐世保市幼児教育センター「令和３年度 佐世保市保幼小連携アンケート調査に関する報告書」佐世保市幼児教育センターHP　https://www.city.sasebo.lg.jp/kyouiku/youjik/documents/2021hoyoushourenkeihoukokusho.pdf，2022.
- 門田理世・諫山裕美子・沖本悠生・佐世保市幼児教育センター「佐世保市令和２年度 要録様式（佐世保版）改訂版 アンケート調査に関する報告書」佐世保市幼児教育センターHP　https://www.city.sasebo.lg.jp/kyouiku/youjik/documents/r2yourokuhoukokusyo.pdf，2021.
- 門田理世・沖本悠生・諫山裕美子・角田一枝・佐世保市幼児教育センター「保幼小連携接続カリキュラム（平成24年度版）アンケート調査に関する報告書」世保市幼児教育センターHP　https://www.city.sasebo.lg.jp/kyouiku/youjik/documents/reiwagannendosetuzokukarikyuramuhoukokusyo.pdf，2020.
- 門田理世・諫山裕美子・中ノ子寿子・佐世保市幼児教育センター「佐世保市平成30年度新要録様式（佐世保版）実施の調査に関する報告書」佐世保市幼児教育センターHP　http://www.city.sasebo.lg.jp/kyouiku/youjik/documents/h30houkokusho.pdf，2019.
- 門田理世・中ノ子寿子・諫山裕美子・佐世保市幼児教育センター「佐世保市平成29年度新要録様式（佐世保版）実施の効果に関する報告書」佐世保市幼児教育センターHP　http://www.city.sasebo.lg.jp/kyouiku/youjik/documents/shuseih29yourokuyousikihoukoku.pdf，2018.
- 門田理世・諫山裕美子・佐世保市幼児教育センター「佐世保市平成28年度新要録様式（佐世保版）実施の効果に関する報告書」佐世保市幼児教育センターHP　https://www.city.sasebo.lg.jp/kyouiku/youjik/documents/h28yourokuhoukokusho.pdf，2017.
- 福岡県教育委員会・門田理世・諫山裕美子・中ノ子寿子・沖本倫「平成28～平成30年度『幼児教育の推進体制構築事業』最終報告書」文部科学省HP　http://www.mext.go.jp/component/a_menu/education/detail/__icsFiles/afieldfile/2019/05/07/1416251_7.pdf，2019.
- 東京大学大学院教育学研究科附属発達保育実践政策学センター「平成28年度『幼児教育の推進体制構築事業』実施に係る調査分析事業成果報告書」http://www.mext.go.jp/a_menu/shotou/youchien/__icsFiles/ afieldfile/2017/05/08/1385242_1.pdf，2017.

第11章

団体による
ネットワークづくり

第1節 保育団体における ネットワークの現状と動向

1 保育関連団体の変遷

いわゆる保育関連団体と呼ばれる団体は、原則、設置主体別に設立されています。戦後間もない1947（昭和22）年に教育基本法、児童福祉法、学校教育法が公布され、それに伴い幼稚園及び保育所の法的根拠が明記され、「保育要領」（1948年刊行）や「保育所運営要領」（1950年刊行）において保育内容が提案されました。また、児童福祉施設最低基準（1948年公布）や幼稚園設置基準（1952年通達）において設立基準が明示され、誰もがこの事業に参入できる素地が整えられたといえます。

この法的整備が進められる中、日本で最初の保育団体として「全国国公立幼稚園長会」（後の全国国公立幼稚園・こども園長会）が1950年に設立され、以降、今日までに主たる団体として、３つの保育所関連の団体、キリスト教保育連盟、仏教保育協会、私立幼稚園連合会、そして、認定こども園協会等が設立され、現在も活動を展開しています（表11-1-1）。

本節では、これら団体の活動内容、特に、研修を充実させるネットワークのありように着目し、各保育団体の研修への取り組みから何がつながれている（ネットワークされている）のかを概説したいと思います。

2 各団体の研修への取り組み

各団体の研修への取り組みを開催の規模でみてみると、その年の団体のテーマや方向性などを共有する年次総会や研究大会、研修会等が全国規模で開催されるのに加えて、各地域のニーズに合わせた協議会や研修会、講習会・セミナーなどが地方（ブロック）開催されています。また、対象者別に見てみると、園長・施設長・主任向けの研修から保育者向けのものまで職位や保育年齢別に細かく用意されていることがわかります。

例えば、一般財団法人全日本私立幼稚園幼児教育研究機構が作成した「保育者としての資質向上研修俯瞰図[*1]」は、各研修内容が保育者のステージ別に３段階（Hop, Step, Jump）に渡って深化されており、保育者自身のステージやニーズに合わせて研修が受けられるように工夫されています。また、2017（平成29）年のガイドライン制定と共に実施されるようになった保育士の専門性の向上と処遇改善を目的として保育行政（厚生労働省）が提供する「保育士等キャリアアップ研修」は、保育の潮流や現状を受けて、行政が保育団体に属する保育者や保育所等に働きかけた研修制度といえます。

このように保育者や保育関係者に向けての研修が、どのような目的やビジョンを持って準備されているのかを眺めていると、各団体が研修という事業を通して、多様なステークホルダーとのつながりを張り巡らせようと模索していることに気付かされました（図11-1-1）。本

＊1　保育者としての資質向上研修俯瞰図
https://youchien.com/research/training/tfpkv100000017rp-att/training_02.pdf

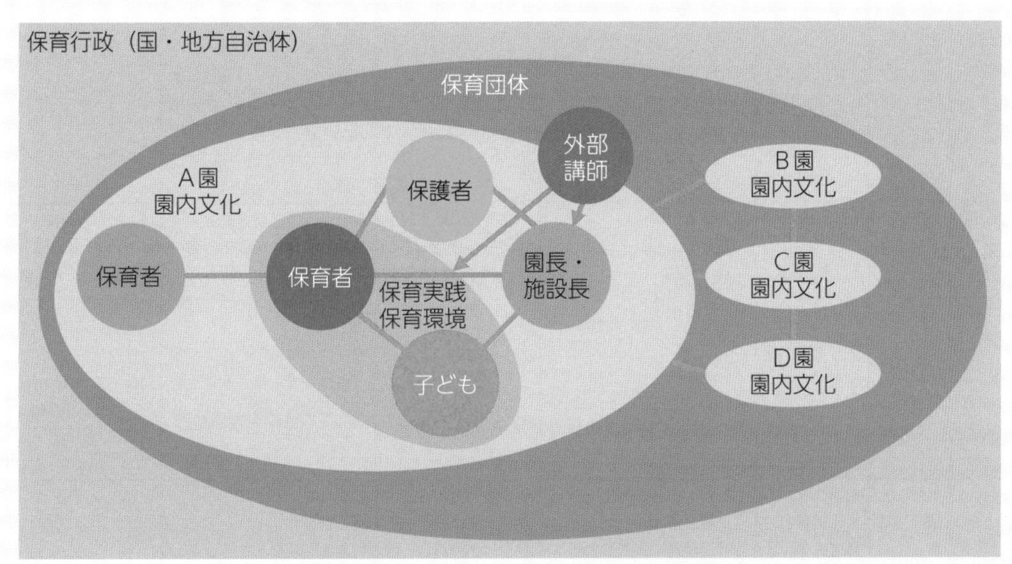

図11-1-1 ◆ 研修がつなぐもの（構造図）

表11-1-1 ◆ 主な保育関連団体の概要（設立年度順に掲載）

団体名	設立年度（前身含む）	会員数	目的・ビジョン・事業内容	研修の位置付け	主たる研修内容	出典（2022年4月20日現在）
全国国公立幼稚園・こども園長会	1950（昭和25）年	会員数2,872名（加盟園数は、兼任園長がいるため2,898園）2022/7/7現在	〈主体性のある幼児の育成〉 ・学校教育として、質の高い幼児教育を推進 ・教員・保育士の資質向上 ・家庭・地域との連携 ・共生社会の担い手を育てる	「幼児教育の今を捉えた充実した内容の研修を開催する。また、全国を7つのブロックに分け、そこで開催される研究大会などの後援を行う」	全国大会（総会・研究大会、研究協議会） ブロック研究協議会 公開研究発表　等	https://www.kokkoyo.com/ https://www.kokkoyo.com/pdf/encyokaitoha02.pdf
社会福祉法人 全国社会福祉協議会全国保育協議会	1952（昭和27）年	全国の認可保育所の約93%が会員。会員数は21,604施設（公設公営施設6,796施設、公設民営施設432施設、民設民営施設14,376施設）2022/4/1現在	・子供の育ちを保証する ・子育て家庭を支える ・多様な連携と協働をつくる ・子育て文化を育む ・子育ち・子育てを支援する仕組みをつくる	常任教議員会下部の部会・委員会内に研修部会が置かれている	全国保育研究大会 全国保育士会研究大会 全国保育士研修会 ブロック保育研究大会 主任保育士・主幹保育教諭特別講座 保育所・認定こども園リーダートップセミナー 教育・保育施設長専門講座 公立保育所等トップセミナー 認定こども園研修会　等	https://www.zenhokyo.gr.jp/
公益社団法人 全国私立保育連盟	1954（昭和29）年	10,038園 2021/2/1現在	・児童虐待の防止に向けた組織的な取り組みの強化 ・保育の質向上に向けた取り組み ・保育者の働き方改革	常任理事会下部にある事務局会議内に研修部が置かれている	園長セミナー 保育実践セミナー 保育総合研修会 園内研修コーディネーター育成講座 保育カウンセラー養成講座開催予定 保育カウンセラー有資格者のためのスキルアップ研修会（保育カウンセラー有資格者のための事例検討会）　等	https://www.zenshihoren.or.jp/
社会福祉法人 日本保育協会	1962（昭和37）年	【個人会員】 310人 【団体会員】 認可保育所：8,750園 2021/11/9現在	・育てる（育成） ・繋がる（相談・組織・会員・登録） ・調べる（研究） ・伝える（情報・提言）	常務理事会の下部組織である事務局内に研修部が置かれている	保育を高める研究集会 全国理事長・所長研修会 全国研修大会 保育士等キャリアアップ研修 各ブロック及び各都道府県市支部保育所長・保育士等職員研修会　等	https://www.nippo.or.jp/ https://gakkai.jst.go.jp/gakkai/detail/?id=G00580 https://www.nippo.or.jp/Portals/0/images/about/pdfs/h29_jigyoannai.pdf
一般社団法人 キリスト教保育連盟	1968（昭和43）年	施設数 774園 養成校 31校 2021/3/31現在	・乳幼児保育の理論と実践に関する調査 ・研究保育の質を高める ・保育関係者の資質向上 ・乳幼児保育の振興に寄与する	常設委員会内に、キリスト教保育研究委員会（小委員会：保育実践研究委員会）、講習委員会が設置されている	総会 夏期講習会 設置者・園長・主任研修会 保育セミナー 保育者協議会 保育祈祷日	https://kihoren.com/

公益社団法人日本仏教保育協会	1969（昭和44）年	1,026施設 幼稚園 494 保育園 389 認定こども園　143 養成機関 30 2022/3/31現在	生命尊重の保育の確立と心の教育の推進 1．生命尊重の保育推進 2．活力ある日仏保をめざし会員の為の運営基盤の確立を図る 3．魅力ある日仏保を確立し会員の期待に応える 4．国際交流・社会貢献のできる日仏保をめざす	研究常任理事、事業常任理事や保育制度対策常任理事が置かれており、仏教保育推進のための調査・研究 現職教育・指導者養成が実施されている	全国仏教保育大会…隔年で実施 中央講習会…夏期仏教保育講習会・関西地区研修会 その他、支部講習会・ゼミナール等の助成金制度 仏教保育研修会…年２回（6月総会時・１月理事会時） 養成機関連絡協議会（2月下旬）	https://buppo.com/
全日本私立幼稚園連合会 一般財団法人 全日本私立幼稚園幼児教育研究機構	1984（昭和59）年	7522園 2021（令和3）年4月1日現在	都道府県私立幼稚園団体相互の提携協力によって、私立幼稚園の自主性と公共性を発揮し、幼児教育の振興を図る ・幼児教育に関する調査研究 ・私立幼稚園の管理運営に関する調査研究 ・私立幼稚園の充実振興のための渉外活動 ・私立幼稚園教職員の資質向上及び福利厚生　等	「さらなる充実・振興を図るための活動、教員の研修、研修会の企画立案、調査研究など」については、（一財）全日本私立幼稚園幼児教育研究機構によって組織運営されている	研修ハンドブック・俯瞰図に基づいた研修 ECEQ® ＝「公開保育を活用した幼児教育の質向上システム」 幼児教育実践学会	https://youchien.com/ https://zennichishiyouren.com/
特定非営利活動法人 全国認定こども園協会	2008（平成20）年	1,698園 2022/4/20現在	「すべての子どもの最善の利益」に向けて、認定こども園の総合的な機能を高める ・認定こども園における教育・保育の質の向上 ・子育て支援の充実 ・職員の資質向上 ・経営の健全化などを図る	N/A	ICT研修会 SDGs勉強会 全国各支部研修会　等	http://www.kodomoenkyokai.org/

節では、保育団体の研修一覧（表11-1-1）を参考にして、保育団体が提供するネットワークの構造及びそこでつながりあう関係性について考えてみたいと思います。各々の具体的な実践の姿は本書の各章に記載されているので参考にしてください（例：保育者の研修での学びは第２章・第３章。園長のかかわりについては第８章・第９章等）。

保育者と実践をつなぐ

保育者は自園の園内文化を通して保育実践や保育環境等について学び、子どもとの関係性や子ども理解を深めていきますが、実践の中で生きる保育者自身が自らの成長と実践とのつながりを確認し、実感することは容易ではありません。園内では、自らの実践を省察する一助として、保育者自身が保育の質の向上をねらえるように研修が組まれています。団体は、そうした園独自で研修を行うにあたっての手法や留意点などを、全国・地域ごとで開催される研究会や研修を通して園や保育者に伝えていきます。その際、有識者や外部講師を招いて研修が提供されることが多く、専門性を重視した研修ネットワークによって事業が展開されています。

保育者と保護者をつなぐ

育児経験のない保育者が、研修を通して保護者の子育てにおける葛藤や子育て家庭の置かれている状況を学ぶことで、保護者への理解が促進され、子育てのパートナーとして良好な関係性を築く礎を培うことが期待されています。保護者支援、家庭支援や保育カウンセラー育成のための研修などはここを意識したものといえるでしょう。保育者養成の段階で修学する保護者支援や家庭支援に加えて、日々の実践の中で生々しい課題に直面している保育者が、国や地域自治体の実施する子育て政策や子育て支援に関する最新の情報を研修から得ることで、保育の専門家としての見地から各家庭や子どもたちに必要な援助を提供することができると考えられています。

保育者と保育者をつなぐ

園内での研修や団体を通して地区ごとに開催される研修では、他の保育者と一緒に研修する場が往々にして設定されます。特にワークショップ型研修やグループディスカッションを取り入れて継続的に行われるアクションリサーチ型研修では、その場に参加する保育者の持つ多様な保育観に触れることになり、保育者は自らの保育を他の保育者から学ぶ術を獲得することができます。また、各園で、定期的に行われる園内研修では、保育実践について話し合うことで互いの保育観に触れあいながら同僚性を育んでいきますが、その過程を通して、園内の融和的な保育労働環境を生み出すことにもつなげていくことが期待されています。園内研修を有意義なものにする役割を担うファシリテーターに関する研修は、保育者が園内での研修で他の保育者との話し合いをいかに円滑に行えるかについても学ぶものであり、保育者同士のつながりを助長するための研修の一つといえます。

保育者と園長・施設長とをつなぐ

園長・施設長は、園内研修においては、園の理念やカリキュラム、指導の在り方などを保育者と共有し、保育者が受ける園外研修を通して、間接的に自園の理念やカリキュラム、指導の在り方などの位置付けを知る機会を得ます。その際、主任やミドルリーダーと呼ばれる保育者が園長・施設長との間に立って保育者との間をつなぐことも通例で、リーダーシップ研修やキャリアアップ研修などの研修では、実践者と運営・経営者との相互理解を促すリーダーやミドルリーダー育成をねらっています。段階や職位に応じた研修制度は、各々の役割を互いに理解しあい、園長・施設長にとっては保育者の実践観を知る機会ともなります。それがひいては、職場環境のウェルビーイングを向上させ、互いの信頼関係を築く一助になっていくと考えられています。

保育者と園外の社会・文化をつなぐ

団体が提供する研修内容の中には、現代の子どもたちの置かれている状況（ウェルビーイング、貧困問題等）や国内外の保育動向、SDGsやICTの導入等、保育者に間接的に刺激や影響を与える社会動向や社会通念等を学ぶ機会も含まれています。研修を通して保育者は、保育という営みがいかに社会からの影響を受けて展開されているのか、保育者の処遇改善がこれほどまでに叫ばれるようになった背景について等、園内での実践から見えてくるミクロな課題とは違ったもっと大きな社会的視座で保育を見つめる重要性を学びます。それら大きな社会情勢と共に、園が位置する近隣のリソース（ひと・もの・こと）を把握し、子どもたちや保護者支援につながるような地域文化を実践に取り入れることも期待されています。

保育者と保育行政（国・地方自治体）をつなぐ

保育者個人が保育行政とのネットワークを直接築くことはないかもしれませんが、保育者を含めた保育にかかるあらゆる事象は学校教育法や児童福祉法、子ども子育て支援法等、国や地方自治体による法令や条例の枠組みによって規定され、保育実践はその法令に準じて展開されています。加えて、VUCA時代が本格化し始める昨今、子どもたちやその周辺環境を取り巻く社会事情に対応するために、国の保育政策の方向性を汲みながら各自治体が地域の特性に応じた個別の保育政策を打ち出しています（例：福岡県幼児教育推進体制構築事業、高知県園内研修支援）。また、発達支援や虐待、生活支援など、子どもや家庭を支える保育行政と隣接領域の行政機関との連携の在り方を考える研修が提供されています。例えば、各団体が実施する年次研究大会では、文部科学省・厚生労働省・内閣府等の担当者による『行政説明』講演があり、国の最新の保育政策や方向性について学ぶ機会が提供されます。こうした全体での研修を通して、保育者は保育行政と自身がかかわる保育実践とのつながりについて把握しておくことが期待されています。

園と園をつなぐ

研究保育や研修の形態の1つとして、国公立の幼稚園を中心に従来から行われてきた公開保育が、近年では国公立・私立や幼稚園・保育所・認定こども園を問わず、団体主導の研修として提案されるようになってきています。例えば、全日本私立幼稚園幼児教育研究機構は、「公開保育を活用した幼児教育の質向上システム（ECEQ®）[＊2]」と呼ばれる学校評価実施支援システムを導入していますが、これは公開保育に外部の視点を導入することで公開保育を実施した園の教育実践の質向上につなげていくことを目指しています。このような園と園とをつなぐ研修としての公開保育に、実践者もしくは参観者として参加した保育者は、展開される保育内容や提案される保育環境等について他の保育者と協議を重ねることで、多様な保育実践について学ぶ機会が

＊2　ECCQ®
https://youchien.com/research/eceq/

与えられています。

園長・施設長と実践をつなぐ

園長・施設長への研修は、現在、義務づけられていませんが、各団体は「園長セミナー」「全国理事長・所長研修会」といったいわゆる「園長・施設長研修」を実施して、園長・施設長としての質の向上を図る工夫をしています。例えば、シンガポールで導入されているSPARKという保育の質を保証する制度では、園長・施設長自身が、必要な研修を受けてカリキュラムを主導し、保育観察に基づく指導助言を行う等、保育実践への積極的な関与が求められていますが、これをベースにしたOPARKと呼ばれる取り組み（リーダーシップ、計画と運営、スタッフ管理、家庭や地域との連携の４つの視点）が大阪府私立幼稚園連盟によって開発されています。こうした園長・施設長研修を通して、園長・施設長自身が保育実践についての理解を深めることで保育者の立場に立って助言をしたり、園全体の保育の質向上に寄与すると考えられています。

団体と保育行政（保育制度）をつなぐ

各園に対する運営費補助金、設置基準や運営措置の緩和等、国や地方自治体が打ち出す保育政策に、各保育団体は密接にかかわっています。例えば、国や地方自治体主体で開催される保育政策に関連する審議会や協議会、委員会には委員として参加することや団体として意見書を提出することで、各団体に関係する保育行政への参画を図り、保育行政とのネットワークを築いています。また、各地域にある団体の支部では、その地区の行政官や担当者と懇談会や情報交換会などを開催して、ある一定期間で異動になる行政担当者とのつながりを常に継続させようとする取り組みがよくみられます。そこには、直接、保育行政に関与することがない保育者、子どもたちやその家族の声を間接的に代弁する機能が備わっているといえます。■

第2節 ネットワークづくりのもつ意味

ネットワークとは、網状に張り巡らされた複雑な関係性を構成するグループやシステムであり、その組織の向上を支える人々のつながりを意味します[＊3]。

＊3
https://www.merriam-webster.com/dictionary/network

第1節では、保育団体が提供する研修内容から保育者が置かれているネットワーク構造を全体的に俯瞰し、それを組織する個々のつながりについて捉えなおし、保育団体が構築するネットワークを通して何がつながっているのかを概観してみました。図11-1-1でいえば、丸（○）や四角（□）図で構成されるシステムとしてのネットワークと、矢印（⇔）や線（―）で結ばれるつながりの部分を概説したことになります。例えば、保育者を中心に置いて図を眺めてみると、保育者がどのようなネットワークシステムの中で、誰とつながっているのかが見えてきますし、子どもを中心に見てみると、A園の園内文化の中で実践を通して育つ存在というだけではなく、その育ちが保育行政や園外文化によってどのように支えられているのかという枠組みで子どもが誰とつながっているのかを眺める視点が得られます。

誰をターゲットにして何のためにどのような研修を提供するのかは、換言すれば、誰を中心にネットワークを構築して、どのようなネットワークシステムでその人（々）を支えるのかをねらったものといえます。そのような視点で研修一覧を眺めていると、保育団体が提供する研修は保育に携わるあらゆる対象者を念頭に置きつつも、ほとんどの場合、その目的や内容は個別具体的であり、受講する対象者のための明確なネットワークが「その時」に断続的に作られているように見えてきます。

例えば、近年のトレンドである行政支援を受けたキャリアアップ研修、保育の質の向上に不可欠なリーダーシップ研修、学びあいを円滑にするファシリテーター研修なども、その時々の時代の要請に応じたネットワークづくりを工夫することに敏感でなければならない団体が作るネットワークの特性といえそうです。

そのネットワークづくりの手法として、近年のトレンドでもある

Information and Communication Technologies（ICTs）を用いたオンライン研修がありますが、この遠く離れた他者との相互作用をもたらすネットワークの位相が保育の質にどのような影響を与えるものであるのかは、研究が緒に就いたばかりで今後丁寧に検証していく必要があるといえます。

私たちは誰のために何のための研修をどのように提供するのかは意識するものの、誰のために何を目的としてどのようなネットワークを築くことになるのかには無頓着なのかもしれません。また、ネットワークづくりを促進する側（本章では団体）と参加する側（保育者や子ども等）が同じ目的に向かってつながろうとしているのかを意識することもあまりないのかもしれません。それはネットワークそのものや第１節で説明したようなネットワークを通してつながる関係性自体が目に見えるものではないからなのでしょうが、つながりの中で学び、経験することは、そこに集う人々に何らかの影響を与えていると考えられます。次節では、ネットワークを通して、人々の中に何が培われているのかについて考えてみたいと思います。■

第  節 ネットワークによってもたらされる保育の質向上の可能性

1 協働から考える研修の役割

ネットワークをつくるということは、他者とつながることを意味しますが、コレクティブ・インパクトという概念を用いて、集団で継続的に協働しあうことで社会変革をもたらすことができるとうたったKania, J. & Kramer, M.（2011）は、協働を５つのタイプに分類しています（表11-3-1）。

これによると、例えば、国の主導による保育士等キャリアアップ研修は『官民パートナーシップによる協働』の枠組みの中で受講生であ

表11-3-1 ◆ 協働の５つのタイプ

創設者間の協働	同じ課題に対してサポートすることに関心を持って、持っているリソースを提供する組織の創設者同士の協働。一般に、参加者がエビデンスに基づく包括的な行動計画や共通の評価尺度を導入することはなく、また、リソースの対象外になる活動や他の領域の人々とも協働はしない。
官民パートナーシップによる協働	特定のサービスまたは扶助を届けるために政府と民間セクターの間で形成されるパートナーシップに基づく協働。例えば、ある疾患に効く特定の薬剤を開発するなど、狭い範囲を対象としていることが多く、通常はその薬剤の流通システムなど、その問題に影響を与えるすべての関係者を関与させることはない。
マルチステークホルダーによる協働	共通のテーマに対して異なる領域の関係者が自発的に活動するが、成果を上げるための連携や結果の透明性を図る尺度やサポート基盤は整っていない。
ソーシャル・セクター・ネットワークで生じる協働	公式・非公式を問わず、目的を持った関係として流動的につながる個人または組織。協働は通常その場限りの取り組みであり、多くの場合、持続的で構造化された取り組みよりも、情報の共有と対象を絞った短期的な行動が重視される。
コレクティブ・インパクト	さまざまな分野で重要な役割を担った人々が、特定の問題を解決するための共通な課題を持って、長期的に責任を持って取り組む協働。その行動は、（成果をはかる）共通した測定システム、相互に補強しあう活動と継続的なコミュニケーションによって支えられており、独立した支柱となる組織のスタッフが配置されている。

出典：Kania, J. & Kramer, M., *Collective Impact. Stanford Social Innovation Review.* p.39, 2011. より筆者翻訳

る保育者が『ソーシャル・セクター・ネットワークで生じる協働』を実践していると捉えることができます。また、園文化と園文化をつなぐ方策（研修）の１つとして団体が提供する研修の一環である公開保育では、設立の経緯や理念の違う園の保育者や園長・施設長が集い、互いの保育実践を見合います。その意味では、『創設者間の協働』によって、保育者は同じ園の保育者だけではなく他の園の保育者とともに学ぶ機会を得ます。

また、保育者は他者からの学びを通して自身の実践の捉え方や子ども理解だけでなく、それぞれの園文化の特性から保育計画の立て方や働き方の違いなどにも気づく機会を得ます。その一方で、そこに参加していた保育者たちが自発的に継続して学ぶことは少ないため『ソーシャル・セクター・ネットワークで生じる協働』の側面が、提供される研修には含まれているといえます。

2　ネットワークがもたらすさまざまな協働

このように、ネットワークを築く目的の１つが協働であるとすれば、団体によるネットワークは目的に応じてさまざまな協働をもたらします。協働することの意義を唱えたKania, J. & Kramer, M.（2011）は「大きな社会変革は、個々の組織が個別に介入するのではなく、さまざまな領域の人々が横断してつながることでもたらされる」（p.38）と『コレクティブ・インパクト』の重要性をうたう一方で、「個々の組織が個別に取り組むことで解決できる問題もある」（p.39）と、その目的や状況に応じた協働の在り方を選択できる重要性を示唆しています。

ネットワークづくりから生まれる協働を通して参加者は、共通の問題意識を共有し、互いの力や置かれている状況を分かち合い、共通理解をもつようになっていきますが（Schwartz, S. H. & Bilsky, W. 1990）、このことは同時に、皆が同じ志向性をもって物事を理解し、行動することを促す作用も含みます。それぞれの良さを残しつつ、ともに学ぶ風土づくりをどのように保障していくのかは、ネットワークの中で学ぶ課題の１つといえるでしょう。

　保育者のために、保育の質の向上のために、子どものために、保護者のために等、あらゆる研修が団体や国・地方自治体から提供されていますが、常にバランスよく全ての保育者や全ての子どもたちのためのネットワークを築くことは、団体を通してのネットワークづくりにおいては第一義ではありません。ネットワークの参加者は、つながりの中で学び、経験することで、同質性を持って実践を理解する安心感や違和感や自己の置かれている状況や意識に向き合いながら次へのステップを探るという成長の循環を感じることが期待されますが、同時に、自らに提供されているネットワークがどのようなつながりをもたらすものであるのかを俯瞰する視座が必要なのかもしれません。そういう意味では、自らが参加するネットワークから何を獲得できるのかを明確に意識できるようになることが、人とのつながりの中で学ぶ上では大切なことなのかもしれません。■

参考文献

- Kania, J. & Kramer, M., *Collective Impact. Stanford Social Innovation Review.* Winter. pp.36-41, 2011.
- Schwartz, S. H. & Bilsky, W., *Toward a theory of the universal content and structure of values: Extensions and cross cultural replications.* Journal of Personality and Social Psychology, 58, pp.878-891, 1990.

第12章

次世代の保育の担い手を育成する保育者養成校

はじめに　保育者養成校と保育施設の現状

本章では、幼稚園教諭免許状や保育士資格を取得し、保育の現場で“学び続ける保育者”として活躍できるような学生を輩出していく四年制大学・短期大学・専門学校等の保育者養成校・施設の役割とさまざまな取り組みと課題についてまとめていきます。

保育者養成校の中には、幼稚園教諭免許状や保育士資格以外に、小学校教諭免許状や特別支援学校教諭免許状、社会福祉士・精神保健福祉士等の受験資格が取得できる養成校もあります。また、幼稚園教諭免許状や保育士資格を活かしてさまざまな職種・職場に従事している卒業生を多く輩出しています。本章では、教職課程の認定を受け幼稚園教諭免許状の取得を目指したり、保育士資格の取得を目指す指定保育士養成施設である四年制大学・短期大学・専門学校等の保育者養成校・施設を保育者養成校、そして幼稚園や保育所、認定こども園を保育現場としていきます。

2021（令和３）年度現在、日本には約675の保育者養成校があり、保育・教育の免許・資格取得に見合った学びの機会の保障のための努力と、保育者養成のための教育の質の向上が求められており、国や自治体はもちろん、保育現場と密に連絡を取り合っていくことが必要となっています。また、2020（令和２）年度の学校基本調査や社会福祉施設等調査によると、全国には、幼稚園は9698（文部科学省 2020)、幼保連携型認定こども園、保育所型認定こども園及び保育所は２万9474（厚生労働省 2020）あり、園それぞれにおいて多様な保育が展開されています。一方、小学校教諭免許状が取得できるのは、日本全国で353校、小学校数は１万9738（文部科学省 2020）と、保育者養成校や保育施設の約半数です。

このように、数多くの保育者養成校と保育現場がありますが、近年のコロナ禍においては、日常生活も授業も保育も、感染症対策を講じながらどのように継続していくのか、その在り様について模索が続けられており、より一層の多様化が進んでいます。これらのことからも、保育者養成校は保育現場とさらなる連携により保育の質の保証を図ることが必要となっているのです。 ■

第1節 保育者養成校における保育現場とのネットワーク

1 学びを深める保育現場における実習

子どもを取り巻く環境や社会の変化の中で、保育の質・保育者の専門性の向上が求められています。この保育者の専門性は、豊かな人間性を基盤とした専門的知識・技術が必要とされます（秋田ら 2007)。

保育者養成校では、保育現場での実習と授業での学びを往還させながら、保育者としての資質・専門性向上を目指しています。幼稚園教諭免許状や保育士資格の取得・認定に向けては、法定時間の実習が必須であり、保育者を目指す学生自身にとっても、現場実習はとても重要な学びの場です。保育者養成校で習得した専門的知識・技術を、学生が保育の現場で実習する中で試行錯誤しながら確かな力として培っていくことを課題とし、実習での学生の学びを振り返る研究が多くなされています（渡邊 2021)。

さらに、多様化している現代では、学生の学びを中心に置いて、幼稚園や保育所、認定こども園等の保育施設と、保育者を目指す人材を育成している保育者養成校との連携がより重要となっています（全国保育士養成協議会 2018)。現場との連携を図った取り組みとしては、短期大学から四年制大学への編成移行期に、実習指導の在り方を再検討するために、実習の在り方や記録用紙などについて、現場と意見交換会の中で検討を行った報告（米野 1998）や、第三者複数人の観察記録をもとにした幼稚園教諭らとの研修の中で、観察者と保育者の双方の学びの深まりを見出しているものもあります（野口ら 2004)。

このように、保育者養成校の保育現場との連携には、保育者養成校が保育現場に依頼したり、第三者の気づきを見える化したりなど、さまざまな取り組みがあります。

近年では、2014（平成26）年に「就学前の子どもに関する教育、保育等の総合的な提供の推進に関する法律」（認定こども園法）が改正され、幼保連携型認定こども園が2017（平成29）年にスタートし、幼稚園教諭免許状と保育士資格を併有した「保育教諭」の育成が求められています。

さらに、幼稚園教育要領や保育所保育指針、幼保連携型認定こども園教育・保育要領の三法令が2017（平成29）年に改正され、カリキュラム・マネジメントの充実、評価・改善を重要視することがあげられ、これまでのPDCAサイクルをCAPDと記載して強調されました。保育の質の向上に取り組むとともに、「反省的実践家」（佐藤ら2001）として、保育者の資質・専門性を高めていくには、学生時代から、評価を重要視したCAPDについて理解し、考え、実践していけるような学習の保証とその検証が求められているのです。

社会のニーズに応じて保育施設と保育者の役割や保育の内容が多様化し、保育者の役割や責任、義務が明確化・重責化している現代においては、現場に出てからも学び続ける「反省的実践家」となれるよう、自分を見つめ、振り返り、他者の意見に耳を傾け、考えていけるようになるための基礎を醸成していかなければなりません。計画的・組織的に保育者養成をしていくためには、学生を指導する側の資質の向上もより一層求められています。

2 幼稚園教諭免許状と保育士資格

幼稚園教諭免許状は、幼稚園教諭を養成する教育課程があると文部科学省が認めている大学及び短期大学専攻科において、免許取得に必要な規定の単位を取得することにより、卒業時に免許状が発行されます。教育実習２週間を２回と、それぞれ教育実習事前事後指導を受講します。保育者養成校教員は事前事後指導に加えて、実習期間中に園を訪問し巡回指導を行います。

2003（平成15）年11月の児童福祉法改正により、名称独占資格として規定され国家資格となった保育士資格は、指定保育士養成施設で所定の単位数を修得して取得する方法と、国家試験を受験し取得する方法があります。児童福祉法の一部を改正する法律（平成13年法律第135号）等によって整備された保育士関係規定が施行されたことに伴い、指定保育士養成施設の指定及び運営について（平成27年厚生労働省通知）が一部改正され、通知されました。

保育士養成では、保育実習ⅠA・ⅠB、保育実習Ⅱ又はⅢの270時間以上の実習実施と、それぞれの保育実習事前事後指導を履修・受講します。保育士養成施設の教員は、実習前後の指導に加え、実習中に実習先の児童福祉施設を訪問し、指導を行うことも義務づけられています。教育実習同様、実習現場訪問は、学生指導だけではなく保育施設との連携を図る貴重な機会でもあります。

また、2015（平成27）年施行の子ども・子育て支援新制度におい

出典：厚生労働省「保育の現場・職業の魅力向上検討会（第５回）資料」令和２年８月24日

図12-1-1◆保育士資格取得ルート

て、現職者に限らず、幼稚園教諭免許状を持つ人を対象に、保育士資格取得特例制度が設けられました。これは、特例教科目を修得した後、保育士試験によって保育士資格を取得できる制度です（令和６年度末まで延長。令和元年厚生労働省告示第105号）。

3 実習指導者認定講習

前述の幼稚園教諭免許状、保育士資格の取得に向けて、保育者養成校の教員は、一般・専門科目と実習事前事後指導を実施しています。養成校が、幼稚園教諭の免許状授与の所要資格を学生に取得させるためには、教育職員免許法及び同法施行規則の改正に対応した授業科目や、専任教員などの体制を整えているかどうかについて、文部科学大臣に課程認定の申請を行わなければなりません。2015（平成27）・2016（平成28）年には、教育職員免許法及び同法施行規則が約20年ぶりに改正され、教職課程認定基準１（３）には、教員として求められる知識・技能の最低限の基準を満たすだけでなく、質の高さを求めて養成内容を改善していくことが重要と記載されました。

一方、保育士資格の養成についても、2021（令和３）年度から、全国保育士養成協議会による「実習指導者認定講習」が開始されました。これは、保育実習指導の資質向上を目的として各指定保育士養成施設における主たる実習指導者の資質向上のために「実習指導者」としての認定を行うこととなったものです。

特別な配慮の必要な子どもや、長時間保育や子育てに不安を抱える家庭の増加などにより、支援・援助を担う保育者の責任と義務は大きくなっており、より専門性の高い保育者を養成することが必要です。さらに、育ちの過程でさまざまな経験が不足がちだといわれている学生を、保育に関連した新制度や改正に伴った教育・指導をしていくことからも、保育者養成校の指導者の質が問われています。保育者不足も社会の大きな課題であり、保育現場との連携を図りながら保育者養成の在り方を模索しています。

保育現場とつながる保育者養成校の授業例

保育実習や教育実習とは別に、保育者養成校での講義や演習授業の中で、保育現場の先生を招いたり、保育現場へ学生と教員が同行したりと、授業で保育現場ともつながっています。以下、授業例をいくつか紹介します。

授業例①〈授業内で保育者の講話〉

保育現場の現役保育者や園長先生が学生全員に向けて話す講話型や、同一園、あるいは複数園の数名の保育者が話す講義形式のものもあります。また、聞き手が小グループに分散して、質問を交えながら話を聞いていく交流会型のものもあり、話し手が１人の場合も複数人の場合もあります。

内容についても、目的によって当然異なってきます。実習についての課題の設定や留意点についての話や、保育の実際として子どもの姿や保育についての話、またおはなし会・わらべうた遊び・子どもの運動遊び・環境構成など、専門的内容に特化しての話などさまざまな工夫がなされています。

特に、近年では、講義形式の教育とは異なり、学修者の能動的な学修への参加を取り入れ、主体的に学ぶために有効な教授・学習法であるアクティブ・ラーニングの視点を取り入れた内容となっています。

授業例②〈授業内で模擬保育実践　～保育現場の先生を招いて～〉

保育の内容や方法の理解を図る際に、ねらいや内容を考えた指導案を立案・検討した後に模擬保育実践を行う授業があります。その一連の学びの過程に、学生と保育者養成校の教員に加えて、保育現場に参加を求め、より具体的・実践的なコメントをもらえるよう企画された授業も実施されています。実習中の部分保育実践とは異なり、多くの学生同士で同じ題材で実践・振り返り、学びを共有することができます。子どもたちの参加が可能な場合には、より深い理解・学びにつながります。

授業例③〈保育現場における授業〉

保育施設に学生と保育者養成校教員が共に訪問し、〈観察記録を書く〉〈部分保育を実践する〉などの機会を設定する実践的な演習授業もあります。この場合、模擬保育ではなく、実際の子どもたちを前に保育に携わるので、実習同様に学生の理解・学びが大きくなることが期待できます。さらに、保育者養成校の教員にとっても、実際の保育に直結した授業の展開につながったり、保育現場との連携が深まったりすることなどが期待できます。

保育の映像（DVD）や写真、事例の活用も有効ですが、子どもたちの声・姿、園風土の臨場感は、実際の保育現場に出向いてこそ伝わってくるものでしょう。しかし、いずれの授業においても、子どもたちの健康・安全面への配慮はもちろん、保育現場・養成校両者の時間的な制約に大きく左右されること、多様な保育を行っている保育施設の中からの選定・打ち合わせ・関係性構築など、保育現場との密接なつながりのある授業の実施には、さまざまな課題があります。

そのため、学生の学びの質向上に向けた指導・授業の計画・実施方法の工夫とそれらの検証を保育者養成校は随時行っていくことが必要となります。保育現場で実習指導に携わることが保育士のキャリアアップにつながっている（増田 2010）ことからも、卒業生の就職先や広く地域の保育施設と連携を図りながら、保育の質向上に向けての両者の共通理解を基盤として模索し続けることが重要です。

5 実習・授業以外での保育現場とのつながり

保育現場と保育者養成校とのつながりは、授業・実習だけではなく、表12-1-1のように、多岐にわたっています。近年の子どもを取り巻く環境・社会が大きく変化し、保育現場の機能や役割、課題が多様化・複雑化しています。そのため、保育・教育にはカリキュラム・マネジメントや評価が重要となり、これらを実行していくためには、

表12-1-1　保育現場と保育者養成校とのつながり

	項　　目		項　　目
1	就職活動支援	7	免許法認定講習
2	卒業生のフォローアップ	8	研究大会
3	リカレント教育	9	園内・園外研修
4	公開講座、出前講座	10	学会
5	キャリアアップ研修	11	大学院
6	教員免許状更新講習※	その他	

※教員免許状更新講習は、2009年４月に導入され継続的に開催されていましたが、2022年に廃止が決定しました。

教職員のキャリアアップは欠かせません。そこで、園内・園外の研修の実施・参加を組織的・計画的に遂行し、教職員の資質の向上を図ることが求められています（厚生労働省 2017）。

さらに国は、社会人が仕事で求められる能力を磨き続けていくための学びであるリカレント教育の受講者数の増加を目指しています。時代の大きな変化にリカレント教育の意義が重視され、厚生労働省と経済産業省・文部科学省等とが連携して、学び直しのきっかけともなるキャリア相談や学びにかかる費用の支援などの取り組みがスタートしています（文部科学省 2020）。しかし、依然として、労働や家事、育児等で時間的余裕がないことや高い費用が受講者数の伸びの妨げとなっています。

以上のように、保育者養成校の役割は大きく広がっています。園内研修・園外研修の講師として、また自治体主催の保育や子育て支援、特別支援学校教育・小学校教育との関連業務など、一教員・一研究者としての内容・役割についての詳細は、第13章をご参照ください。

■

第2節 保育者養成校の役割と今後の課題 ～保育の質の向上～

1 問われる保育者養成校の教職員の資質と責任

幼稚園や保育所、認定こども園といった保育・教育施設は、地域の教育のセンターとして、保護者からの子どもにかかわる相談に応じたり、家庭や地域との連携を図ったりしながら、子どもの成長に関与していくという大切な役割があります。一人ひとりの子どもに応じた援助を行う保育者、子どもや保護者とともに育つ・考える保育者、視野の広い倫理観に基づいた人間性を兼ね備えた保育者であるためには、学び続けることが必要となります。現場の保育者は、反省的実践家[i]として実践からの学びの視点を中心において、日々の保育に携わることが求められているのです（秋田ら 2020）。

乳幼児期にふさわしい生活を通して、資質・能力「知識及び技能の基礎」「思考力、判断力、表現力等の基礎」そして「学びに向かう力、人間性等」を子どもたちの内に育んでいくためには、保育に携わる保育者自身の資質・能力が問われます。自らを振り返り自己課題を設定し、他者と研修を重ねながら学び合う意欲や学びの姿勢が保育者には求められるのです。保育者養成校時代に醸成された学びの姿勢や習得した学びの方法を基盤として、保育現場に就職した後に、園内・園外研修等でさらに研鑽を積んでいくのです。

ますます多様化、複雑化している保育現場で働きつつ成長していけるような次世代の保育の担い手を養成するために、保育者養成校の教育の在り方が今大きく注目されています。保育専門科目と一般教養科

[i] 反省的実践家（reflective practitioner） ドナルド・ショーン（Schon, D. A.）が1983年に提示した新たな専門家像。専門家の専門性とは、活動過程における知と省察それ自体にあるとする考え方であり、思考と活動、理論と実践という二項対立を克服した「行為の中の省察（reflection in action）」を中心概念とする新しい専門家モデル。「反省的実践家」は「状況との対話」「自己との対話」を展開している（ドナルド・ショーン、佐藤学・秋田喜代美訳『専門家の知恵　反省的実践家は行為しながら考える』ゆみる出版，p.10，p.215，2001.）。

目、実習指導等を実施する実務・研究能力と教育指導力を兼ね備えた保育者養成校の教職員の資質と責任が問われているのです。

2 園内・園外研修を通した保育者養成

2003（平成15）年には、社会のニーズにより、専攻分野における実務の経験を有し、かつ、高度の実務の能力を有する者としての実務家教員が求められました（文部科学省 2017）。これは、保育現場の実態に即した保育者養成を図ろうとしたものです。

また、煩雑な書類作成や保護者対応等をも担い、責務の大きい業務に日々追われているという保育現場の課題も報告されています。保育者養成校は、このような保育現場の実態を踏まえた上で、限られた施設とだけではなく、信頼し合い互恵的に学び合える良い関係を広く地域に構築していくことが必要です。

そのためにも園内・園外研修を軸にして、両者で保育について考え合いながら未来の保育者を養成していくことにより、質の高い保育が紡がれることにつながっていくと考えています。保育のネットワークについては第11章を、保育現場でともに学び続ける研究者については第13章をご参照ください。

保育・教育施設や社会の実態と課題を十分に把握し理解した上で、今後の方向性を学生とともに探りつつ、保育現場との関係性を構築していくことが、保育者養成校の重要な役割です。今後も、保育現場の連携と協働を常に意識し、地域に働きかけ、計画的・組織的に質の高い保育者養成の体制を構築していくことが、保育者養成校の責務です。■

引用・参考文献

- 秋田喜代美・箕輪潤子・高櫻綾子「保育の質研究の展望と課題」『東京大学大学院教育学研究科紀要』第47巻，pp.289-305，2007.
- 『最新 保育士養成講座』総括編纂委員会編『最新 保育士養成講座⑥ 子どもの発達理解と援助』pp.100-129，2020.
- 尾崎司「現場連携による実習評価ルーブリックの開発（Ⅲ）――実習のためのアセスメント・システムの構築に向けて」『東京家政大学研究紀要』第60巻第１号，pp.105-112，2020.
- 厚生労働省「社会福祉施設等調査」2020.
- ドナルド・ショーン、佐藤学・秋田喜代美訳『専門家の知恵 反省的実践家は行為しながら考える』ゆみる出版，2001.
- 全国保育士養成協議会編『保育実習指導のミニマムスタンダード――現場と養成校が協働して保育士を育てる』北大路書房，2007.
- 全国保育士養成協議会「保育実習の効果的な実施方法に関する調査研究 研究報告書」厚生労働省，2018.
- 野口隆子・駒谷真美・菱鄭・丹羽さがの・斎藤久美子・佐久間路子・塚崎京子・無藤隆「幼稚園実習における観察記録の意義」『お茶の水女子大学子ども発達教育研究センター紀要』第１巻，pp.53-63，2004.
- 増田まゆみ「保育実習指導と保育士のキャリアアップ 平成22年度財団法人こども未来財団児童関連サービス調査研究等事業報告書」2010.
- 文部科学省『幼稚園教育要領』2017.
- 文部科学省「第193回通常国会 学校教育法の一部を改正する法律案提案理由説明（抄）」2017.
- 米野苑子「大学（４年制）での保育者養成の課題――養成校と幼稚園現場との連携の中で行われる教育実習（見学・観察・参加）」『日本保育学会大会研究論文集』第51巻，pp.676-677，1998.
- 渡邊望「教育実習（幼稚園）の現状と課題――21世紀型資質・能力を培う保育に向けて」『子ども学研究』第３巻，pp.23-34，2021.

第13章

研修講師としての研究者がつなぐネットワーク

第1節 外部専門家としての研究者の役割

1 園内研修の助言者の多様性

日本の園内研修では、指導主事や幼児教育コーディネーターなどの行政派遣の指導者とは別に、大学に勤務する教員等が園の研修にかかわる伝統があります。そこには、保育実践経験のある人もいれば研究経験のみの人もいて、保育者養成校勤務者もいれば、そうでない人もいます。その意味で多様な人が園の内側からだけではなく、外からも新たなつながりをつくり出しています。その人たちはどのような役割を担っているのでしょうか。それが本章の問いです。

国際的には、日本から海外に輸出された授業研究（Lesson Study）では、外部助言者はKnowledgeable Others（外部有識者）と呼ばれ、研修方法としての授業研究だけではなく、外部有識者の存在に注目し、彼らが何を語りどのような機能を果たしているのかが現在議論されてきています。日本の授業研究のツールやシステムとともに、そこに関与する外部助言者の在り方の重要性も指摘されてきています。

たとえば、海外の授業研究で関心が高い算数教育の分野では、Takahashi（2014）が、Knowledgeable Othersは研究やカリキュラムについての学校外での新たな知識を学校にもちこみ橋わたしする役割を果たしていること、第二にどのようにして理論と実践をつないで省察を行うのかという授業の振り返りのあり方のモデルを示す役割も果たしていること、第三にそれによって参加者が授業者と生徒の学びの関係など、授業におけるさまざまな関係性について学ぶことを援助することを指摘しています。そして、そのために研修会最後の外部有識者のコメントが全体に対して意味をもっていることを示しています。この外部助言者の行動をさまざまな事例から詳細に検討したSeino & Foster（2020）では、算数授業等での具体的な外部助言者の行動や発言内容が方略（Strategy）として分析検討されています。

保育・教育実践を行う組織集団を「実践のコミュニティ」

(Community of Practice) として捉えるならば、外部助言者はそのコミュニティにおいて、図13-1-1に「コーディネーター」として記されているように、組織の内部と外部をつなぐと同時に、コミュニティのコアやアクティブメンバーとともに実践知を生み出す役割を果たしたり、コミュニティにおいても中心ではなく新参や若手等周辺メンバーも含めたコミュニティ全体の活性化を図る役割を担っています (ウェンガー他 2002, 松本 2019)。この外部からのコーディネーターの働きによって、そのコミュニティにある知識や価値をともに生成したり、意味づけや価値づけを行っていることになります。

同時に、図13-1-2に示すように、園から見て外部の研究者の人はローカルコミュニティとして 1 つの園の実践コミュニティに関与するだけではなく、その地域の他のローカルコミュニティとして園や地域の団体や自治体主催の研修会、さらにはその地域にとどまらず、学会や全国レベルの団体等のより広い実践者コミュニティにも参加することで、それらさまざまなコミュニティが生み出した実践者の知をつなぐ役割も担っています。

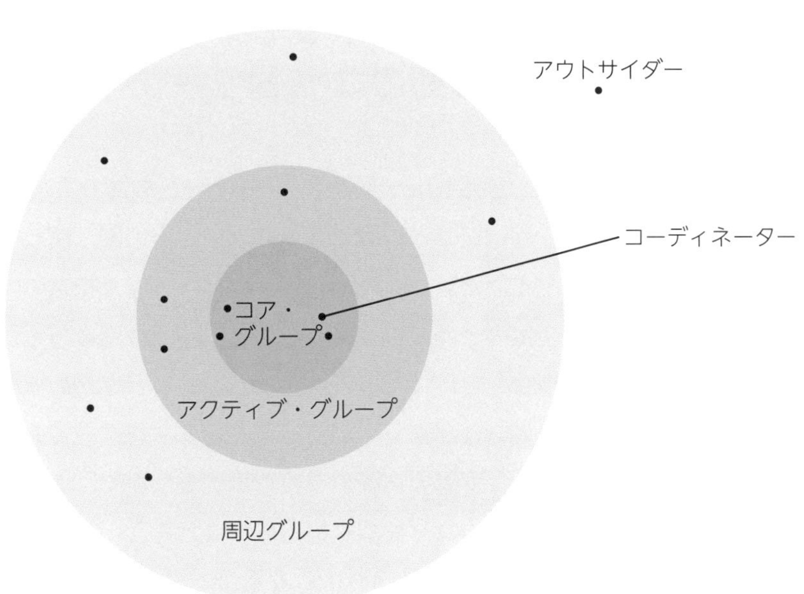

図13-1-1 ◆ コミュニティへの参加の程度とコーディネーター
(ウェンガー他、2002, p.100)

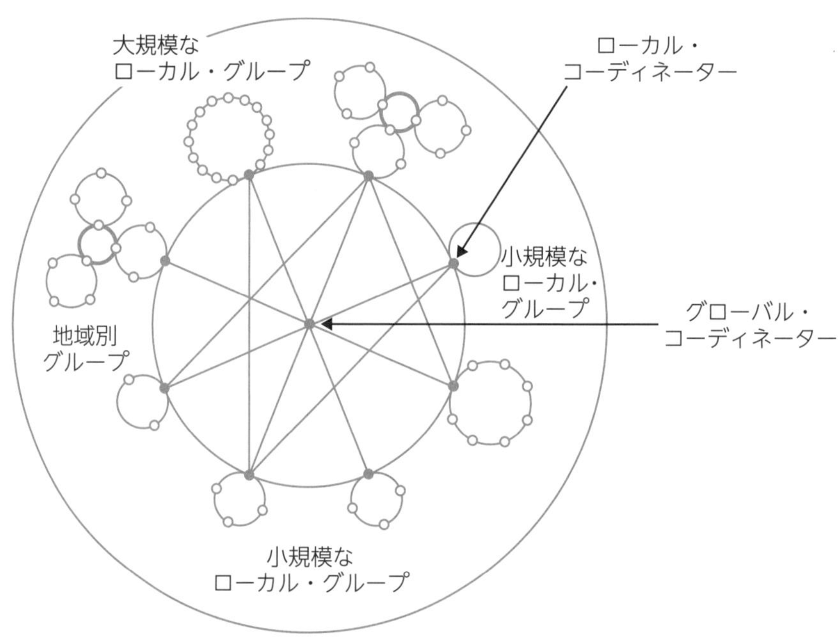

図13-1-2◆いろいろなグループをつなぐ構造とコーディネーターの役割
(ウェンガー他、2002, p.194)

2 園内研修がつなぐ実践知のネットワーク

園におけるKnowledgeable Othersのあり方の現実をとらえてみると、園内研修といっても継続的に特定の園に関わることもあれば、単発で1回だけの関与もあるでしょう。また特定の園だけではなく、研究指定の公開保育を行う研究会の講師や園を超えた団体で組織される研修会、自治体主催の研修会の講師などを務める場合も多くあります。そのことが園レベルでのコーディネーターであるとともに、地域の多様な保育者の実践知や実践事例をつなぐ、より広いネットワークの実践知をつなぐ役割も担っていると考えられます。

つまり、図13-1-3のような形で、知識基盤社会において、保育の実践知の共有や知形成と拡張、実践知の継承の機能の一部をこの外部有識者もまた担っているといえます。それは、他園の公開保育を観

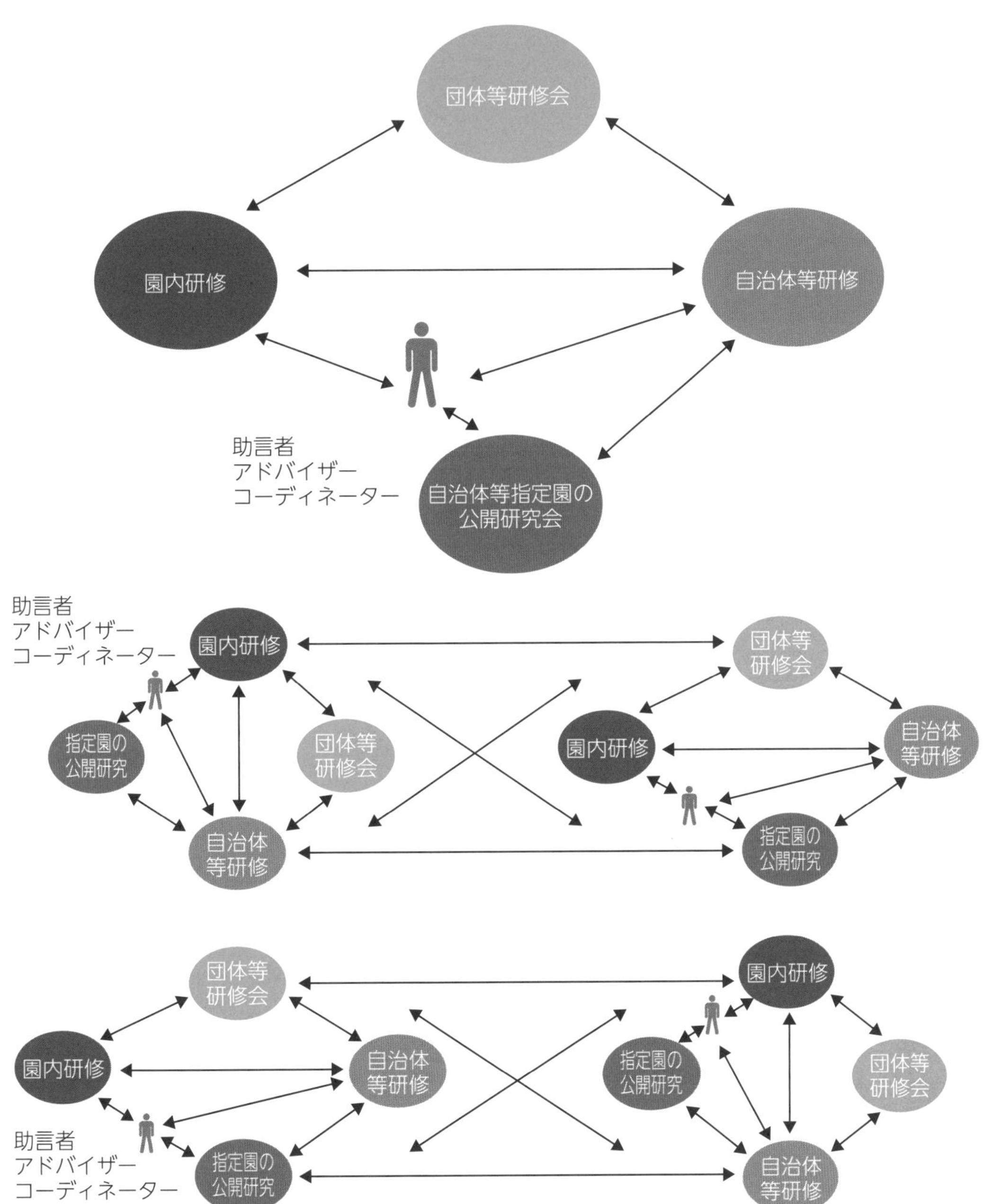

図13-1-3◆助言者の役割としての実践知の形成・共有・拡張・継承

る、保育研修会に参加して園長や保育者が得る知識と共通の内容もあれば、違う視点や質の知識をもたらす役割もあり、また知の伝達や形成を加速化する役割を担っているともいえます。さらに現在では、対面だけではなく、オンラインコミュニティも広がることで、特定園の園内研修の知と外部の知の交流がより促されているということができます。

地域やグローバルなコミュニティに新たな知識を紹介として持ち込んだりつなぐことで、それを刺激や触媒にしてその変形的な実践の知を生み出したり、実践的な知識の協働・生成や交流を活性化していく役割です。それは園や地域の保育文化を生み出すことの一翼を担い、実践の理論と学術の理論を繋ぐ研究をしているとも考えることができます。外部研究者は学術理論の知を園に持ち込んでいくという意味だけではなく、むしろ新たな見方や視座を背景にした多様な理論をつないでいると考えることができます。

図13-1-4に示すように、保育学のさまざまな理論は養成校だけではなく、時には研修や講習会の場で話されます。それを園の保育者は、時には実践において試してみて、確信が生まれれば具体的な実践として、その考え方や見方が根づき、園の中で変化が生まれます。その実践の継続の中で園の実践に埋め込まれた園や保育者の自論ができ

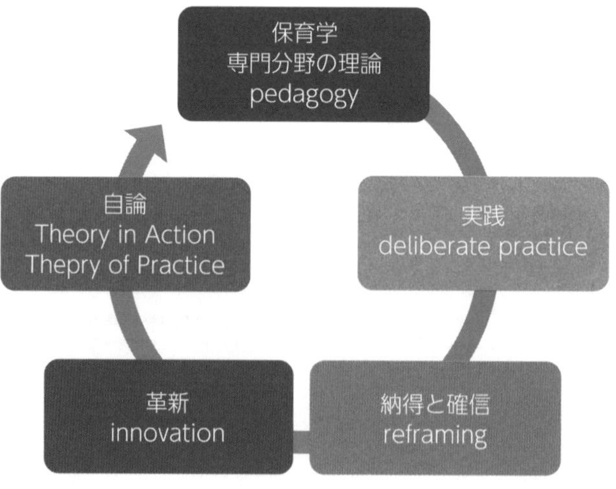

図13-1-4◆保育研究者の理論から園の自論の形成へ

ます。時には、園や保育者の自論というローカルな理論について研究者が学ぶことによって、保育学の理論が深まっていくという相互的な関係が生まれます。その意味で、多様な水準の理論や知の形成に関して園内研修の外部助言者がその重要な機能を果たしていると考えられます。

園内研修から学んだことを研究者がより広い学会コミュニティや政策形成に活かす、という、より大きなコミュニティとのつながりもまた生まれていく重層的な循環構造を生み出していきます。

紙幅の都合で本章では取り上げませんが、研究者はまた、特定の園やローカルコミュニティ、グローバルネットワークにおいて、学びの環境やシステムがどのようにあったらよいのかを管理職や行政、団体とともにデザインしていくという実践コミュニティのシステムをデザインする役割も担っています。■

第2節 園内研修講師は園内でどのような役割を行うことを意図しているのか

1 園内研修講師へのインタビュー

それでは、前述のような役割を担っている研究者は、園内研修の中で、コーディネーターとしてどのような役割を行っているのでしょうか。本書の第１部から第３部では、園内の管理職や園長、組織のリーダーシップ等の視点から見てきたのに対し、第４部の本章では、外部研究者の視点から園内研修の場やシステムに果たす役割を考えてみたいと思います。さまざまな園で園内研修の講師を10年以上にわたり務めている人に行ったインタビューの語りから、その役割や機能と保育者の学びの関係を考えます。

研究の方法としては、園内研修講師として多様な経験をもつ12名の方に筆者自身が半構造化面接でのオンラインインタビューを一人当たり１時間から１時間半行って得た事例を分析しました。協力者12名は筆者と知己の方々です。筆者も研修講師の経験があることによって、その実体験と照らし合わせながら共感的に話を聴き、学ばせていただく形で行われました。各講師はきわめて個性的であり、二つと同じスタイルはありませんでした。面接の一部は、すでにそれぞれの講師がどのように研修をされているのかの特徴を紹介する原稿として、すでに発表している内容です（秋田 2020-2021）。それをあらためて12人の語りの共通性や何点かの機能を実践コミュニティの知のマネジメントやコーディネートという視点から考えてみたいと思います。

園内研修の講師が講演やお話をするというよりも、園の保育者たちの学びに伴走する、そのため対話の活性化を行うという役割を意識していることが、表13-2-1のそれぞれの語りに含まれる比喩から読み取れます。特に長く講師を務めている方からは、時代とともに園内研修の講師の在り方が変わってきたこと、経験とともに自身の講師とし

表13-2-1 ◆ 園内研修講師の熟練者が語る、研修助言者の役割のイメージ

語り手	講師の役割についての語り
Mu先生	保育者が前向きになるために、何か障害やじゃまになっているものがあれば、それを外しながら、エンカレッジ、エンパワーしていく役割。どの園でもうまくやってるところをリスペクトしながらも、やりたくてもやれないような、通路のじゃまになっているものを除いていくための視点を示したり助言する役割。
K先生	教える人やコーチでなく、伴走者。伴走者は「あそこの角を曲がると海が見えてきれいよ。応援の声、聞こえる？」とささやいたりしながら、楽しさで苦しさを紛らわせる気分転換等をさせる人。
O先生	町医者は特定の園とじっくり関わるだけではなく、地域医療体制が整っていたり、考える人たちが増えていくようにすることで、特定の園だけが頑張っても絶対に無理なので団体や地域にも意識的に関わることも大切。「頑張れ」ってだけ言うのではなく、面白かったら忙しくてもやろうって思える仕組みを考え作る役割も担っている。
T先生	助言者はプロゴルファーに帯同するキャディで、先生方がプレイヤー。講師は一日限りで呼ばれ話をするが、信じてやろうと思うかはプレイヤー次第。パットを打つのはその人であり、うまく穴にコトンって入るのに何打で入るかはわからないが、子どもの成長につながるところにコトンと入ったらうれしい。
N先生	「園内を穏やかに吹き抜ける風のようなもの」。吹き抜ける風は何となく影響は残すが、その後は園が自分たちで考えてほしいとの思いがあり、風が吹く前後の変化を実感できる仕組みを風とともに送り届け、あとは頑張ってって託し、時にフォローが必要ならしばらく間を置いてまた風を持っていく関わりを行う。
Ma先生	学び合いを支える。研修で大事なのが、「しなやかさと持続可能性と創造性」。一つの基本的な考え方や哲学の上で、子どもの姿や実際の保育、保護者との関わりからその人自身がしなやかに捉え、仲間とともにしなやかにいろいろなものに取り組んでいくことを支え、昨日から今日へ、今日から明日へ連続し、持続していくことを大事にしていく援助。
S先生	「ともに探究する人」。いろんな問題やいろいろな研究を一緒に探究していきながら、悩んだり面白がったり、あるいは「こういうことが見えてきたよね」と一緒に共有していきながらともに進んでいく役割。新しい世界へと向かい、柔軟に自己も他者の心も開いていく研修を行う。
I先生	ファンクラブ代表。まずはその園を好きになる。先生たちも自分たちの園が好きだから、いい園にしたいと思ってるから園内研修もしたいし、質を向上したいって思っている。ともかくその園が好き、私も好き。だから一緒に、この園をより良いものにしていこう。先生と気持ちは同じ。教授者でもなく、先生たちと一緒に保育をつくっていく仲間というスタンス。
Ma先生	翻訳者。先生たちが言いたいことや子どもが感じていること等をしっくりくる言葉に変えて伝える役割。「この先生はこういうことを言いたいんだろうな」ということを日常会話の中で探り、研修の場で発言を引き出したり、「前にこういうことを聞いたんだけど」と促す役割を担うことで、園の力を高めていく。
T先生	啐啄同時（そったくどうじ）。つまり、ひなが孵る時に外側からキツツキが殻をつつく役割。タイミング良く、保育者や園がその気になったときに研修を進めていく役割であり、発達心理学者のヴィゴツキーのいう「発達の最近接領域」のように、今の状態からそろそろだなと思う時がわかると、橋渡しをして次へと扉を開いていく役割。
Oh先生	＊＊ちゃんの物語の面白さをともに探るファシリテーター。保育や子どもの面白さ、奥深さをともに学ぶ参加者であり、ファシリテーター。研修の肝は、現場の実践にともに学ぶ姿勢と、講師にも園にとっても面白いことを一緒に探っていくこと。その面白さは＊＊ちゃんの話がされること。
Oo先生	園に光と風をもたらす存在。光が入ることで明るくなり、風が動き、少しよどんでいたものが流れていくような状況づくりをしていくのが役割。

ての在り方も変わってきていることを語る人が多かったです。保育をよりよいものにしていくための支援という側面と、そのための具体的な手立てや仕組みをデザインし提供していく役割を担っているといえます。つまり、保育者が保育をすることのコーチ的な役割や園内での管理職や主任、保育者等の場をコーディネートしていく役割も時には担っているとも考えられます。■

第3節 研修を進めるための Knowledgeable Othersとしての専門的見識と取り組み

研修講師は、自分の身の置き方としての位置取り（ポジショニング）やそれに伴って研修の進め方やそこで使うツール（道具）、また、それらをいつどのように使い行うかの方略をもっています。それも一人ひとり個性的な独自の方法とツールです。ただ、協力者間で通底する点はあり、複数の講師で共通していた点も数々ありました。ここでは、紙幅の制約から研修の場についての研修講師の取り組みや方略を次の５点の共通性から考えてみたいと思います。

1 園や保育者の良さや強みを認め、見出す

これは、講師なら誰もが大事にしていることですし、また時代とともにこの傾向がより強くなったと語る方がいました。その具体的な語りから、ニュアンスやありようを知ることができます。

「８割以上はよさを認め、ちょっと直してほしいところを言うスタンスで、一人ひとりの先生の関わり方の問題も時には指摘するが、基本的に個々の先生の保育については控えめにしか言わないようにしている」（Mu先生）

「自分自身のプラスの側面をしっかり理解し、自分自身を見つめ、その次に保育の中でこんな工夫、こんなよさがある、でもよりよくするためにはこういう課題があるという順序で、まずよさから始まり、さらによりよくなるための課題に気づく、そのために具体的にエピソードを書いてみる可視化が大切。最初に『よさを』と言ったときに戸惑いを見せる人も、回を重ねて研修に行くことで『よさを』っていう視点が段々とその人の身体に染み込んでいく。するとごく自然に、こんなうれしいことがあった、こんな育ちがあったっていうようなことが書けるようになる」（Ma先生）

等の語りがその典型です。園の実践や保育者の課題の指摘ではなく、まず、講師が自らの表現でよさを語り認めることが、園や保育者の自信につながり、保育者が自分でも改めてよさを自覚し、意識できるような循環をつくり出す方略を、多くの講師が意図的に採っていました。

2 研修時のコミュニケーションを安心して自己開示できるようにする

今回の講師たちは、何年も同じ園に継続的に関わっていました。その最初の時には、保育者が心を開いてくれそうな対話を意識しています。

「保育者に寄り添う、身を投じて入り込む接し方を大事にしています。『身を投じる』とは、各々の保育者に対して、『あなたは園の先生として何をやりたいのか』を問うこと、自分の保育を自分の言葉で語ることで意識化することが、保育を思い描き、保育を構想する力、保育者の自己教育力につながると思う」（Oo先生）

「発見的や面白い、皆で考えてみよう、結論はわからないけど、皆で考えてみたらいいという場面を取り上げる。保育者が研修に対して構えないで、保育を見直してみようと楽しみながら行うことが大事。負担になる園内研修はやめたほうがいい。研修は1つのやり方やパターンはないので、集まって何かやるのが研修とのイメージをもちすぎず、保育を見つめ直し、自分たちで考えを話し合うのが研修。その場でわからないことがあっても、いずれわかると考える研修が必要。わからないものをわかったふうにまとめるのが間違いのもととなるので、担任の先生たちには、わからないことはわからないままにしておくと、あとでわかることもあるし、まだわからないかもしれないが、それが保育の面白いところというように伝えたり示していくようにしている」（K先生）

「研修で大事なことは、その時にすぐにわかった気になりすぎず、語る言葉の行間を掘り下げて考えていくこと。講師はまずは聞き役になり、そこから掘り下げる。たとえば『この子は、日常はどんな感じ、昨日はどうしてたのかなとか』とつながりの中で保育を捉え『気が向くとこうなんです』と話す時には、『じゃあ、気が向くって、どういうときなのかしらね』と問い返したり、『なんで先生はそう思ったのか』という点を掘り下げていく。この問いかけをすることで、自分の見方の特徴や、他の見方に保育者自身がふれて自ら深めていくことができる」（T先生）

まずは聞き役に講師側がなることや、研修はすぐにわかる場ではなく、問うていく探究の場であるからこそ面白い、そのために問い返しや具体化の役割を講師が担っていることが、研修講師の先生方の語りからうかがえます。

3 環境の改善等への助言から始めたり積極的に行う

　最初から特定の保育場面を取り上げて語り合う講師もいれば、最初は環境からという講師もいました。

「若い先生たちが多く、遊び中心の保育に変えたい時には、先生の力量や関わりの話を最初からすると苦しくなる。なので、物の配置や物の数等の環境の視点から取りかかるようにしています」（Ta先生）

「環境に関しては、子どもの感性に投げかけていく大事なところなので、豊かな保育環境、空間の構成の点は、積極的にアドバイスをしています。そのために具体的に、研修の時に担任には保育室の真ん中に立ってもらい、大体45度の感覚で回転しつつ、子どもの目の高さに何が映るかを、360度回転しながら考えてもらっています。45度ずつ切り取った時に、例えば手を洗ったり、それから自分の身だしなみを整える空間みたいに子どもから見えるとしたら、その空間に緑を置いたり、鏡を置いたりと、衛生的な環境をつくるとか、１つのシーンごとに一緒に考え伝えていく」（Oo先生）

と語る講師もいました。

保育室や園庭等の環境構成を変えていくことを支えることを意識している講師は多くいます。それはまず、環境を変えることができること、それによって保育や子どもの動きが変わるという変化を感じて、若い保育者に自信をもってもらうこと、安心して研修に参加し手ごたえを感じてもらうようにすること等も意識されています。子ども理解や自らのあり方が大事だけれども、その前にまず参加者各自が効力感や自信によって心を開くマインドセットの形成をしているともいえます。

4 研修をより深めていくための順序や展開のあり方へと誘う

形だけの研修にしない、表面的な会話にしないためには、園の実態や年間のリズム、園の課題や要求に応じて、より深めていくための順序やポイントを意識していることもこれらの研修講師に共通にみられた点です。

「園を訪問した時には午前中最低でも１、２時間は管理職層とミーティングをし、その園の先生方が抱えている課題意識の在り方や取り組みたい課題など、その園の状況に関するアセスメントとして話を聞くことから始めます。そして保育者側の学びのステップに合わせた仕掛けを準備します。まず、子どもは今何が楽しいのかがわからないと、育ちの話を保育者は語れません。ですので、まずはその段階を大切にしています。その語りに慣れてきたら、子どもの育ちが語れるようになり、育ちが語れるようになって初めて、あるエピソードが言葉で書けるようになるというステップがあると思います。その段階までは、ちゃんとしたエピソードはなかなか書けないので、研修でも段階ごとに使う仕掛けを適切に入れていくことが必要なんです。つまり、事例やエピソードを求めるだけでは、若手の先生がすぐに対応するのは難しい。そこで写真を使うなどの共通の土壌をつくることが大切です。写真は気軽で、短時間で語り合えて、しかも写真を撮るタイミングとその撮った山ほどの写真から選ぶ観点が、保育を見る目を鍛えるのにもつながると思います」（O先生）

「研修をさらに深めるためには、概念自体を問い直すような抽象的な問いを投げかけることを意識しています。『主体性』をどう捉えるかといった場面であれば『場面場面で主体性を捉えているけれど、例えば１日とか、１週間とか、１か月とかの単位で捉えてみると、その場面はどう見えるか』などの問いを投げかけてみたりします。特別支援でも、その子の課題となる行動が語られ、その行動がどうなったら改善していくかといった話になった時は、その子自身がどういう時に充実感を得られるのかを問い返します」（Ma先生）

「研修の面白さは○○ちゃんの話がされること。そこに保育の醍醐味がある。群れの遊びの話でも、遊びの展開の話だけではなく、そこに○○ちゃんの物語が伴う遊びのダイナミクスが発見されていく時に面白くなるので、そこを心がけている」（Om先生）

「子どもや保育を見て語る研修だけではなく、保育者一人ひとりが自分がやってきた歩みを書いたり語ったり、次年度に向けて自分がこの１年でどんな成長をしてきたか、あるいはこれからやってみたいこと、そしてさらに自分のことだけではなくて、園に貢献できることは何なのかを書いてもらって共有し、コメントしあう研修もしています」（Sa先生）

以上のように、語りも方法も異なるものの、展開を深めるために、多くの研修講師が最初に胸襟を開いて話すところから、視点の転換やより深い省察への道のり、自分の役割を自覚化できるようにしています。時にはその日のエピソード、写真、動画などを保育者の状況に応じて用いて、より詳細に、より本質的に、よりつながりが見えて面白くなるような対話への展開の知恵を絞って助言者は研修をされています。

5 研修日だけではなく、事前課題やその後の宿題を出すことで日常の保育や学びとつなぐ

外部講師は、園内研修の指定された日だけ訪問して参加するのが大半です。ただし、その日だけではなく、その日を最大限に活かすために園との間でいろいろな準備をしています。

「事例や記録を書きためているものをあらかじめまとめて送ってもらって読み、それから2か月後であれば、それも踏まえて2か月前の記録に書いてあったことと、今日Aちゃんの遊びの場面で共通することがあるよ、みたいなことを見つけたりするようにしています。その日だけ行ってもわからないことを、点と点が線になり、先生の当日の思いをそれまでとつなげて線にしてみようと試みて、その日までのプロセスを可能な限り情報を得て研修をするようにしています」(I先生)

「講師が訪問する日だけではなく『研修の事前の仕込み』が大事。園内研修の日までにある程度、クラス単位で準備して研修会当日はクラスから持ち寄って、複眼的にいろんな学年の先生同士で見合ったりするなど、研修当日は対話に時間を割くべきなので事前の仕込みが大事」(Na先生)

「協議会の話の最後に、「今日のベストショット」を入れるようにしています。それは、『先生たちが意外と思うような写真やいい雰囲気だね、子どもたちがすごいほっこりして、いい顔で目を見合わせてるみたいな写真』を『これが象徴的だった』と先生のベストショットを提示しています。それと対にして『今日のお土産』を出しています。それは『これはちょっと考えてほしい、本日の中で結論が出なかったし、先生たちとどうすればいいかまではいかなかったけど、次にお会いする時までにぜひ考えてほしい、このことに挑戦してほしい、見直してほしい』と置いてくるようにしています。その課題を言う時には、『ここはもうちょっと見直したほうがいいかもね、あるいは先生たちもそう思ってる、私たちもどうしたらいいかわからないんだけ

ど、こんなことになっちゃってる』みたいな点を指摘します。その時の作戦としては、他園でこんなふうにうまくいったという事例や、こうやって見直したらこんなにすてきな保育になったという事例を紹介することで、見通しをもってもらうようにしています」(I先生)

これらの語りのように、事前と事後の流れの中で園内研修の展開の展望や見通しを保育者たちが一緒にもてるように、講師は保育のあり方だけではなく、園の研修の質向上への方略も使っているということがいえます。

あげられた方略は、この５点だけではありません。しかしこのような形で外部からの有識者が研修に参画することが、保育者の専門家としての学びを深めるとともに、その学びのための場づくりに機能しているといえるでしょう。今回は紹介していませんが、管理職やミドルリーダーのあり方や役割を外部助言者が研修のあり方として意識している例も数多く見られました。■

第4節 まとめにかえて：園内研修における学習をみていくための分析モデルと問い

1 実践のコミュニティとしてのデザイン

本章では、外部研究者の立場から園内研修をみることで、園の内部と外部の実践の知をつなぐ役割の具体例を紹介してきました。園を1つの実践コミュニティとして捉えることを第1節で紹介してきました。ただし、そのコミュニティ自体は研修だけを見ても状況によって違っていると考えられます。図13-4-1は、ウェンガー他（2002）が示している実践共同体育成の発展段階を示したです。園の変化にも研修の深化にも年単位での時間がかかります。

これまで園内研修やその研究においては、このような実践コミュニティの発展段階の時間軸は考えられずにきました。保育者の個人レベルでの学びと資質能力の育成か園内研修の活性化やチームとしてのあり方という、ある一時点での議論が多くありました。しかし、実践のコミュニティのチームとしての園を考えるならば、その場のデザイン

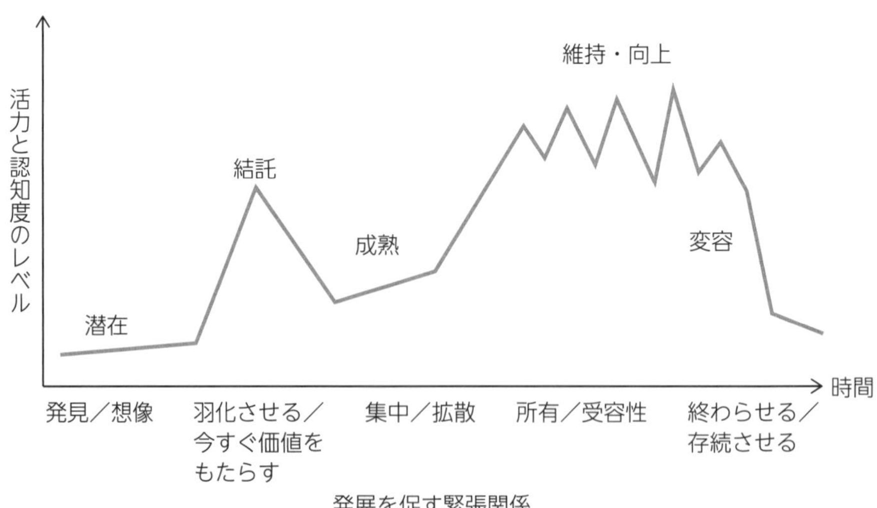

図13-4-1 ◆ 実践共同体育成の発展段階（松本 2019，p.36）

が重要になってきます。野中郁二郎（2002）は、効果的で創造的な対話が実現する「場」のデザインのためには、「異なった価値観を持った人間が場を通じた相互作用で対立を乗り越えていく知の創造過程」を生み出すことが大事と述べています。そして、そのためには３つの役割が必要としています。「アイデア創出者としてのアイデアジェネレーター」「アイデアジェネレーターに異なる視点と専門知を提供し、アイデアの芽を概念や仕様に守り育てていくコーチの役割」「アイデアがある程度育った時点で、さらに一段高い視点から評価・翻訳し、組織内外に正当化していくステーツマンとしてのアクティビスト（活性化する活動家）の役割」の３つです。コーディネーターとしての外部助言者は、園コミュニティメンバーである保育者各自のユニークなアイデアを引き出し、他の保育者や外部事例とつなぎ、そして、その実践のアイデアを可視化して、園の実践の知へと高めていくのを支援する役割を担っている、発展によって３つの役割も時に担っているといえるでしょう。

2 学びの分析モデル

実践コミュニティの学習を経営組織論の立場から研究している松本（2019）は、コミュニティの学びを分析するためのモデルを示しています。この松本のモデルを借りながら、保育実践コミュニティとしての園における学びを分析し研究するためには何が必要かを示したのが図13-4-2です。園の中での学びには、当該園での実践の知識やスキルの学習としての熟達化のための学習と同時に、他園等からの越境により新たな視点を入れていく学習、世代間での伝承とあらたな知の生成の循環的学習、そして知識やスキルという次元と価値や意味の学習という次元の学習を複眼的に学ぶことが必要です。本書では、この学びを支えるコーディネーターという役割に焦点を当てて学びのモデルを示してきました。この意味で、園内研修をどうやるかというハウツーの議論を越えて、保育者や園の学びに迫るための行うべき課題や

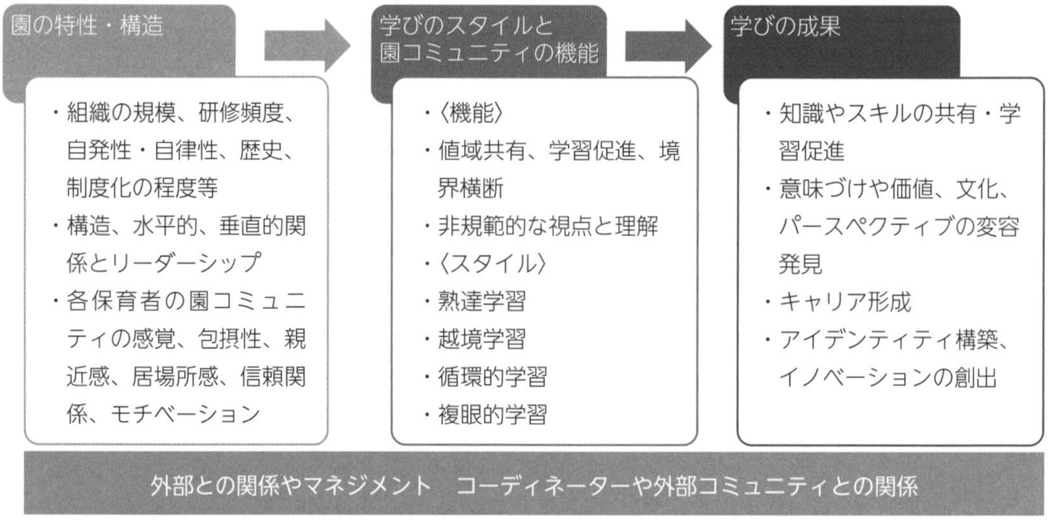

園の特性・構造

・組織の規模、研修頻度、自発性・自律性、歴史、制度化の程度等
・構造、水平的、垂直的関係とリーダーシップ
・各保育者の園コミュニティの感覚、包摂性、親近感、居場所感、信頼関係、モチベーション

学びのスタイルと園コミュニティの機能

・〈機能〉
・値域共有、学習促進、境界横断
・非規範的な視点と理解
・〈スタイル〉
・熟達学習
・越境学習
・循環的学習
・複眼的学習

学びの成果

・知識やスキルの共有・学習促進
・意味づけや価値、文化、パースペクティブの変容発見
・キャリア形成
・アイデンティティ構築、イノベーションの創出

外部との関係やマネジメント　コーディネーターや外部コミュニティとの関係

図13-4-2◆保育実践コミュニティとしての園における学びの分析モデル
（松本、2019をもとに筆者作成）

問いは数多くあります。

本書では、この個々の要因の検討まではできませんでした。しかし、学ぶことは個人レベルで見れば、知的実践であると同時に情動的な実践でもあります。またそれは、保育者としての専門家アイデンティティ形成でもあります。また、コミュニティとしての園の視点でみても、そこには組織の規模や研修の在り方や頻度、リーダーシップなどの多様な要因が絡まっています。

そして園は単独であるのではなく、家庭や地域とつながっています。こうしたことの関係をどのように問うていくのか、いかにそれを実際に分析していくのかが、本書では残された課題となっています。そしてその課題自体も、保育の場のあり方の社会や時代の変化とともに変わっていくことでしょう。その大きな難題に挑戦をともにしていくことが、保育における学び論の探究につながるのではないかと考えられます。■

引用文献

- 秋田喜代美「連載　研修講師に聴く　研修の真髄第１回－第12回」保育ナビ，フレーベル館，各号 pp.48–49，2020–2021.
- Koning, J., santagata, R., Scheiner,T., Adleff, A, ,Yang, X. & kaier, G., *Teacher noticing: A systematic review or conceptualizations, research design, and findings on learning to notice.* Educationl Research Review, 2022.
- 松本雄一『実践共同体の学習』白桃書房，2019.
- 野中郁二郎（解説）ウェンガー、E.・マクダモット、T.・スナイダー、W. M. 著，野村恭彦監，櫻井祐子訳『コミュニティ・オブ・プラクティス：ナレッジ社会の新たな知識形態の実践』翔泳社，pp.333-343, 2022.
- Seino, T. & Foster, C., *“Analysis of the final comments provided by a knowledgeable other in lessons tudy”.* Journal of MathematicsTeacher Education, 24, pp.507–428, 2021.
- Takahashi, A. *“The role of knowledgeable other in lesson study: Examining the final comments of experiencedrs”.* Mathematics Teacher Education and Development, 2014.

あとがき

「まえがき」に記したように、本書は科研費助成をうけて行った研究をまとめた書籍です。このプロジェクトにかかわった者は、実は出身大学も様々、キャリアも多様、小田豊先生との偶然の出会いというご縁から研究を始めることになり、さらに参加者メンバーがまたその関係者等にも声をかけてできた混成チームでの共同研究です。そのつながりの中心には、いつも小田先生の哲学があり、その哲学を貫く保育学と保育実践の実現を願い、保育学研究への新たな挑戦による独創性や先進性と、思想や研究法で越境する意味での国際性や学際性を大事にしてきました。

「「はったつ」とは生きることの裏付けであり、生きる意欲を持つことに支えられる、自己の充足と自己の開放の積み重ね」(p.41) であり、「何かを入れていくことで膨らんでいくのではなく、揺り動かされあるいは揺り動くことによって、その振幅の大きさで育つ」(p.41) ことは、子どもだけではなく、保育者も保育研究者もまた同様です。そしてその育ちをともに支え合うためには「ひとりひとりをかけがえのない存在として受け止め、その子らしい行動の仕方や考え方を、感じ方に共感する努力を積み重ねていくこと」(p.92) が園の同僚同士でも園に学ぶ研究者の間でも必要になります。そして、「教師の視線は、多くの場合どうしても気になる子や目立つ子に向けられ、そこに固定しがちです。目立たない、いわゆるふつうの子どものたちへのかかわりは、教育的死角になっていなかったでしょうか。」(pp.92-93)。この問いは園の中で保育者をみる時のまなざし、園に関わる研究者や雑誌書籍が園を捉える時のまなざしにもつながっていないでしょうか。「教育とは、許すこと、失敗を許し支え合うこと」と常々言われていました。これらの小田先生の言葉は、子ども、保育者、そして保育にかかわり探究する者誰にとっても共通する考え方ではないかと考えてきました。

本書自体は冒頭に記したように、「保育者の学習過程を支える園内研修とリーダーシップの検討」の科研研究をまとめたものですが、この混成チームは20余年間5本の科研費で協働の探究の歩みを同様にしてきました。学会発表も学術研究論文も着想もともに語りながら創り、投稿論文原稿も原稿ゲラもすべて連名者は全員が目を通しコメントしあうという責務をもってかかわりながら、研究を創ってきました。国際学会発表初デビューの人たちを支え合い、滞在先のホテルでほぼ徹夜で論文を検討しあったり、集まって深夜まで学会発表スライドを作ったりの日々もありました。分業ではなく、協働探究に価値を置いてきました。

すでに研究を引退された芦田宏先生の撮影編集技術による貢献で、多声的エスノグラフィ研究やSICSの研究等も、数々のリーフレット作りも、チーム皆で取り組むことができました。また共同研究の初期と途上期には、科研共同研究のメンバーとして、東京大学名誉教授の佐藤学先生、白梅学園大学名誉教授の無藤隆先生が参画してくださり、その励ましを得て新たな知恵や意味も生まれました。

小田先生の「バカ―、期限守れって言っただろう」のお叱りの声も「ようやった」の励ましの声も、もう直接聴くことはできません。旅人は去り、この科研チームでの研究の旅は、当方が代表で行うことは本書で終わりにしました。しかしまた、私どもは各々が新たな道を拓き、また時に協働で、時に違う分野で各々が探究の旅を進めています。あとがきにならないつぶやきをあとがきとしたいと思います。保育者の学びへの未完の探究は、これからも続きます。

(秋田喜代美)

引用文献 小田　豊『子育て保育セミナー　子どもの遊びの世界を知り、学び、考える！』ひかりのくに、2011年

索引

A~Z

あ~お

か~こ

さ〜そ

た〜と

な〜の

は～ほ

ま～も

や～よ

ら～ろ

わ～を

執筆者一覧

編著者

秋田喜代美 ……………………………………………… はじめに、第４章第１節、第13章
（学習院大学教授、東京大学名誉教授）

小田　豊
（故人。元聖徳大学教授、元関西国際大学客員教授）

著者

上田敏丈 ……………………………………………… 第７章第２節、第９章第１節・第２節
（名古屋市立大学教授）

門田理世 ……………………………………………………………… 第６章、第10章、第11章
（西南学院大学教授）

鈴木正敏 ……………………………………………………… 第１章、第５章、第７章第３節
（兵庫教育大学准教授）

中坪史典 …………………………………………………………… 第４章第２節、第７章第１節
（広島大学教授）

野口隆子 …………………………………………………………………………………… 第８章
（東京家政大学准教授）

箕輪潤子 …………………………………………………………………………………… 第３章
（武蔵野大学教授）

椋田善之 ……………………………………………………………………… 第９章第３節・第４節
（関西国際大学准教授）

森　暢子 …………………………………………………………………………………… 第12章
（九州産業大学准教授）

淀川裕美 …………………………………………………………………………………… 第２章
（千葉大学准教授）

（五十音順）

学びが広がる・深まる
園内研修でもっと豊かな園づくり

2023年３月20日　発行

編著者　秋田喜代美、小田豊
著　者　上田敏丈、門田理世、鈴木正敏、中坪史典、野口隆子、箕輪潤子、椋田善之、森暢子、淀川裕美
発行者　荘村明彦
発行所　中央法規出版株式会社
〒110-0016　東京都台東区台東3-29-1　中央法規ビル
Tel　03（6387）3196
https://www.chuohoki.co.jp/

本文イラスト　みやいくみ
装丁イラスト　関田淑恵
装丁・本文デザイン　澤田かおり（トシキ・ファーブル）
印刷・製本　長野印刷商工株式会社

定価はカバーに表示してあります。
ISBN978-4-8058-8804-9

本書の内容に関するご質問については、下記URLから「お問い合わせフォーム」にご入力いただきますようお願いいたします。
https://www.chuohoki.co.jp/contact/